JN085044

税務・経理・人事ハンドブック

2022年度版

DHB制作委員会 著

C&R研究所

●最新情報について

　本書の記述内容において、最新情報や内容の訂正があった場合は、「C&R研究所のホームページ」にて、その情報をお知らせいたします。

●C&R研究所のホームページ

 http://www.c-r.com/

はじめに

「税務・経理・人事ハンドブック　2022 年版」をお届けいたします。

　さて、このたび皆様にご愛読いただきました「税務・経理・人事ハンドブック」ですが、2022 年版をもちまして廃刊させていただくことになりました。創刊の 2007 年版より 15 年間、企業の経理や総務の方々に向けた実務で役立つ使いやすいハンドブック作成に取り組んでまいりましたが、DHB 制作委員会メンバーで話し合いを重ね、15 年目を区切りとして廃刊を決断いたしました。

　ユーザーの皆様には、突然の廃刊で大変恐縮ではございますが、何卒ご理解を賜りますようお願い申し上げます。また、創刊より 15 年間の長きにわたり、ご愛読ご支援をいただきましたユーザーの皆様、出版関係の皆様、そして DHB 制作委員会の方々にこの場を借りて心よりお礼申し上げます。

　末筆ながら、今年も発刊の機会と多大なるご協力をいただきました C&R 研究所の池田武人社長、編集いただいた吉成明久部長にこの場をお借りして心から感謝申し上げます、ありがとうございました。

　またいつの日かユーザーの皆様により良い情報をお届けできるものが出来上がった際に、お目にかかれることを願っております。

2021 年 11 月 10 日　いい友の日に

DHB 制作委員会

目次

第1章

会社の税務（個人：個人事業主にも適用）

第2章

人事・労務・社会保険

第3章

個人の税務

第4章

経理・人事便利帳

会社の設立から解散まで

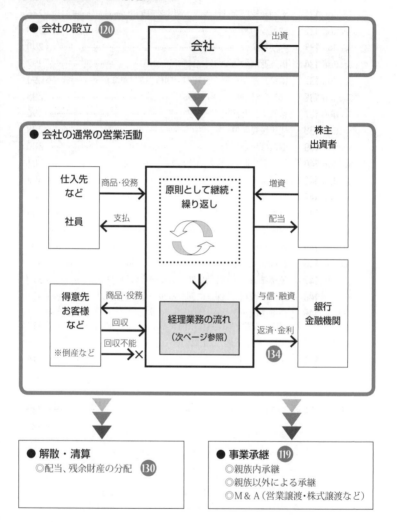

- **会社の設立** ⑫⓪

  会社 ← 出資 ← 株主 出資者

- **会社の通常の営業活動**

  仕入先 など 社員 → 商品・役務 → 原則として継続・繰り返し → 増資 ← 株主 出資者

  ← 支払 ← ← 配当 →

  ↓

  得意先 お客様 など → 商品・役務 → 経理業務の流れ（次ページ参照）← 与信・融資 ← 銀行 金融機関

  ← 回収 ← ← 返済・金利 → ⑬④

  ※倒産など → 回収不能 → ×

- **解散・清算**
  ◎配当、残余財産の分配 ⑬⓪

- **事業承継** ⑪⑨
  ◎親族内承継
  ◎親族以外による承継
  ◎M＆A（営業譲渡・株式譲渡など）

● 数字はセクション番号を表します。

経理業務の流れ

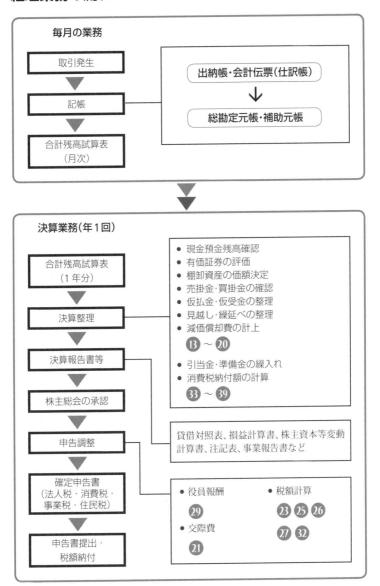

毎月の業務

取引発生

↓

記帳 ── 出納帳・会計伝票（仕訳帳）

↓

総勘定元帳・補助元帳

合計残高試算表
（月次）

決算業務（年1回）

合計残高試算表
（1年分）

決算整理

- 現金預金残高確認
- 有価証券の評価
- 棚卸資産の価額決定
- 売掛金・買掛金の確認
- 仮払金・仮受金の整理
- 見越し・繰延べの整理
- 減価償却費の計上
  ⓭ 〜 ⓴

決算報告書等

- 引当金・準備金の繰入れ
- 消費税納付額の計算
  ㉝ 〜 ㊴

株主総会の承認

申告調整 ── 貸借対照表、損益計算書、株主資本等変動
計算書、注記表、事業報告書など

確定申告書
（法人税・消費税・
事業税・住民税）

- 役員報酬　● 税額計算
  ㉙　　　　㉓ ㉕ ㉖
- 交際費
  ㉑　　　　㉗ ㉜

申告書提出・
税額納付

給与に関わる社会保険、税金など

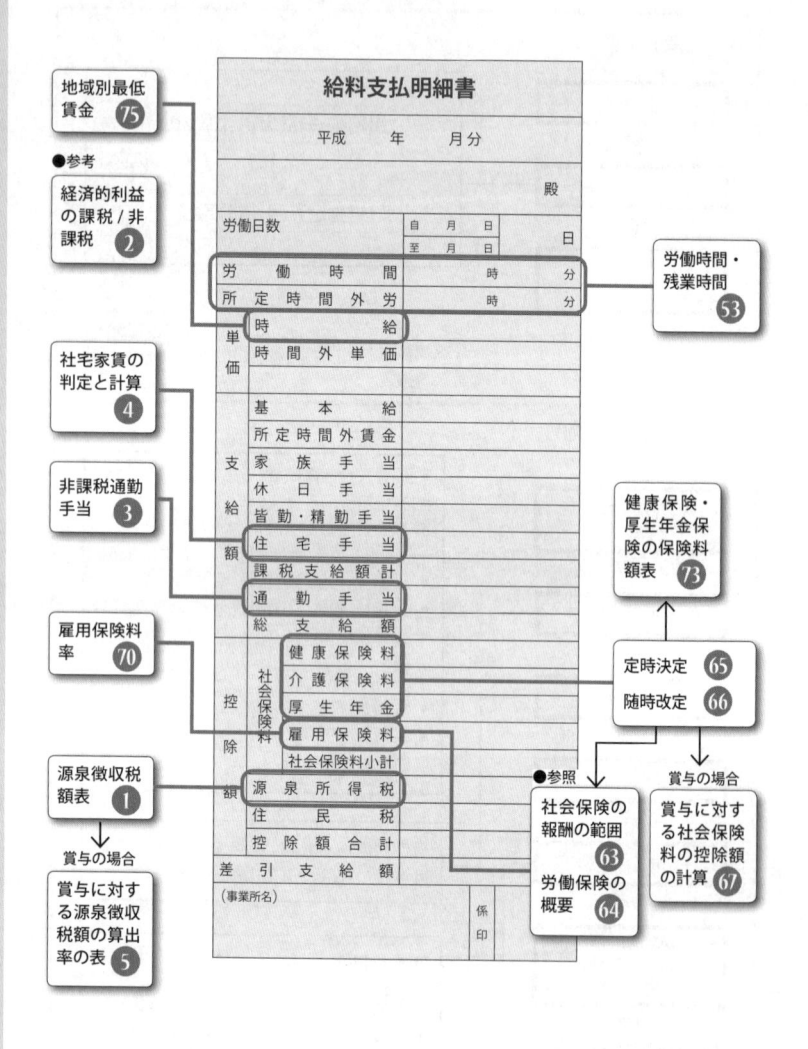

地域別最低賃金 75

●参考
経済的利益の課税 / 非課税 2

社宅家賃の判定と計算 4

非課税通勤手当 3

雇用保険料率 70

源泉徴収税額表 1

賞与の場合
賞与に対する源泉徴収税額の算出率の表 5

労働時間・残業時間 53

健康保険・厚生年金保険の保険料額表 73

定時決定 65
随時改定 66

●参照
社会保険の報酬の範囲 63
労働保険の概要 64

賞与の場合
賞与に対する社会保険料の控除額の計算 67

給料支払明細書

平成　　年　　月分

殿

| 労働日数 | 自 月 日 | 日 |
| | 至 月 日 | |

| 労　働　時　間 | 時 | 分 |
| 所定時間外労 | 時 | 分 |

| 単価 | 時　　　　給 | |
| | 時　間　外　単　価 | |

支給額	基　　本　　給	
	所定時間外賃金	
	家　族　手　当	
	休　日　手　当	
	皆勤・精勤手当	
	住　宅　手　当	
	課税支給額計	
	通　勤　手　当	
	総　支　給　額	

控除額	社会保険料	健康保険料	
		介護保険料	
		厚生年金	
		雇用保険料	
		社会保険料小計	
	源泉所得税	
	住　民　税	
	控除額合計	

| 差引支給額 | |

(事業所名)　　　　　　　　　　係印

●数字はセクション番号を表します。

年末調整と法定調書

年末調整 ❻ ❼ ❽
給与から源泉徴収した税額と一年間に納めるべき所得税額との差額を調整する手続きです。

法定調書 ⓫ ⓬
年末調整とほぼ同時期に作成・提出することとされている書類で、いわゆる「源泉徴収票」(※5)「支払調書」(※6)などがあります。

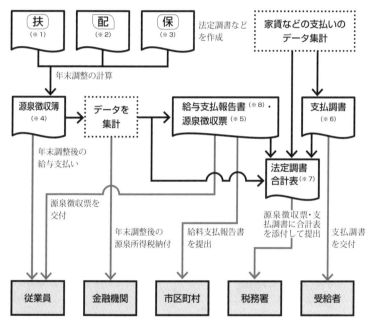

※1「給与所得者の扶養控除等(異動)申告書」
※2「給与所得者の配偶者控除等申告書」
※3「給与所得者の保険料控除申告書」
※4「給与所得・退職所得に対する所得税源泉徴収簿」
※5「給与所得の源泉徴収票」及び「退職所得の源泉徴収票」
※6「報酬、料金、契約金及び賞金の支払調書」「不動産の使用料等の支払調書」など各種支払調書のことをいいます。
※7「給与所得の源泉徴収票等の法定調書の合計表」
※8「給与支払報告書」及び「特別徴収票」をいい、「給与所得の源泉徴収票」及び「退職所得の源泉徴収票」と同様の書式のものを住民税計算のため従業員の居住する各市区町村へ提出します。

個人に関わる社会保険、税金など

入社から退社に関わる会社が行う手続き

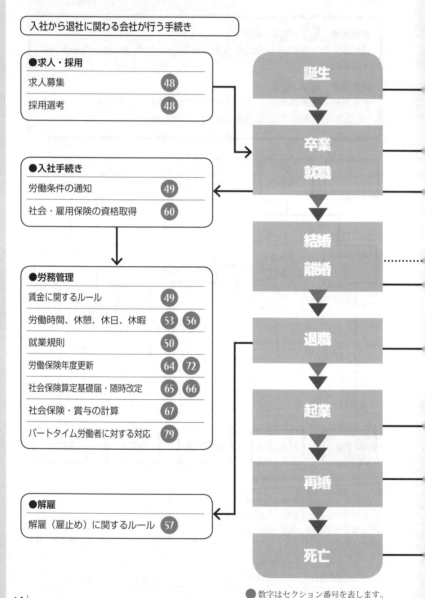

●求人・採用

| 求人募集 | 48 |
| 採用選考 | 48 |

●入社手続き

| 労働条件の通知 | 49 |
| 社会・雇用保険の資格取得 | 60 |

●労務管理

賃金に関するルール	49
労働時間、休憩、休日、休暇	53	56
就業規則	50
労働保険年度更新	64	72
社会保険算定基礎届・随時改定	65	66
社会保険・賞与の計算	67
パートタイム労働者に対する対応	79

●解雇

| 解雇（雇止め）に関するルール | 57 |

誕生

卒業
就職

結婚
離婚

退職

起業

再婚

死亡

● 数字はセクション番号を表します。

14

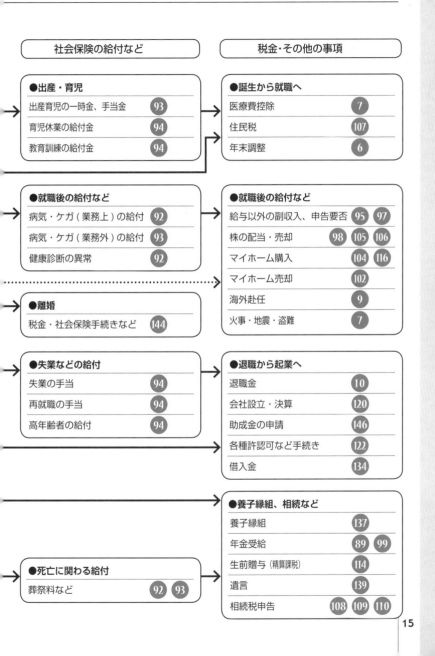

社会保険の給付など

●出産・育児
出産育児の一時金、手当金	93
育児休業の給付金	94
教育訓練の給付金	94

●就職後の給付など
病気・ケガ(業務上)の給付	92
病気・ケガ(業務外)の給付	93
健康診断の異常	92

●離婚
税金・社会保険手続きなど	144

●失業などの給付
失業の手当	94
再就職の手当	94
高年齢者の給付	94

●死亡に関わる給付
葬祭料など	92 93

税金・その他の事項

●誕生から就職へ
医療費控除	7
住民税	107
年末調整	6

●就職後の給付など
給与以外の副収入、申告要否	95 97
株の配当・売却	98 105 106
マイホーム購入	104 116
マイホーム売却	102
海外赴任	9
火事・地震・盗難	7

●退職から起業へ
退職金	10
会社設立・決算	120
助成金の申請	146
各種許認可など手続き	122
借入金	134

●養子縁組、相続など
養子縁組	137
年金受給	89 99
生前贈与(精算課税)	114
遺言	139
相続税申告	108 109 110

15

本書の使い方

◎ 本書の構成

本書では、経理・税務・人事に関して、必要となるさまざまな事項についてまとめています。各項目（セクション）は用途に応じて、次の4章で構成されています。

　　第1章　　会社の税務
　　第2章　　人事・労務・社会保険
　　第3章　　個人の税務
　　第4章　　経理・人事便利帳

◎ 各ページのマークについて

各ページで使用しているマークとして次のようなものがあります。

- **概算**

　収録されている表の数値が概算であり、簡単に金額の目安を知ることができます。実際の申告に当たっては、別途税額等を計算する必要があります。

- **URL**

　収録している表等の出展のURLを表し、そこからさらに詳しい情報を確認することができます。

- **個人**

　第1章で個人事業主にも適用する項目です。

◎ 収録している情報について

収録されている情報は令和3年10月末現在のものです。

本書記述の税率等は変更される可能性があります。実際の書類提出、税務申告にあたっては、管轄の役所などに最新の情報を確認するようにしてください。なお、税率等の変更により制度が大きく変わった場合には、変更後の情報を提供いたします。詳しくは「C&R研究所のホームページ」（P.2参照）をご参照ください。

●月額表………所得税法別表第一（令和2年分以降）

税額表は令和元年分以前の給与等には使用できません。

（単位：円）

その月の社会保険料等控除後の給与等の金額	甲					乙
	扶養親族等の数					
	0人	1人	2人	3人	4人	
	税　額					
88,000 未満	0	0	0	0	0	その月の社会保険料等控除後の給与等の金額の3.063%に相当する金額
88,000 以上	130	0	0	0	0	3,200
89,000 〃	180	0	0	0	0	3,200
90,000 〃	230	0	0	0	0	3,200
91,000 〃	290	0	0	0	0	3,200
92,000 〃	340	0	0	0	0	3,300
93,000 〃	390	0	0	0	0	3,300
94,000 〃	440	0	0	0	0	3,300
95,000 〃	490	0	0	0	0	3,400
96,000 〃	540	0	0	0	0	3,400
97,000 〃	590	0	0	0	0	3,500
98,000 〃	640	0	0	0	0	3,500
99,000 〃	720	0	0	0	0	3,600
101,000 〃	830	0	0	0	0	3,600
103,000 〃	930	0	0	0	0	3,700
105,000 〃	1,030	0	0	0	0	3,800
107,000 〃	1,130	0	0	0	0	3,800
109,000 〃	1,240	0	0	0	0	3,900
111,000 〃	1,340	0	0	0	0	4,000
113,000 〃	1,440	0	0	0	0	4,100
115,000 〃	1,540	0	0	0	0	4,100
117,000 〃	1,640	0	0	0	0	4,200
119,000 〃	1,750	120	0	0	0	4,300
121,000 〃	1,850	220	0	0	0	4,500
123,000 〃	1,950	330	0	0	0	4,800

● 表の見方

（A）を「その月の社会保険料控除後の給与等の金額」の欄に当てはめ、153,000円以上で、次の段の155,000円に満たないので、153,000円以上の段の「0人」の列の「3,120円」が（A）から差し引かれる源泉徴収税額となる。

例）扶養家族無し（0人）

給与の額　社会保険料合計　　（A）

180,000円−26,211円 = 154,389円

(単位：円)

その月の社会保険料等控除後の給与等の金額	甲					乙
	扶養親族等の数					
	0人	1人	2人	3人	4人	
	税　額					
125,000 〃	2,050	430	0	0	0	5,100
127,000 〃	2,150	530	0	0	0	5,400
129,000 〃	2,260	630	0	0	0	5,700
131,000 〃	2,360	740	0	0	0	6,000
133,000 〃	2,460	840	0	0	0	6,300
135,000 〃	2,550	930	0	0	0	6,600
137,000 〃	2,610	990	0	0	0	6,800
139,000 〃	2,680	1,050	0	0	0	7,100
141,000 〃	2,740	1,110	0	0	0	7,500
143,000 〃	2,800	1,170	0	0	0	7,800
145,000 〃	2,860	1,240	0	0	0	8,100
147,000 〃	2,920	1,300	0	0	0	8,400
149,000 〃	2,980	1,360	0	0	0	8,700
151,000 〃	3,050	1,430	0	0	0	9,000
153,000 〃	3,120	1,500	0	0	0	9,300
155,000 〃	3,200	1,570	0	0	0	9,600
157,000 〃	3,270	1,640	0	0	0	9,900
159,000 〃	3,340	1,720	100	0	0	10,200
161,000 〃	3,410	1,790	170	0	0	10,500
163,000 〃	3,480	1,860	250	0	0	10,800
165,000 〃	3,550	1,930	320	0	0	11,100
167,000 〃	3,620	2,000	390	0	0	11,400
169,000 〃	3,700	2,070	460	0	0	11,700
171,000 〃	3,770	2,140	530	0	0	12,000
173,000 〃	3,840	2,220	600	0	0	12,400
175,000 〃	3,910	2,290	670	0	0	12,700

給与所得の源泉徴収税額表

その月の社会保険料等控除後の給与等の金額	甲					乙
	扶養親族等の数					
	0人	1人	2人	3人	4人	
	税　　額					
177,000 〃	3,980	2,360	750	0	0	13,200
179,000 〃	4,050	2,430	820	0	0	13,900
181,000 〃	4,120	2,500	890	0	0	14,600
183,000 〃	4,200	2,570	960	0	0	15,300
185,000 〃	4,270	2,640	1,030	0	0	16,000
187,000 〃	4,340	2,720	1,100	0	0	16,700
189,000 〃	4,410	2,790	1,170	0	0	17,500
191,000 〃	4,480	2,860	1,250	0	0	18,100
193,000 〃	4,550	2,930	1,320	0	0	18,800
195,000 〃	4,630	3,000	1,390	0	0	19,500
197,000 〃	4,700	3,070	1,460	0	0	20,200
199,000 〃	4,770	3,140	1,530	0	0	20,900
201,000 〃	4,840	3,220	1,600	0	0	21,500
203,000 〃	4,910	3,290	1,670	0	0	22,200
205,000 〃	4,980	3,360	1,750	130	0	22,700
207,000 〃	5,050	3,430	1,820	200	0	23,300
209,000 〃	5,130	3,500	1,890	280	0	23,900
211,000 〃	5,200	3,570	1,960	350	0	24,400
213,000 〃	5,270	3,640	2,030	420	0	25,000
215,000 〃	5,340	3,720	2,100	490	0	25,500
217,000 〃	5,410	3,790	2,170	560	0	26,100
219,000 〃	5,480	3,860	2,250	630	0	26,800
221,000 〃	5,560	3,950	2,340	710	0	27,400
224,000 〃	5,680	4,060	2,440	830	0	28,400
227,000 〃	5,780	4,170	2,550	930	0	29,300
230,000 〃	5,890	4,280	2,650	1,040	0	30,300
233,000 〃	5,990	4,380	2,770	1,140	0	31,300
236,000 〃	6,110	4,490	2,870	1,260	0	32,400

その月の社会保険料等控除後の給与等の金額	甲					乙
	扶養親族等の数					
	0人	1人	2人	3人	4人	
			税　　額			
239,000　〃	6,210	4,590	2,980	1,360	0	33,400
242,000　〃	6,320	4,710	3,080	1,470	0	34,400
245,000　〃	6,420	4,810	3,200	1,570	0	35,400
248,000　〃	6,530	4,920	3,300	1,680	0	36,400
251,000　〃	6,640	5,020	3,410	1,790	170	37,500
254,000　〃	6,750	5,140	3,510	1,900	290	38,500
257,000　〃	6,850	5,240	3,620	2,000	390	39,400
260,000　〃	6,960	5,350	3,730	2,110	500	40,400
263,000　〃	7,070	5,450	3,840	2,220	600	41,500
266,000　〃	7,180	5,560	3,940	2,330	710	42,500
269,000　〃	7,280	5,670	4,050	2,430	820	43,500
272,000　〃	7,390	5,780	4,160	2,540	930	44,500
275,000　〃	7,490	5,880	4,270	2,640	1,030	45,500
278,000　〃	7,610	5,990	4,370	2,760	1,140	46,600
281,000　〃	7,710	6,100	4,480	2,860	1,250	47,600
284,000　〃	7,820	6,210	4,580	2,970	1,360	48,600
287,000　〃	7,920	6,310	4,700	3,070	1,460	49,700
290,000　〃	8,040	6,420	4,800	3,190	1,570	50,900
293,000　〃	8,140	6,520	4,910	3,290	1,670	52,100
296,000　〃	8,250	6,640	5,010	3,400	1,790	52,900
299,000　〃	8,420	6,740	5,130	3,510	1,890	53,700
302,000　〃	8,670	6,860	5,250	3,630	2,010	54,500
305,000　〃	8,910	6,980	5,370	3,760	2,130	55,200
308,000　〃	9,160	7,110	5,490	3,880	2,260	56,100
311,000　〃	9,400	7,230	5,620	4,000	2,380	56,900
314,000　〃	9,650	7,350	5,740	4,120	2,500	57,800
317,000　〃	9,890	7,470	5,860	4,250	2,620	58,800
320,000　〃	10,140	7,600	5,980	4,370	2,750	59,800

その月の社会保険料等控除後の給与等の金額	甲					乙
	扶養親族等の数					
	0人	1人	2人	3人	4人	
	税　額					
323,000 〃	10,380	7,720	6,110	4,490	2,870	60,900
326,000 〃	10,630	7,840	6,230	4,610	2,990	61,900
329,000 〃	10,870	7,960	6,350	4,740	3,110	62,900
332,000 〃	11,120	8,090	6,470	4,860	3,240	63,900
335,000 〃	11,360	8,210	6,600	4,980	3,360	64,900
338,000 〃	11,610	8,370	6,720	5,110	3,480	66,000
341,000 〃	11,850	8,620	6,840	5,230	3,600	67,000
344,000 〃	12,100	8,860	6,960	5,350	3,730	68,000
347,000 〃	12,340	9,110	7,090	5,470	3,850	69,000
350,000 〃	12,590	9,350	7,210	5,600	3,970	70,000
353,000 〃	12,830	9,600	7,330	5,720	4,090	71,100
356,000 〃	13,080	9,840	7,450	5,840	4,220	72,100
359,000 〃	13,320	10,090	7,580	5,960	4,340	73,100
362,000 〃	13,570	10,330	7,700	6,090	4,460	74,200
365,000 〃	13,810	10,580	7,820	6,210	4,580	75,200
368,000 〃	14,060	10,820	7,940	6,330	4,710	76,200
371,000 〃	14,300	11,070	8,070	6,450	4,830	77,100
374,000 〃	14,550	11,310	8,190	6,580	4,950	78,100
377,000 〃	14,790	11,560	8,320	6,700	5,070	79,000
380,000 〃	15,040	11,800	8,570	6,820	5,200	79,900
383,000 〃	15,280	12,050	8,810	6,940	5,320	81,400
386,000 〃	15,530	12,290	9,060	7,070	5,440	83,100
389,000 〃	15,770	12,540	9,300	7,190	5,560	84,700
392,000 〃	16,020	12,780	9,550	7,310	5,690	86,500
395,000 〃	16,260	13,030	9,790	7,430	5,810	88,200
398,000 〃	16,510	13,270	10,040	7,560	5,930	89,800
401,000 〃	16,750	13,520	10,280	7,680	6,050	91,600
404,000 〃	17,000	13,760	10,530	7,800	6,180	93,300

その月の社会保険料等控除後の給与等の金額	甲					乙
	扶養親族等の数					
	0人	1人	2人	3人	4人	
	税　額					
407,000　〃	17,240	14,010	10,770	7,920	6,300	95,000
410,000　〃	17,490	14,250	11,020	8,050	6,420	96,700
413,000　〃	17,730	14,500	11,260	8,170	6,540	98,300
416,000　〃	17,980	14,740	11,510	8,290	6,670	100,100
419,000　〃	18,220	14,990	11,750	8,530	6,790	101,800
422,000　〃	18,470	15,230	12,000	8,770	6,910	103,400
425,000　〃	18,710	15,480	12,240	9,020	7,030	105,200
428,000　〃	18,960	15,720	12,490	9,260	7,160	106,900
431,000　〃	19,210	15,970	12,730	9,510	7,280	108,500
434,000　〃	19,450	16,210	12,980	9,750	7,400	110,300
437,000　〃	19,700	16,460	13,220	10,000	7,520	112,000
440,000　〃	20,090	16,700	13,470	10,240	7,650	113,600
443,000　〃	20,580	16,950	13,710	10,490	7,770	115,400
446,000　〃	21,070	17,190	13,960	10,730	7,890	117,100
449,000　〃	21,560	17,440	14,200	10,980	8,010	118,700
452,000　〃	22,050	17,680	14,450	11,220	8,140	120,500
455,000　〃	22,540	17,930	14,690	11,470	8,260	122,200
458,000　〃	23,030	18,170	14,940	11,710	8,470	123,800
461,000　〃	23,520	18,420	15,180	11,960	8,720	125,600
464,000　〃	24,010	18,660	15,430	12,200	8,960	127,300
467,000　〃	24,500	18,910	15,670	12,450	9,210	129,000
470,000　〃	24,990	19,150	15,920	12,690	9,450	130,700
473,000　〃	25,480	19,400	16,160	12,940	9,700	132,300
476,000　〃	25,970	19,640	16,410	13,180	9,940	134,000
479,000　〃	26,460	20,000	16,650	13,430	10,190	135,600
482,000　〃	26,950	20,490	16,900	13,670	10,430	137,200
485,000　〃	27,440	20,980	17,140	13,920	10,680	138,800
488,000　〃	27,930	21,470	17,390	14,160	10,920	140,400

（単位：円）

その月の社会保険料等控除後の給与等の金額	甲					乙
	扶養親族等の数					
	0人	1人	2人	3人	4人	
	税　額					
491,000　〃	28,420	21,960	17,630	14,410	11,170	142,000
494,000　〃	28,910	22,450	17,880	14,650	11,410	143,700
497,000　〃	29,400	22,940	18,120	14,900	11,660	145,200
500,000　〃	29,890	23,430	18,370	15,140	11,900	146,800
503,000　〃	30,380	23,920	18,610	15,390	12,150	148,500
506,000　〃	30,880	24,410	18,860	15,630	12,390	150,100
509,000　〃	31,370	24,900	19,100	15,880	12,640	151,600
512,000　〃	31,860	25,390	19,350	16,120	12,890	153,300
515,000　〃	32,350	25,880	19,590	16,370	13,130	154,900
518,000　〃	32,840	26,370	19,900	16,610	13,380	156,500
521,000　〃	33,330	26,860	20,390	16,860	13,620	158,100
524,000　〃	33,820	27,350	20,880	17,100	13,870	159,600
527,000　〃	34,310	27,840	21,370	17,350	14,110	161,000
530,000　〃	34,800	28,330	21,860	17,590	14,360	162,500
533,000　〃	35,290	28,820	22,350	17,840	14,600	164,000
536,000　〃	35,780	29,310	22,840	18,080	14,850	165,400
539,000　〃	36,270	29,800	23,330	18,330	15,090	166,900
542,000　〃	36,760	30,290	23,820	18,570	15,340	168,400
545,000　〃	37,250	30,780	24,310	18,820	15,580	169,900
548,000　〃	37,740	31,270	24,800	19,060	15,830	171,300
551,000　〃	38,280	31,810	25,340	19,330	16,100	172,800
554,000　〃	38,830	32,370	25,890	19,600	16,380	174,300
557,000　〃	39,380	32,920	26,440	19,980	16,650	175,700
560,000　〃	39,930	33,470	27,000	20,530	16,930	177,200
563,000　〃	40,480	34,020	27,550	21,080	17,200	178,700
566,000　〃	41,030	34,570	28,100	21,630	17,480	180,100
569,000　〃	41,590	35,120	28,650	22,190	17,760	181,600
572,000　〃	42,140	35,670	29,200	22,740	18,030	183,100

第1章　会社の税務　給与所得の源泉徴収税額表

その月の社会保険料等控除後の給与等の金額	甲					乙
	扶養親族等の数					
	0人	1人	2人	3人	4人	
	税　　額					
575,000 〃	42,690	36,230	29,750	23,290	18,310	184,600
578,000 〃	43,240	36,780	30,300	23,840	18,580	186,000
581,000 〃	43,790	37,330	30,850	24,390	18,860	187,500
584,000 〃	44,340	37,880	31,410	24,940	19,130	189,000
587,000 〃	44,890	38,430	31,960	25,490	19,410	190,400
590,000 〃	45,440	38,980	32,510	26,050	19,680	191,900
593,000 〃	46,000	39,530	33,060	26,600	20,130	193,400
596,000 〃	46,550	40,080	33,610	27,150	20,690	194,800
599,000 〃	47,100	40,640	34,160	27,700	21,240	196,300
602,000 〃	47,650	41,190	34,710	28,250	21,790	197,800
605,000 〃	48,200	41,740	35,270	28,800	22,340	199,300
608,000 〃	48,750	42,290	35,820	29,350	22,890	200,700
611,000 〃	49,300	42,840	36,370	29,910	23,440	202,200
614,000 〃	49,860	43,390	36,920	30,460	23,990	203,700
617,000 〃	50,410	43,940	37,470	31,010	24,540	205,100
620,000 〃	50,960	44,500	38,020	31,560	25,100	206,700
623,000 〃	51,510	45,050	38,570	32,110	25,650	208,100
626,000 〃	52,060	45,600	39,120	32,660	26,200	209,500
629,000 〃	52,610	46,150	39,680	33,210	26,750	211,000
632,000 〃	53,160	46,700	40,230	33,760	27,300	212,500
635,000 〃	53,710	47,250	40,780	34,320	27,850	214,000
638,000 〃	54,270	47,800	41,330	34,870	28,400	214,900
641,000 〃	54,820	48,350	41,880	35,420	28,960	215,900
644,000 〃	55,370	48,910	42,430	35,970	29,510	217,000
647,000 〃	55,920	49,460	42,980	36,520	30,060	218,000
650,000 〃	56,470	50,010	43,540	37,070	30,610	219,000
653,000 〃	57,020	50,560	44,090	37,620	31,160	220,000
656,000 〃	57,570	51,110	44,640	38,180	31,710	221,000

第1章

第2章

第3章

第4章

給与所得の源泉徴収税額表

（単位：円）

その月の社会保険料等控除後の給与等の金額	甲					乙
	扶養親族等の数					
	0人	1人	2人	3人	4人	
	税　　額					
659,000 〃	58,130	51,660	45,190	38,730	32,260	222,100
662,000 〃	58,680	52,210	45,740	39,280	32,810	223,100
665,000 〃	59,230	52,770	46,290	39,830	33,370	224,100
668,000 〃	59,780	53,320	46,840	40,380	33,920	225,000
671,000 〃	60,330	53,870	47,390	40,930	34,470	226,000
674,000 〃	60,880	54,420	47,950	41,480	35,020	227,100
677,000 〃	61,430	54,970	48,500	42,030	35,570	228,100
680,000 〃	61,980	55,520	49,050	42,590	36,120	229,100
683,000 〃	62,540	56,070	49,600	43,140	36,670	230,400
686,000 〃	63,090	56,620	50,150	43,690	37,230	232,100
689,000 〃	63,640	57,180	50,700	44,240	37,780	233,600
692,000 〃	64,190	57,730	51,250	44,790	38,330	235,100
695,000 〃	64,740	58,280	51,810	45,340	38,880	236,700
698,000 〃	65,290	58,830	52,360	45,890	39,430	238,200
701,000 〃	65,840	59,380	52,910	46,450	39,980	239,700
704,000 〃	66,400	59,930	53,460	47,000	40,530	241,300
707,000 〃	66,960	60,480	54,020	47,550	41,090	242,900
710,000 〃	67,570	61,100	54,630	48,160	41,700	244,400
713,000 〃	68,180	61,710	55,250	48,770	42,310	246,000
716,000 〃	68,790	62,320	55,860	49,390	42,920	247,500
719,000 〃	69,410	62,930	56,470	50,000	43,540	249,000
722,000 〃	70,020	63,550	57,080	50,610	44,150	250,600
725,000 〃	70,630	64,160	57,700	51,220	44,760	252,200
728,000 〃	71,250	64,770	58,310	51,840	45,370	253,700
731,000 〃	71,860	65,380	58,920	52,450	45,990	255,300
734,000 〃	72,470	66,000	59,530	53,060	46,600	256,800
737,000 〃	73,080	66,610	60,150	53,670	47,210	258,300
740,000 〃	73,390	66,920	60,450	53,980	47,520	259,800

（単位:円）

その月の社会保険料等控除後の給与等の金額	甲 扶養親族等の数					乙
	0人	1人	2人	3人	4人	
			税　額			
740,000円を超え780,000円に満たない金額	740,000円の場合の税額に、その月の社会保険料等控除後の給与等の金額のうち740,000円を超える金額の20.42％に相当する金額を加算した金額					259,800円に、その月の社会保険料等控除後の給与等の金額のうち740,000円を超える金額の40.84％に相当する金額を加算した金額
780,000	81,560	75,090	68,620	62,150	55,690	
780,000円を超え950,000円に満たない金額	780,000円の場合の税額に、その月の社会保険料等控除後の給与等の金額のうち780,000円を超える金額の23.483％に相当する金額を加算した金額					
950,000	121,480	115,010	108,540	102,070	95,610	
950,000円を超え1,700,000円に満たない金額	950,000円の場合の税額に、その月の社会保険料等控除後の給与等の金額のうち950,000円を超える金額の33.693％に相当する金額を加算した金額					
1,700,000	374,180	367,710	361,240	354,770	348,310	651,900
1,700,000円を超え2,170,000円に満たない金額	1,700,000円の場合の税額に、その月の社会保険料等控除後の給与等の金額のうち1,700,000円を超える金額の40.84％に相当する金額を加算した金額					
2,170,000	571,570	565,090	558,630	552,160	545,690	651,900円に、その月の社会保険料等控除後の給与等の金額のうち1,700,000円を超える金額の45.945％に相当する金額を加算した金額
2,170,000円を超え2,210,000円に満たない金額	2,170,000円の場合の税額に、その月の社会保険料等控除後の給与等の金額のうち2,170,000円を超える金額の40.84％に相当する金額を加算した金額					
2,210,000	593,340	586,870	580,410	573,930	567,470	
2,210,000円を超え2,250,000円に満たない金額	2,210,000円の場合の税額に、その月の社会保険料等控除後の給与等の金額のうち2,210,000円を超える金額の40.84％に相当する金額を加算した金額					
2,250,000	615,120	608,650	602,190	595,710	589,250	
2,250,000円を超え3,500,000円に満たない金額	2,250,000円の場合の税額に、その月の社会保険料等控除後の給与等の金額のうち2,250,000円を超える金額の40.84％に相当する金額を加算した金額					
3,500,000	1,125,620	1,119,150	1,112,690	1,106,210	1,099,750	
3,500,000円を超える金額	3,500,000円の場合の税額に、その月の社会保険料等控除後の給与等の金額のうち3,500,000円を超える金額の45.945％に相当する金額を加算した金額					

＊　令和2年分以降源泉徴収税額表等

https://www.nta.go.jp/publication/pamph/gensen/
zeigakuhyo2019/01.htm

●所得の金額の計算上、収入金額に算入すべき経済的利益

項目名	「金銭以外の物又は権利その他経済的な利益」には、次に掲げるような利益が含まれる ➡ 内容	条文、通達
無償又は低額譲受	物品その他の資産の譲渡を無償又は低い対価で受けた場合 ➡ その資産のその時における価額とその対価の額との差額に相当する利益	
無償又は低額賃貸	土地、家屋その他の資産(金銭を除く)の貸与を無償又は低い対価で受けた場合 ➡ 通常支払うべき額と実際に支払う額との差額に相当する利益	
無利息又は低利借入	金銭の貸付け又は提供を無利息又は通常の利率より低い利率で受けた場合 ➡ 通常利率の利息の額と実際に支払う利息の額との差額に相当する利益	所基通36-15
無償又は低額役務	上記以外の用役の提供を無償又は低い対価で受けた場合 ➡ 通常支払うべき対価の額と実際に支払う対価の額との差額に相当する利益	
債務免除	買掛金その他の債務の免除を受けた場合 ➡ その免除を受けた金額又は自己の債務を他人が負担した場合における負担した金額に相当する利益	

●課税しない経済的利益

項目名	概要	条文、通達
永年勤続表彰	永年勤続した役員又は使用人を旅行、観劇等に招待し又は記念品(現物に代えて支給する金銭は含まない)により受ける利益で一定のもの	所基通36-21
創業等記念品等	役員又は使用人に対し創業記念、増資記念、工事完成記念又は合併記念等に際し、その記念として支給する記念品(現物に代えて支給する金銭は含まない)で一定のもの。ただし、建築業者、造船業者等が請負工事又は造船の完成等に際し支給するものは除く	所基通36-22
社内販売など	役員又は使用人に対する自社商品、製品等(有価証券及び食事を除く)の原価以上か売価×70%以上での値引販売による経済的利益で一定のもの	所基通36-23
残業食事代	残業又は宿直若しくは日直をした者(通常の勤務時間外に勤務を行った者に限る)に対し、支給する食事については非課税	所基通36-24
炭鉱の支給燃料	鉱業の採掘場に勤務する使用人の保健衛生のため、社会通念上、通常、必要な厚生施設の設置に代えて支給する程度の石炭、薪等の燃料は非課税	所基通36-25

項目名	概　　要	条文、通達
寄宿舎等の光熱費	寄宿舎の電気、ガス、水道等の料金の負担による経済的利益については、居住のために通常必要で、かつ各人ごとの金額が明らかでない場合に限り非課税	所基通36-26
低利貸付など	役員又は使用人に対し金銭を無利息又は低利で貸し付けた場合の経済的利益で、災害・疾病などによる貸付、調達金利以上の利率、年5,000円以下の金利は非課税	所基通36-28
用役の自家消費	自己の営む事業に属する用役を無償若しくは低い対価で提供し、受ける経済的利益については、利益の額が著しく多額であると認められる場合、又は役員だけを対象として供与される場合を除き非課税	所基通36-29
技術習得等の費用	業務遂行上の必要により技術、知識の習得、免許、資格取得等の研修会、講習会等の費用で適正なものは非課税	所基通36-29の2
レクリエーション	レクリエーションのため一般的に行われている会食、旅行、演芸会、運動会等の行事により受ける経済的利益については、参加しなかった者に金銭を支給する場合、又は役員だけを対象として費用負担する場合を除き非課税	所基通36-30
損害賠償金	基因となった行為が業務の遂行に関連し、かつ、故意又は重過失に基づかないものである場合には、その役員又は使用人が受ける経済的利益はないものとする。これ以外の場合でも支払能力不足の援護は同様とする	所基通36-33
ゴルフクラブ入会金	法人会員制度がないため個人会員として入会させた場合で、その入会が法人の業務の遂行上必要であると認められ、かつ、その入会金を法人が資産に計上したときは、当該役員又は使用人が受ける経済的利益はないものとする	所基通36-34
年会費、プレー費	年会費などは、会員権が法人名義である場合、役員又は使用人が受ける経済的利益はないものとし、プレーにかかる費用は業務の遂行上必要なものであると認められるときは、役員又は使用人が受ける経済的利益はないものとする	所基通36-34の2
その他の入会金等	レジャークラブ、社交団体の入会金、通常会費で特定の者が便益を受ける場合以外やロータリークラブ又はライオンズクラブの会費などで特定の役員又は使用人の負担すべきものであると認められるとき以外は経済的利益はないものとする(法人税の計算上は交際費となる)	所基通36-34の3、36-35、36-35の2

3 非課税通勤手当

個人

通常の給与に加算して支給する通勤手当や通勤定期券などは、下記の限度額まで非課税。

非課税限度額を超えて通勤手当などを支給する場合は、給与の額に上乗せして課税。

パートやアルバイトなど短期間雇い入れる人についても、月を単位にして適用。

(平成28年1月以降分)

利用する交通機関など ／ 通勤距離		非課税限度額/1ヶ月
(1) 電車やバスだけを利用して通勤している場合 (注1・2)		150,000 円
(2) マイカーや自転車などで通勤している場合	片道の通勤距離が2キロメートル未満	(全額課税)
	2キロメートル以上10キロメートル未満	4,200 円
	10キロメートル以上15キロメートル未満	7,100 円
	15キロメートル以上25キロメートル未満	12,900 円
	25キロメートル以上35キロメートル未満	18,700 円
	35キロメートル以上45キロメートル未満	24,400 円
	45キロメートル以上55キロメートル未満	28,000 円
	55キロメートル以上	31,600 円
(3) (1)、(2)の両方を利用している場合　　(1)＋(2)＝		150,000 円

(注1) 経済的で最も合理的な経路で通勤した場合の通勤定期券などの金額
(注2) 新幹線を利用した運賃等は含まれ、グリーン料金などは除かれる。

(所法9、所令20の2、所基通9－6の3)

> 通勤手当は、非課税部分も、健康保険、介護保険、厚生年金および雇用保険料の対象になる。

4 社宅家賃の判定と計算 個人

●社宅の判定と基準となる賃料

基準となる賃料

```
                              ┌──────────┐     時価に
                  豪華社宅 ──────────────────→ よる賃料
                   (注1)
                                          ┌─床面積─┐
                              役員社宅 ──┤132㎡超├──→ (B)
                                          │(注3)  │   (注2)
   社宅                                   └────────┘
                  豪華社宅以外 ─────────┤
                                          ┌─床面積─┐
                                          │132㎡以下├──→ (A)
                                          │(注3)   │
                                          └────────┘
                              従業員社宅 ──────────→ (A)×50%
                                (注4)
```

(注1) 豪華社宅とは
　　　　床面積240㎡超で社会通念上一般的でないものと、
　　　　床面積240㎡以下でプール等を有するもの
(注2) 借上社宅の場合は借上料の50%と(B)のいずれか多い金額
(注3) 建物の耐用年数が30年超の場合は132㎡を99㎡に置き換え
(注4) 従業員社宅は、社有・借上を問わず、床面積も問わない。

●給与として課税される経済的利益

　上記の判定による基準となる賃料を役員又は使用人から収受していない場合には、収受している賃料との差額が給与として課税される。

　ただし、使用人から収受している賃料が基準となる賃料の50%以上の場合にはその差額には課税されない(看護師、守衛など無償貸与の例外あり)。

●月額社宅家賃の計算

(A) $\boxed{\text{その年度の家屋の固定資産税の課税標準額}} \times 0.2\% + \dfrac{12\text{円} \times 床面積㎡}{3.3㎡} + \boxed{\text{その年度の敷地の固定資産税の課税標準額}} \times 0.22\%$

(B) $\left(\boxed{\text{その年度の家屋の固定資産税の課税標準額}} \times 12\% \atop {(木造以外は10\%)} + \boxed{\text{その年度の敷地の固定資産税の課税標準額}} \times 6\% \right) \times \dfrac{1}{12}$

(注5)　役員社宅では、公的使用部分がある場合には30%減額等の特例がある。

(所法9、36、所令21、84の2、所基9-9、36-15、36-40~48)

31

5 賞与に対する源泉徴収税額の算出率の表 個人

賞与に対する源泉徴収税額の算出率の表（令和2年分以降）

賞与の金額に乗ずべき率	甲 扶養親族等の数 0人	1人	2人	3人	4人	乙
%	千円 前月の社会保険料等控除後の給与等の金額	千円	千円	千円	千円	千円
0.000	68 未満	94 未満	133 未満	171 未満	210 未満	
2.042	68 以上	94 以上	133 以上	171 以上	210 以上	
4.084	79 〃	243 〃	269 〃	295 〃	300 〃	
6.126	252 〃	282 〃	312 〃	345 〃	378 〃	
8.168	300 〃	338 〃	369 〃	398 〃	424 〃	
10.210	334 〃	365 〃	393 〃	417 〃	444 〃	222 未満
12.252	363 〃	394 〃	420 〃	445 〃	470 〃	
14.294	395 〃	422 〃	450 〃	477 〃	503 〃	
16.336	426 〃	455 〃	484 〃	510 〃	534 〃	
18.378	520 〃	520 〃	520 〃	544 〃	570 〃	
20.420	601 〃	617 〃	632 〃	647 〃	662 〃	222 以上
22.462	678 〃	699 〃	721 〃	745 〃	768 〃	
24.504	708 〃	733 〃	757 〃	782 〃	806 〃	
26.546	745 〃	771 〃	797 〃	823 〃	849 〃	
28.588	788 〃	814 〃	841 〃	868 〃	896 〃	
30.630	846 〃	874 〃	902 〃	931 〃	959 〃	293 以上
32.672	914 〃	944 〃	975 〃	1,005 〃	1,036 〃	
35.735	1,312 〃	1,336 〃	1,360 〃	1,385 〃	1,409 〃	
38.798	1,521 〃	1,526 〃	1,526 〃	1,538 〃	1,555 〃	524 以上
41.861	2,621 〃	2,645 〃	2,669 〃	2,693 〃	2,716 〃	
45.945	3,495 〃	3,527 〃	3,559 〃	3,590 〃	3,622 〃	1,118 以上

* 令和2年分以降源泉徴収税額表

```
https://www.nta.go.jp/publication/pamph/gensen/
zeigakuhyo2019/01.htm
```

●賞与の計算例

前月給与（数値は概数）扶養：1名

基本給	300,000
通勤手当	10,000
計	310,000
社会保険料計	40,000
課税所得	260,000
所得税	5,000
控除計	45,000
差引支給額	265,000

賞与

賞与額	500,000	
社会保険料計	60,000	
課税所得	440,000	
所得税	17,970	＝ 課税所得440,000×4.084%
控除計	77,970	
差引支給額	422,030	

上記表の扶養1名の列中で260,000円の行を選び、その左端の率が賞与へ乗じる源泉税率となる

6 年末調整 　　　　　　　　　　　　個人

●年末調整の対象となる人、ならない人

年末調整の対象となる人	年末調整の対象とならない人
(1) 1年を通じて勤務している人 (2) 年の途中から年末まで勤務している人 (3) 年の途中で退職した人のうち、次の人 　① 死亡退職した人 　② 著しい心身障害のよる退職で、その時期から本年中の再就職の見込みがない人 　③ 12月給与の支払い後に退職した人 　④ パートタイマーで、年間給与総額が103万円以下である人(本年中に他の勤務先から給与を受ける見込みを除く。) (4) 年の途中で、海外支店への転勤などの理由により非居住者となった人	(1) 給与収入金額が2,000万円超の人 (2) 災免法の規定により、所得税及び復興特別所得税の源泉徴収猶予又は還付を受けた人 (3) 2か所以上から給与を受けている人で一定の人(乙欄適用者) (4) 年の中途で退職した人で左欄(3)に該当しない人 (5) 非居住者 (6) 日雇い労働者など(日額表の丙欄適用者)

●給与所得者の扶養控除等(異動)申告書記載の注意点

- 配偶者の有無の欄は、控除対象にならない配偶者がいる場合でも「有」に丸をつける
- 主たる給与から控除を受ける控除対象配偶者や控除対象扶養親族の「所得の見積額」は、収入額ではなく「所得」であることに注意する
- 16歳未満の扶養親族がいる場合、住民税に関する事項の記載漏れに注意する
- この申告書の提出がない場合、乙欄適用となり年末調整の対象にはならないので提出忘れに注意する

●日本国外に居住する親族を扶養親族とする場合の注意点

- 平成28年(2016年)より源泉徴収、年末調整、確定申告において親族関係書類及び送金関係書類の添付等が義務化された

●給与所得者の保険料控除申告書記載の注意点

- 生命保険料控除証明書に記載されている金額と、その年に支払った保険料の金額と異なる場合があるので正確な金額を申告する
- 地震保険料と旧長期損害保険料がある場合はどちらか有利な方を選択する
- 社会保険に加入していない場合は、社会保険料控除を自ら申告する
- 国民健康保険料は証明書の添付を要しないが、年末までに支払った保険料の集計を間違わないように注意する
- 小規模企業共済等掛け金控除は証明書に記載されている月の掛金を参考にその年の支払額を集計する

●給与所得者の配偶者控除等申告書記載の注意点

- あなたの本年中の合計所得金額の見積額は、配偶者でなく「本人」の所得金額を記載する
- 合計所得金額の見積額の計算表は所得の種類別に計算し集計する

●その他注意点

- 住宅借入金等特別控除の適用初年度は年末調整できないので確定申告する
- 住宅借入金等特別控除申告書および証明書を紛失したときは、税務署に再交付を求めることができる
- 年の途中で転職した人は前職の源泉徴収票がなければ年末調整できない

7　所得税、住民税の所得控除一覧表　　個人

所得税、住民税の所得控除一覧表

所得控除の種類	所得税所得控除額		住民税所得控除額	
雑損控除 （1.2.いずれか多い金額）	1.（損失額－保険等の補填額）－所得金額の合計額×10% 2.（災害関連支出の金額－保険等の補填額）－50,000円			
医療費控除	（医療費－保険等の補填額）－100,000円と「所得金額の合計額×5%」いずれか少ない金額（最高200万円）			
社会保険料控除	前年中に支払った額			
小規模企業共済等掛金控除				
生命保険料控除（新契約）	●平成24年1月1日以後に締結した保険契約分 介護医療保険料が加わり、介護医療保険料控除が設けられました。			
	一般・年金・介護医療等の各限度額	40,000円		28,000円
	一般＋年金＋介護医療等の限度額	120,000円		84,000円
	一般生保・個人年金・介護医療保険を別に計算	**支払額** / **控除額** 20,000円以下 / 支払額 20,000円超40,000円以下 / 支払額×0.5＋10,000円 40,000円超 / 支払額×0.25＋20,000円		**支払額** / **控除額** 12,000円以下 / 支払額 12,000円超32,000円以下 / 支払額×0.5＋6,000円 32,000円超 / 支払額×0.25＋14,000円	
生命保険料控除（旧契約）	●平成23年12月31日以前に締結した保険契約分			
	一般・年金の各限度額	50,000円		35,000円
	一般＋年金の限度額	100,000円		70,000円
	一般生保と個人年金を別に計算	**支払額** / **控除額** 25,000円以下 / 支払額 25,000円超50,000円以下 / 支払額×0.5＋12,500円 50,000円超 / 支払額×0.25＋25,000円		**支払額** / **控除額** 15,000円以下 / 支払額 15,000円超40,000円以下 / 支払額×0.5＋7,500円 40,000円超 / 支払額×0.25＋17,500円	
地震保険料控除	地震＋旧長期の限度額	50,000円		25,000円
	地震保険のみの計算	**支払額** / **控除額** 50,000円以下 / 支払額 50,000円超 / 50,000円		**支払額** / **控除額** 50,000円以下 / 支払額×0.5 50,000円超 / 25,000円	
	旧長期損保のみの計算	**支払額** / **控除額** 10,000円以下 / 支払額 10,000円超 / 支払額×0.5＋5,000円（最高15,000円）		**支払額** / **控除額** 5,000円以下 / 支払額 5,000円超 / 支払額×0.5＋2,500円（最高10,000円）	
寄付金控除	（「特定寄付金の支払額」と「所得金額の合計額×40%」とのいずれか少ないほうの金額）－2,000円		所得控除なし（但し、税額控除あり）	

所得控除の種類	適用要件			所得税控除額 (住民税控除額)
基礎控除 (住民税は翌年度から適用)	本人	平成31年(令和元/2019年)までの控除額		38万円(33万円)
		令和2年(2020年)からの控除額		
		合計所得金額	2,400万円以下	48万円(43万円)
			2,400万円超2,450万円以下	32万円(29万円)
			2,450万円超2,500万円以下	16万円(15万円)
			2,500万円超	0円(0円)
配偶者控除(控除額は次ページ)	同一生計で、年間所得が38【48】万円以下である配偶者(控除対象配偶者)を有する者(年間所得1,000万円以下の場合に限る)			―
配偶者特別控除(控除額は次ページ)	同一生計で、年間所得が123【133】万円以下である配偶者を有する者(年間所得1,000万円以下の場合に限る)			
扶養控除	生計を一にし、かつ、年間所得が38【48】万円以下である親族等(扶養親族)を有する者			―
一般の扶養親族	年齢が16歳以上19歳未満又は23歳以上70歳未満の扶養親族を有する者			38万円(33万円)
特定扶養親族	年齢が19歳以上23歳未満の扶養親族を有する者			63万円(45万円)
老人扶養親族	年齢が70歳以上の扶養親族を有する者			48万円(38万円)
(同居老親等加算)	直系尊属である老人扶養親族と同居を常況としている者			＋10万円(＋7万円)
障害者控除	障害者である者			27万円(26万円)
	障害者である控除対象配偶者又は扶養親族を有する者			
(特別障害者控除)	特別障害者である者			40万円(30万円)
	特別障害者である控除対象配偶者又は扶養親族を有する者			
(同居特別障害者控除)	特別障害者である控除対象配偶者又は扶養親族と同居を常況としている者			75万円(53万円)
寡婦控除(年間所得500万円以下)	夫と離婚後婚姻をしておらず扶養親族がいる者			27万円(26万円)
	夫と死別後婚姻をしていない者、又は夫の生死が明らかでない者			
ひとり親控除(年間所得500万円以下)	婚姻関係と認められる者がいない者で生計を一にする扶養親族の子がいること			35万円(30万円)
勤労学生控除	本人が学校教育法に規定する学校の学生、生徒等である者(年間所得65【75】万円以下かつ給与所得等以外が10万円以下の場合に限る)			27万円(26万円)

※平成31(令和元)年までの基礎控除額、【カッコ内】は令和2年からの控除額です。

所得税、住民税の所得控除一覧表

配偶者控除・配偶者特別控除の控除額

配偶者の合計所得金額(給与収入)	合計所得金額(給与収入) 適用される控除	900万円以下(1120万円以下)		900万円超950万円以下(1170万円以下)		950万円超1000万円以下(1220万円以下)		1000万円超(1220万円超)
		所得税控除額	住民税控除額	所得税控除額	住民税控除額	所得税控除額	住民税控除額	
38万円以下(103万円以下)	配偶者控除(老人控除対象配偶者)	38万円(48万円)	33万円(38万円)	26万円(32万円)	22万円(26万円)	13万円(16万円)	11万円(13万円)	適用無し
38万円超85万円以下(150万円以下)	配偶者特別控除	38万円	33万円	26万円	22万円	13万円	11万円	
85万円超90万円以下(155万円以下)		36万円		24万円		12万円		
90万円超95万円以下(160万円以下)		31万円		21万円		11万円		
95万円超100万円以下(166.8万円未満)		26万円		18万円		9万円		
100万円超105万円以下(175.2万円未満)		21万円		14万円		7万円		
105万円超110万円以下(183.2万円未満)		16万円		11万円		6万円		
110万円超115万円以下(190.4万円未満)		11万円		8万円		4万円		
115万円超120万円以下(197.2万円未満)		6万円		4万円		2万円		
120万円超123万円以下(201.6万円未満)		3万円		2万円		1万円		
123万円超(201.6万円超)		適用無し						

＊給与収入の額は、所得税法別表第五によっています。

8　給与所得控除額、所得税の速算表　[個人]

●給与所得の金額＝（A）－（B）

(単位:円)

収入金額（A）		平成31年（令和元/2019年）までの給与所得控除額（B）	令和2年（2020年）からの給与所得控除額（B）
超	以下		
	1,625,000	650,000	550,000
1,625,000	1,800,000	A×40%	A×40%－　100,000
1,800,000	3,600,000	A×30%＋　180,000	A×30%＋　80,000
3,600,000	6,600,000	A×20%＋　540,000	A×20%＋　440,000
6,600,000	8,500,000	A×10%＋1,200,000	A×10%＋1,100,000
8,500,000	10,000,000		1,950,000
10,000,000		2,200,000	

ただし、収入金額6,600,000円未満である場合は、所得税法別表第五により算出。

別表第五　年末調整等のための給与所得控除後の給与等の金額の表（第二十八条、第百九十条関係）

```
https://elaws.e-gov.go.jp/search/elawsSearch/elaws_
search/lsg0500/detail?lawId=340AC0000000033#5684
```

●「課税される所得金額」に対する所得税の速算表

復興所得税含まない

所得金額 （千円未満切り捨て）	税率	控除額（円）
1,950 千円 以下	5%	－
3,300 千円 未満	10%	97,500
6,950 千円　〃	20%	427,500
9,000 千円　〃	23%	636,000
18,000 千円　〃	33%	1,536,000
40,000 千円　〃	40%	2,796,000
40,000 千円　超	45%	4,796,000

復興所得税含む

所得金額 （千円未満切り捨て）	税率	控除額（円）
1,950 千円 以下	5.105%	－
3,300 千円 未満	10.210%	99,548
6,950 千円　〃	20.420%	436,478
9,000 千円　〃	23.483%	649,356
18,000 千円　〃	33.693%	1,568,256
40,000 千円　〃	40.840%	2,854,716
40,000 千円　超	45.945%	4,896,716

「課税される山林所得金額」に対する所得税額は5分5乗による。

●住民税（所得割）速算表

住民税＝課税される所得金額×10％（一律　市町村民税6％、道府県民税4％）

9 外国法人・非居住者に支払う所得の源泉徴収 │個人│

●居住者・非居住者／外国法人・内国法人の区分

区分			定義	課税所得の範囲	課税方法
個人	居住者		国内に住所を有し、又は現在まで引き続いて国内に1年以上の居所を有する人		
		永住者	非永住者以外の居住者	全世界所得	申告納税／源泉徴収
		非永住者	日本の国籍を有しておらず、かつ、過去10年以内において国内に住所または居所を有していた期間の合計が5年以下である個人	1 国外源泉所得以外の所得 2 国外源泉所得で国内において支払われた所得 3 1以外の所得で国外から送金された所得	申告納税／源泉徴収
	非居住者		国内に住所も1年以上の居所も有しない人(注1)	国内源泉所得	申告納税／源泉徴収(注2)
法人	内国法人		国内に本店又は主たる事務所を有する法人	国内において支払われる 1 利子等 2 配当等 3 定期積み金の給付補てん金等 4 匿名組合契約に基づく利益の分配 5 賞金	源泉徴収
	外国法人		国内に本店も主たる事務所も有しない法人	国内源泉所得のうち特定のもの	源泉徴収(注2)

(注1) 国外に居住することとなった個人が次のいずれかに該当する場合は非居住者と推定される
　1　国外において継続して1年以上居住することを通常必要とする職業を有すること
　2　外国籍を有し又は外国に永住する許可を受けており、かつ、国内に同一生計の配偶者その他の親族を有しないこと、その他国内におけるその人の職業及び財産の有無等の状況に照らし、その人が再び国内に帰り、主として国内に居住すると推測するに足りる事実がないこと

(注2) 源泉徴収免除制度：本邦にPEを有する非居住者等が、納税地の所轄税務署長から源泉徴収免除証明書の交付を受けこれを国内源泉所得の支払者に提示した場合には、PEに帰属する国内源泉所得のうち次のものについては源泉徴収を要しない。
　①組合契約事業から生ずる利益の配分　②外国法人に支払う土地等の譲渡対価のうち一定のもの　③人的役務提供事業の対価　④不動産の賃貸料等　⑤貸付金の利子　⑥使用料(一定のものを除く)　⑦非居住者に支払う人的役務の提供報酬(一定のものを除く)　⑧事業の広告宣伝のための賞金(外国法人に限る)　⑨生命保険契約に基づく年金等(一定のものを除く)

●外国法人に対する課税関係の概要（網掛け部分が法人税の課税範囲）

- 【法人税】の部分が、法人税の課税対象となる国内源泉所得となる。
- ④及び⑤ならびに(7)〜(14)の所得については、源泉徴収の対象となる国内源泉所得となる。

所得の種類 ＼ 外国法人の区分		恒久的施設を有する法人		恒久的施設を有しない法人	源泉徴収
		恒久的施設帰属所得	その他の国内源泉所得		
（事業所得）				【課税対象外】	無^(注1)
② 資産の運用・保有 ※下記(7)から(14)に該当するものを除く。		①恒久的施設に帰せられるべき所得【法人税】	【法人税】	【法人税】	無^(注2)
③資産の譲渡 ※右のものに限る。	不動産の譲渡				無^(注3)
	不動産の上に存する権利等の譲渡				
	山林の伐採又は譲渡				無
	買集めした内国法人株式の譲渡				
	事業譲渡類似株式の譲渡				
	不動産関連法人株式の譲渡				
	ゴルフ場の所有・経営に係る法人の株式の譲渡等				
④ 人的役務の提供事業の対価					20.42%
⑤ 不動産の賃貸料等					20.42%
⑥ その他の国内源泉所得					無
(7) 債券利子等^(注5)				【源泉徴収のみ】	15.315%
(8) 配当金^(注5)					20.42%^(注4)
(9) 貸付金利子^(注6)					20.42%
(10) 使用料等^(注5)					20.42%
(11) 事業の広告宣伝のための賞金^(注5)					20.42%
(12) 生命保険契約に基づく年金等^(注5)					20.42%
(13) 定期積金の給付補填金等^(注5)					15.315%
(14) 匿名組合契約等に基づく利益の分配^(注5)					20.42%

(注1) 事業所得のうち、組合契約事業から生ずる利益の配分については、20.42%の税率で源泉徴収が行われる。

(注2) 一定の割引債の償還差益については、18.378%（一部のものは16.336%）の税率で源泉徴収が行われる。また一定の割引債の償還金に係る差益金額については、15.315%の税率で源泉徴収が行われる。

(注3) 資産の譲渡による所得のうち、国内にある土地若しくは土地の上に存する権利又は建物及びその附属設備若しくは構築物の譲渡による対価（一定のものを除く。）については、10.21%の税率で源泉徴収が行われる。

(注4) 上場株式等に係る配当、公募証券投資信託（公社債投資信託及び特定株式投資信託を除く。）の収益の分配に係る配当等及び特定投資法人の投資口の配当等については15.315%の税率が適用される。

(注5) (7)から(14)の国内源泉所得の区分は所得税法上のもので、法人税法にはこれらの国内源泉所得の区分は設けられていない。

外国法人・非居住者に支払う所得の源泉徴収

●非居住者に対する課税関係の概要

所得の種類 ＼ 非居住者の区分	恒久的施設を有する者		恒久的施設を有しない者	源泉徴収
	恒久的施設帰属所得	その他の国内源泉所得		
（事業所得）	【総合課税】	【課税対象外】		無
①資産の運用・保有により生ずる所得 ※下記⑦から⑮に該当するものを除く。	【総合課税】	【総合課税（一部）】(注2)		無
②資産の譲渡により生ずる所得				無
③組合契約事業利益の配分	【源泉徴収の上、総合課税】	【課税対象外】		20.42%
④土地等の譲渡対価		【源泉徴収の上、総合課税】		10.21%
⑤人的役務の提供事業の対価				20.42%
⑥不動産の賃貸料等				20.42%
⑦利子等		【源泉分離課税】		15.315%
⑧配当等				20.42%
⑨貸付金利子				20.42%
⑩使用料等				20.42%
⑪給与その他人的役務の提供に対する報酬、公的年金等、退職手当等				20.42%
⑫事業の広告宣伝のための賞金				20.42%
⑬生命保険契約に基づく年金等				20.42%
⑭定期積金の給付補填金等				15.315%
⑮匿名組合契約等に基づく利益の分配				20.42%
⑯その他の国内源泉所得	【総合課税】	【総合課税】		無

(注1)　恒久的施設帰属所得が、上記の表①から⑯までに掲げる国内源泉所得に重複して該当する場合がある。

(注2)　上記の表②資産の譲渡により生ずる所得のうち恒久的施設帰属所得に該当する所得以外のものについては、下記に掲げるもののみ課税される。

　　　①から⑧までに掲げるもののみ課税対象（国内源泉所得）となる

　　① 国内にある不動産の譲渡による所得

　　② 国内にある不動産の上に存する権利等の譲渡による所得

　　③ 国内にある山林の伐採又は譲渡による所得

　　④ 内国法人の株式等の買集めをし、これをその内国法人等に対しする譲渡による所得

　　⑤ 内国法人の特殊関係株主等である非居住者が行う、その内国法人の株式等の譲渡による所得

　　⑥ 特定の不動産関連法人の株式の譲渡による所得

　　⑦ 日本国内にあるゴルフ場のゴルフ会員権（株式形態を含む）の譲渡による所得

　　⑧ 日本に滞在する間に行う国内にある資産の譲渡による所得

(注3)　措置法の規定により、上記の表ににおいて総合課税の対象とされる所得のうち一定のものについては、申告分離課税又は源泉分離課税の対象とされる場合がある。

(注4)　措置法の規定により、上記の表における源泉徴収税率のうち一定の所得に係るものについては、軽減又は免除される場合がある。

●租税条約概要一覧

	米国	英国	フランス	ドイツ	インド	中国	韓国	シンガポール	香港
配当	下記持株割合で一定要件を満たすもの。				10%		議決権株式の25%以上で一定の要件を満たすもの…5%		日本→香港・6か月を通じ議決権株式の10%以上を直接または間接に所有…5%・上記以外…10%
	50%以上…免税	10%以上…免税	(直接)15%以上または25%以上…免税	(直接)10%以上…5%					
	10%以上…5%	年金基金等…免税	10%以上…5%	(直接)25%以上…免税					
	上記以外10%	上記以外10%	上記以外10%	上記以外…15%			上記以外15%		香港→日本…0%
利子	原則免税		10%	原則免税	10%				日本→香港…10%
									香港→日本…0%
使用料	免税				10%				日本→香港…5%
									香港→日本…4.95%
給与	原則…源泉地国課税								
	183日ルール…居住地国で課税（ただし、報酬は居住地国側で支払われ、PEは報酬を負担しないことが条件）								
役員報酬	法人所在地国で課税								
自由職業	規定なし→その他へ			固定的施設あり→帰属所得課税なし→課税なし	PEなしかつ183日以下の滞在…居住地国で課税				規定なし→その他へ
					上記以外…源泉地国で課税				
不動産（賃借、譲渡）	不動産の所在地国で課税								
その他	PEなければ課税なし								

手続き　最初に支払を受ける日の前日までに、源泉徴収義務者ごとに、所定の届出書と添付書類を、その源泉徴収義務者を経由して、その源泉徴収義務者の納税地の所轄税務署長に提出する。

＊租税条約締約国一覧

```
https://www.mof.go.jp/tax_policy/summary/international/
tax_convention/tax_convetion_list_jp.html
```

MEMO

10 退職金に対する税金 個人

●「退職所得の受給に関する申告書」の提出がない場合
源泉税額＝退職所得金額×20.42%

●「退職所得の受給に関する申告書」の提出がある場合

1. 課税退職所得金額（A）＝（退職所得金額－退職所得控除額）× $\frac{1}{2}$
   勤続年数5年以下の法人役員の退職金については½しない。
   短期退職手当等（勤続年数が5年以下である従業員が支払いを受ける退職金）の課税退職所得金額の算出方法が改正（2022年以降）

2. 所得税の計算＝（（A）×税率－控除額）
   税率と控除額はSec.8を参照。

3. 住民税の計算＝（（A）×10%）

●退職所得控除額の計算

(イ) 勤続年数が20年以下の場合　40万円×勤続年数（最低80万円）
(ロ) 勤続年数が20年超の場合　　800万円＋70万円×（勤続年数－20年）
　＊ 勤続年数に1年未満の端数がある場合は1年に切り上げます。
　＊ 障害者になったことが直接の原因で退職した場合、上記に100万円加算

(表1)退職金の所得税、住民税控除後の手取額（勤続5年以下の役員等除く。） 概算

(単位：千円)

勤続年数＼退職金	5,000	10,000	20,000	30,000	50,000	75,000	100,000	150,000
5 年	4,774	9,220	17,636	25,452	40,654	59,299	77,484	113,498
10 年	4,925	9,494	17,971	25,889	41,162	59,807	78,044	114,057
15 年	5,000	9,696	18,306	26,326	41,670	60,315	78,603	114,617
20 年	5,000	9,849	18,612	26,763	42,179	60,824	79,163	115,176
25 年	5,000	10,000	19,144	27,527	43,069	61,714	80,142	116,155
30 年	5,000	10,000	19,595	28,139	43,922	62,603	81,121	117,134
35 年	5,000	10,000	19,887	28,688	44,687	63,493	82,100	118,113
40 年	5,000	10,000	20,000	29,220	45,452	64,383	83,028	119,092

(表2)退職金の総額に対する合計税率の目安

(単位：千円)

勤続年数＼退職金	5,000	10,000	20,000	30,000	50,000	75,000	100,000	150,000
20 年	－	1.51%	6.94%	10.8%	15.6%	18.9%	20.8%	23.2%
40 年	－	－	－	2.6%	9.09%	14.1%	16.9%	20.6%

　勤続20年で退職金50,000千円をもらうと、手取額は42,179千円（表1）、負担する税金の割合は所得税、住民税あわせて約15.6%（表2）となります。

11 報酬・料金等の源泉徴収税額 　　個人

1. 源泉徴収要否判定

　会社や個人が一定の報酬・料金等を支払う場合、その支払金額に応じた所得税を差し引きます。支払い時に源泉徴収が必要かどうかの判定および支払額のおおまかな計算はつぎのように行います。

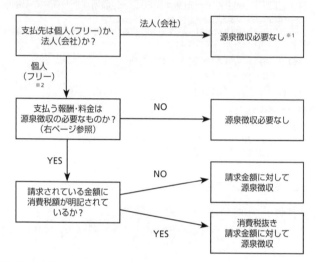

※1　外国法人の場合、源泉徴収が必要です。Sec.9参照
※2　給与等の支払がない個人又は常時2人以下の家事使用人のみに対して給与等を支払う個人は、右表に掲げるホステスなどの報酬・料金を支払う場合を除き、源泉徴収を行う必要はありません（所法184、204②）。

2. 源泉徴収した所得税の納付

（1）原則

　　給与、報酬・料金等を支払った月の翌月10日までに納付。

（2）納期の特例

　　　1～6月に源泉徴収した所得税　→　7月10日までに納付

　　　7～12月に源泉徴収した所得税　→　翌年1月20日までに納付

　　　納期の特例適用の条件

　　　　① 給与等の支給人員が常時10人未満

　　　　② 所轄税務署長の承認

　納期の特例の対象となる報酬・料金等は、右ページで太枠囲みの報酬・料金等に限られます。

3. 源泉徴収する所得税の額

報酬・料金等	源泉徴収する所得税の額
原稿・挿絵・写真・作曲・レコード・テープ・ワイヤー吹込み・デザインの報酬、放送謝金、著作権、著作隣接権・工業所有権の使用料、技芸・スポーツ・知識等の教授・指導料、脚本・脚色・翻訳・校正・書籍の装丁・速記・版下(写植を除く)の報酬・料金、投資助言業務の報酬・料金	支払金額×10.21% (同一人に1回に支払われる金額が100万円を超える場合、その超える部分については20.42%)
弁護士(外国法事務弁護士)・公認会計士、税理士、投資顧問業者、計理士、会計士補、社会保険労務士、弁理士、測量士、建築士、建築代理士、不動産鑑定士、技術士等の報酬・料金	
職業野球の選手・プロサッカーの選手・プロゴルファー・競馬の騎手・自動車のレーサー・自転車競技の選手・モーターボート競争の選手・モデル等の報酬・料金	
映画・演劇その他芸能・ラジオ放送・テレビ放送の出演・演出・企画の報酬・料金、芸能人の役務提供事業の報酬・料金	
役務の提供を約することにより受ける契約金	
司法書士・土地家屋調査士・海事代理士の報酬・料金	(1回の支払金額-1万円)×10.21%
社会保険診療報酬	(その月分の支払金額-20万円)×10.21%
職業拳闘家の報酬・料金	(その月分の支払金額-5万円)×10.21%
外交員・集金人・電力量計の検針人の報酬・料金	{その月中の支払金額-(12万円-その月中の給与)}×10.21%
ホステス等の報酬・料金	[1回の支払金額-{(5千円×その支払金額の計算期間の日数)-その期間の給与}]×10.21%
事業の広告宣伝のための賞金	(1回の支払金額-50万円)×10.21%
馬主に支払われる競馬の賞金	{1回の支払金額-(その支払金額×20%+60万円)}×10.21%

●源泉徴収票の提出要否一覧（提出期限は当年1月31日[注1]まで）

名称	提出する必要が ある者	提出範囲		
給与所得の源泉徴収票（給与支払報告書）[注2]	前年中に俸給、給料、賃金、歳費、賞与、その他これらの性質を有する給与（以下、給与等）を支払った者	年末調整をしたもの	(1) 法人（人格のない社団を含む。以下同じ）の役員および現に役員をしていなくても前年中に役員であった者	150万円超（前年中の給与等の支払金額。以下同じ）
			(2) 弁護士、司法書士、土地家屋調査士、公認会計士、税理士、弁理士、海事代理士、建築士等（所法204条1項2号に規定する者）	250万円超
			(3) 上記(1)、(2)以外の者	500万円超
		年末調整をしなかったもの	(4)「給与所得者の扶養控除等申告書」を提出した者 イ 前年中に退職した者、災害により被害を受けたため、前年中に給与所得に対する源泉所得税額の徴収の猶予または還付を受けた者	250万円超（法人の役員の場合50万円超）
			ロ 主たる給与等の金額が2,000万円を超えるため、年末調整をしなかった者	全部
			(5)「給与所得者の扶養控除等申告書」を提出しなかった者（月額表・日額表の乙欄もしくは丙欄適用者等）	50万円超
退職所得の源泉徴収票・特別徴収票	前年中に退職手当、一時恩給、その他これらの性質を有する給与（社会保険制度に基づく退職一時金等を含む。以下、退職手当等）を支払った者[注3]	前年中に支払が確定した退職手当等の受給者が法人の役員であった者		

(注1) 退職所得の源泉徴収票・特別徴収票の提出期限は退職後1か月以内。ただし当年中に退職した受給者分をとりまとめて1月31日までに提出しても差し支えない。

(注2) 給与所得の源泉徴収票は本表の提出範囲にかかわらず、すべての受給者に交付しなければならない（前年の途中で退職した者には退職後1か月以内）。

(注3) 死亡退職により退職手当等を支払った場合は、相続税法の規定による「退職手当金等受給者別支払調書」を提出するので、退職所得の源泉徴収票・特別徴収票を提出する必要はない。

※ 上記の法定調書は給与、報酬、料金等を支払った者の所轄税務署に上記提出期限までに提出します。上記に記載した事項の外にも注意事項があります。国税庁のホームページなどを合わせてご利用ください。

※ 提出するにあたっては「給与所得の源泉徴収票等の法定調書合計表」を添えて提出することになっています。

●主な支払調書の提出要否一覧（提出期限は当年1月31日まで）

名称	提出する必要がある者	提出範囲	
報酬、料金、契約金および賞金の支払調書 (注4)	前年中に所法204条1項各号、所法174条10号、措法41条の20に規定されている報酬、料金、契約金および賞金（以下、報酬、料金）を支払った者	(1) 外交員、集金人、電力量計の検針人およびプロボクサーの報酬、料金	50万円超（同一人に対する前年中の支払金額の合計。以下同じ）
		(2) バー、キャバレー等のホステス、バンケットホステス、コンパニオン等の報酬、料金	
		(3) 社会保険診療報酬支払基金が支払う診療報酬	50万円超 (注5)
		(4) 広告宣伝のための賞金	50万円超
		(5) 馬主が受ける競馬の賞金	(注6)
		(6) プロ野球の選手などが受ける報酬及び契約金	5万円超
		(7) (1)～(6)以外の報酬、料金等	
不動産の使用料等の支払調書	前年中に不動産、不動産の上に存する権利、船舶（総トン数20トン以上のものに限る）、航空機（以下、不動産等）の借受けの対価や不動産等の上に存する権利の設定の対価を支払った法人（国、都道府県等の公法人含む。以下同じ）と不動産業者である個人	同一の者に対する前年中の支払金額の合計が15万円超 ※法人に支払う不動産の使用料等については、権利金・更新料等のみを提出（法人に対して、家賃・賃貸料のみ支払っている場合は、支払調書の提出は不要。）	
不動産の譲受けの対価の支払調書	前年中に譲り受けた不動産等の対価を支払った法人と不動産業者である個人	同一の者に対する前年中の支払金額の合計が100万円超	
不動産等の売買または貸付けのあっせん手数料の支払調書	前年中に不動産等の売買または貸付けのあっせん手数料を支払った法人と不動産業者である個人	同一の者に対する前年中の支払金額の合計が15万円超	
国外財産調書	平成25年以降、年末に国外財産が5,000万円を超える場合	翌年3月31日までに提出。未提出の罰則等ありSec.121参照	

(注4) ①法人に支払われる報酬、料金等で源泉徴収の対象とならないもの、②支払金額が源泉徴収の限度額以下であるために源泉徴収をしていない報酬、料金等についても、提出範囲に該当するものはこの支払調書を提出しなければならない。

(注5) 国立病院、公立病院、その他の公共法人等に支払うものは提出の必要なし。

(注6) 前年中の1回の支払賞金額が75万円を超えるものの支払を受けた者に係るその年中のすべての支払金額。

第1章 会社の税務

減価償却（普通償却）

●取得価額

(1) 原則

購入	1　購入代価 2　附随費用（関税、引取運賃、保険料、購入手数料など） 3　事業供用に直接要した費用
自己建設等	1　建設等に要した原材料費、労務費および経費 2　事業供用に直接要した費用 (注)適正な原価計算に基づく算定が優先する
受贈・交換等	取得時の時価 事業供用に直接要した費用

(2)取得価額に算入すべき費用

支出内容	取扱い
土地・建物の取得時に支払った立退料	土地・建物の取得価額に算入
土地とともに取得した当初から取壊し予定の建物等の取壊費用等	次の金額を土地の取得価額に算入 「建物の簿価＋取壊費用－廃材等の処分価額」
起工式・上棟式の費用	建物の取得価額に算入

(3)取得価額に算入しないことができる費用

支出内容	取扱い
租税公課等	1　不動産取得税、自動車取得税 2　特別土地保有税 3　事業所税 4　登録免許税その他登記・登録のための費用
借入金利子	1　使用開始前に係る部分→取得価額に算入しないことができる 2　使用開始後に係る部分→期間の経過に応じて損金算入 3　建設仮勘定に含めた場合→取得価額に算入
割賦利息等	購入代価と割賦利息等が区分されている→取得価額に算入しないことができる
その他	1　建物建設等のための調査・測量・設計等で計画変更により不要となった費用 2　契約解除に伴う違約金 3　新工場の作成、操業開始等に伴い支出する記念費用等事後的に支出する費用
ソフトウェアの製作費等	1　製作計画の変更等により不要となったことが明らかであるもの 2　研究開発費（自社利用については、将来の収益獲得または費用削減にならないことが明らかであるものに限る） 3　製作等に要した間接費、付随費用等でその合計額が少額（製作原価の概ね3％以内）であるもの

●償却方法

(1)償却方法の選定範囲

● H28/4/1以後に取得した減価償却資産

資産区分		法定償却方法	選定範囲
有形減価償却資産	建物、建物附属設備、構築物	定額法	
	その他の資産	定率法(200%)	定額法 定率法(200%)
鉱業用減価償却資産	建物、建物附属設備、構築物、鉱業権	生産高比例法	定額法 生産高比例法
	その他の資産	生産高比例法	定額法 定率法(200%) 生産高比例法
無形減価償却資産・生物		定額法	
リース資産		リース期間定額法	

● H28/3/31以前に取得した減価償却資産

資産区分		H19/4/1以後		H19/3/31以前	
		法定償却方法	選定範囲	法定償却方法	選定範囲
建物	H10/4/1以後	定額法		旧定額法	
	H10/3/31以前	—		旧定率法	旧定額法 旧定率法
有形減価償却資産	H24/4/1以後	定率法(200%)	定額法 定率法(200%)	—	
	H24/3/31以前	定率法(250%)	定額法 定率法(250%)	旧定率法	旧定額法 旧定率法
無形減価償却資産・生物		定額法		旧定額法	
リース資産		リース期間定額法		—	
鉱業用減価償却資産	H24/4/1以後	生産高比例法	定額法 定率法(200%) 生産高比例法	—	
	H24/3/31以前	生産高比例法	定額法 定率法(250%) 生産高比例法	旧生産高比例法	旧定額法 旧定率法 旧生産高比例法
鉱業権		生産高比例法	定額法 生産高比例法	旧生産高比例法	旧定額法 旧生産高比例法
国外リース資産		—		旧国外リース期間定額法	

個人事業の法定償却方法は定額法

☆定率法の経過措置

区分	対象法人	取得時期	経過措置	適用開始事業年度
H24/4/1以後取得資産の250%の適用	3月決算法人以外の法人	H24/4/1から改正事業年度(注1)終了の日まで	250%定率法適用可/任意選択・届出不要	―
250% → 200%への変更	すべての法人	H19/4/1 － H24/3/31	200%定率法へ変更可/任意選択・届出必要(注2)	変更事業年度(注3)

（注1）H24/4/1前に開始し、かつ同日以後に終了する事業年度をいう。
（注2）H24/4/1の属する事業年度の確定申告期限までに所定の届出書の提出が必要
（注3）改正事業年度またはH24/4/1以後最初に開始する事業年度のいずれかの事業年度

（2）償却方法の選定

　　資産の種類ごとに選定する。2以上の事業所等を有する法人は、事業所ごとに選定することができる。

（3）選定の届け出

　　次の区分に定める日の属する事業年度の確定申告期限までに選定した償却方法を所轄税務署長に届け出なければなりません。

新設法人		設立の日
すでに償却方法を選定している減価償却資産以外の減価償却資産を取得した法人		その減価償却資産を取得した日
新たに事業所を設けた法人で、すでに選定している償却方法と異なる償却方法を選定しようとするもの、またはすでに事業所ごとに異なる償却方法を選定しているもの		新たに事業所を設けた日

（4）償却方法の変更

　　新たな償却方法を採用しようとする事業年度開始の日の前日までに、所定の申請書を所轄税務署長に提出し承認を受けなければなりません。

●耐用年数

（1）耐用年数の短縮 → 承認使用可能期間を法定耐用年数とみなす

適用要件	短縮事由により使用可能期間が法定耐用年数に比して著しく短くなったこと
申請・承認	所定の申請書と添付書類を所轄税務署長に提出し、国税局長の承認を受けたこと
短縮事由	1　その資産の材質または製作方法がこれと種類および構造を同じくする他の減価償却資産の通常の材質または製作方法と著しく異なること 2　その資産の存する地盤が隆起しまたは沈下したこと 3　その資産が使用される場所の状況に起因して著しく腐食したこと 4　その資産が通常の修理または手入れをしなかったことに起因して著しく損耗したこと 5　その他一定の事由

(2)中古資産の耐用年数

① 原則 → 見積残存使用可能期間

② 特例 → 残存使用可能期間の見積りが困難な場合

資本的支出の額の範囲	耐用年数	
0又は 取得価額×50%以下	法定耐用年数全部経過	法定耐用年数×20%（A）
	法定耐用年数一部経過	（法定耐用年数－経過年数） ＋経過年数×20%（A）′
再取得価額×50%以下	$\dfrac{［中古資産の取得価額(X)＋資本的支出の額(Y)］}{［(X)/(A)\,or\,(A)′］＋［(Y)/法定耐用年数］}$	
再取得価額×50%超	法定耐用年数	

●償却限度額の計算

取得時期	償却方法	償却限度額	使用する率の参照箇所 （Sec.20と対応）
H19/4/1 以後	定率法	① 期首簿価×定率法償却率(a)or(a)′ ② 取得価額×保証率(c)or(c)′ ③ ①≧②→①の金額 　 ①＜②→改訂取得価額(注)×改訂償却率(b)or(b)′	H24/4/1以後取得資産 →(a)、(b)、(c) H24/3/31以前取得資産 →(a)′、(b)′、(c)′
	定額法	取得価額×定額法償却率	(d)
H19/3/31 以前	旧定率法	期首簿価×旧定率法償却率	(e)
	旧定額法	（取得価額－残存価額）×旧定額法償却率	(f)

(注) ①＜②となる最初の事業年度の期首未償却残高をいう。

14　資本的支出と修繕費　　個人

●フローチャート

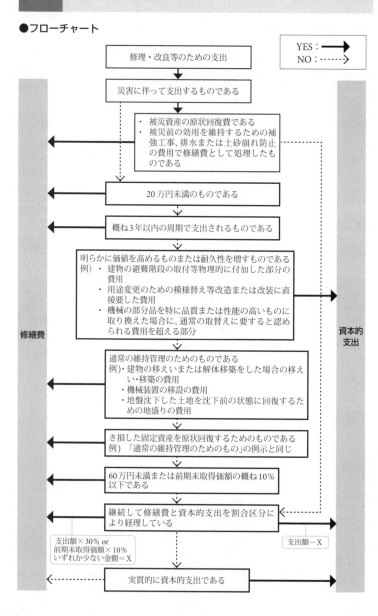

YES：——▶
NO：┈┈▷

修理・改良等のための支出

災害に伴って支出するものである

- 被災資産の原状回復費である
- 被災前の効用を維持するための補強工事、排水または土砂崩れ防止の費用で修繕費として処理したものである

20万円未満のものである

概ね3年以内の周期で支出されるものである

明らかに価値を高めるものまたは耐久性を増すものである
例）・ 建物の避難階段の取付等物理的に付加した部分の費用
・ 用途変更のための模様替え等改造または改装に直接要した費用
・ 機械の部品品を特に品質または性能の高いものに取り換えた場合に、通常の取替えに要すると認められる費用を超える部分

通常の維持管理のためのものである
例）・建物の移えいまたは解体移築をした場合の移えい・移築の費用
・機械装置の移設の費用
・地盤沈下した土地を沈下前の状態に回復するための地盛りの費用

き損した固定資産を原状回復するためのものである
例）「通常の維持管理のためのもの」の例示と同じ

60万円未満または前期末取得価額の概ね10％以下である

継続して修繕費と資本的支出を割合区分により経理している

修繕費

資本的支出

支出額×30％ or
前期末取得価額×10％
いずれか少ない金額＝X

支出額－X

実質的に資本的支出である

●資本的支出と減価償却

凡例

□：減価償却資産本体	○：資本的支出
19/3 H19/3/31以前支出	(19/3) H19/3/31以前支出
19/4〜24/3 H19/4/1−H24/3/31取得	(19/4〜24/3) H19/4/1−H24/3/31支出
24/4 H24/4/1以後取得	(24/4) H24/4/1以後支出
み 24/3 H24/4/1以後取得のうちH24/3/31以前取得とみなされるもの	(み 24/3) H24/4/1以後支出のうちH24/3/31以前取得とみなされるもの

取扱い

	パターン		償却方法
原則	□ ＋ ○	○	本体と種類・耐用年数を同じくする別個の資産を取得したものとして償却
		□	すでに採用した方法により継続して償却
特例	19/3 ＋ ○		本体の種類・耐用年数・償却方法に基づいて、本体に資本的支出を加算した全体を償却

☆定率法採用資産の特例：資本的支出をした翌事業年度開始の時に本体期首簿価と資本的支出簿価の合計額を取得価額とした資産を新規取得したものとして償却（支出事業年度は本体、資本的支出を個別に償却する）

		(19/4〜24/3) 250％定率法	(み 24/3) 250％定率法	(24/4) 200％定率法
19/4〜24/3	250％定率法	「定率法採用資産の特例」適用有り「□(簿価)＋○(簿価)」→250％定率法		「□(簿価)＋○(簿価)」→250％定率法「定率法採用資産の特例」適用なし(注)□→250％定率法○→200％定率法
み 24/3	250％定率法			
24/4	200％定率法	―	「定率法採用資産の特例」適用なし□→200％定率法○→250％定率法	「定率法採用資産の特例」適用有り「□(簿価)＋○(簿価)」→200％定率法

(注) 所定の届出書を提出した場合は「定率法採用資産の特例」適用有り、「□(簿価)＋○(簿価)」→200％定率法

☆ 200％定率法適用資産に対して同一事業年度に複数回の資本的支出をした場合の特例：資本的支出をした翌事業年度開始の時にそれぞれの資本的支出期首簿価の合計額を取得価額とした一の資産を新規取得したものとして償却（支出事業年度はそれぞれの資本的支出を個別に償却する）。一定の経過措置有り。

第1章
第2章
第3章
第4章

資本的支出と修繕費

●適用関係

取得価額または使用可能期間	少額減価償却資産の特例		一括償却資産	通常の減価償却資産
	中小企業者等^(注1)	左記以外		
30万円以上	×	×	×	○
20万円以上	○^(注2)	×	×	○
10万円以上	○^(注2)	×	○	○
10万円未満又は1年未満	○ (償却資産税対象外)	○	○	○
償却限度額	取得価額		取得価額の合計額×当期月数÷36	Sec.13参照
適用要件	取得価額相当額を事業供用年度に損金経理		一括償却対象額の全額又は一部を損金経理	各事業年度で損金経理
償却資産税	対象		対象外	対象

(注1) 中小企業者等

期末資本金1億円以下の法人（中小法人）	下記以外の法人＝中小企業者等^(注3)
	単一の大規模法人^(注4)に発行済み株式総数の1/2以上所有されている法人
	複数の大規模法人^(注4)に発行済み株式総数の2/3以上所有されている法人
資本金等を有しない法人	常時使用する従業員が1,000人以下の法人＝中小企業者等^(注3)

個人事業主(Sec.96参照)　＝　中小企業者等

(注2) 次の要件が必要です。
　　　① 令和4(2022)年3月31日までの間に取得等をして事業供用すること
　　　② 青色申告法人であること（常時使用する従業員の数が500人超の法人除く）
　　　③ 確定申告書に別表16(7)および適用額明細書を添付すること
　　　④ 資産明細を保存していること
　　　⑤ 1事業年度の損金算入額は300万円を限度とする

(注3) 平成31(2019)年4月1日以後に開始する事業年度においては、事業年度開始の日前3年以内に終了した各事業年度の所得金額の年平均額が15億円超の法人を除く。

(注4) 次の法人をいう。
　　　① 期末資本金の額が1億円超の法人
　　　② 資本金等を有しない法人のうち常用従業員数が1,000人超の法人
　　　③ 大法人（資本金等が5億円以上の法人等をいう）による完全支配関係がある法人
　　　④ 100%グループ内の複数の大法人に発行済株式の全部を直接又は間接に保有されている法人

16　減価償却資産の耐用年数（機械装置以外）　個人　抜粋

細　目	鉄骨鉄筋又は鉄筋コンクリート造	れんが、石、ブロック造	金属造（骨格材の肉厚）4ミリ超	金属造（骨格材の肉厚）3ミリ超4ミリ以下	金属造（骨格材の肉厚）3ミリ以下	木造又は合成樹脂造	木骨モルタル造	簡易建物
事務所又は美術館用のもの及び下記以外のもの	50	41	38	30	22	24	22	
住宅、寄宿舎、宿泊所、学校又は体育館用のもの	47	38	34	27	19	22	20	
飲食店、貸席、劇場、演奏場、映画館又は舞踏場用のもの		38	31	25	19	20	19	
飲食店又は貸席用のもので、延べ面積のうちに占める木造内装部分の面積が3割を超えるもの	34							
その他のもの	41							
旅館用又はホテル用のもの		36	29	24	17	17	15	
延べ面積のうちに占める木造内装部分の面積が3割を超えるもの	31							
その他のもの	39							
店舗用のもの	39	38	34	27	19	22	20	
病院用のもの	39	36	29	24	17	17	15	
変電所用、発受信所用、送受信所用、停車場用、車庫用、格納庫用、荷扱所用、映画製作ステージ用、屋内スケート場用、魚市場用又はと畜場用のもの	38	34	31	25	19	17	15	
公衆浴場用のもの	31	30	27	19	15	12	11	

第1章

第2章

第3章

第4章

減価償却資産の耐用年数（機械装置以外）

細　　目	鉄骨鉄筋又は鉄筋コンクリート造	れんが、石、ブロック造	金属造（骨格材の肉厚）			木造又は合成樹脂造	木骨モルタル造	簡易建物
			4ミリ超	3ミリ超4ミリ以下	3ミリ以下			
工場（作業場を含む）用又は倉庫用のもの								
塩素、塩酸、硫酸、硝酸その他の著しい腐食性を有する液体又は気体の影響を直接全面的に受けるもの、冷蔵倉庫用のもの（倉庫事業の倉庫用のものを除く）及び放射性同位元素の放射線を直接受けるもの	24	22	20	15	12	9	7	
塩、チリ硝石その他の著しい潮解性を有する固体を常時蔵置するためのもの及び著しい蒸気の影響を直接全面的に受けるもの	31	28	25	19	14	11	10	
その他のもの			24	17	15	14		
倉庫事業の倉庫用のもの								
冷蔵倉庫用のもの	21	20	19					
その他のもの	31	30	26					
その他のもの	38	34	31					
木製主要柱が10センチメートル角以下のもので、土居ぶき、杉皮ぶき、ルーフィングぶき又はトタンぶきのもの								10
掘立造のもの及び仮設のもの								7

種類	構造又は用途	細目	耐用年数(年)
建物付属設備	電気設備（照明設備を含む）	蓄電池電源設備	6
		その他のもの	15
	給排水又は衛生設備及びガス設備		15
	冷房、暖房、通風又はボイラー設備	冷暖房設備（冷凍機の出力が22キロワット以下のもの）	13
		その他のもの	15
	昇降機設備	エレベーター	17
		エスカレーター	15
	消火、排煙又は災害報知設備及び格納式避難設備		8
	エヤーカーテン又はドアー自動開閉設備		12
	アーケード又は日よけ設備	主として金属製のもの	15
		その他のもの	8
	店用簡易装備		3
	可動間仕切り	簡易なもの	3
		その他のもの	15
	前掲のもの以外のもの及び前掲の区分によらないもの	主として金属製のもの	18
		その他のもの	10
構築物	電気通信事業用のもの	通信ケーブル	
		光ファイバー製のもの	10
		その他のもの	13
		地中電線路	27
		その他の線路設備	21
	放送用又は無線通信用のもの	鉄塔及び鉄柱	
		円筒空中線式のもの	30
		その他のもの	40
		鉄筋コンクリート柱	42
		木塔及び木柱	10
		アンテナ	10

種類	構造又は用途	細目	耐用年数（年）
構築物		接地線及び放送用配線	10
	農林業用のもの	主としてコンクリート造、れんが造、石造又はブロック造のもの	
		果樹棚又はホップ棚	14
		その他のもの	17
		主として金属造のもの	14
		主として木造のもの	5
		土管を主としたもの	10
		その他のもの	8
	広告用のもの	金属造のもの	20
		その他のもの	10
	緑化施設及び庭園	工場緑化施設	7
		その他の緑化施設及び庭園（工場緑化施設に含まれるものを除く）	20
	舗装道路及び舗装路面	コンクリート敷、ブロック敷、れんが敷又は石敷のもの	15
		アスファルト敷又は木れんが敷のもの	10
		ビチューマルス敷のもの	3
	鉄骨鉄筋コンクリート造又は鉄筋コンクリート造のもの（前掲のものを除く）	水道用ダム	80
		トンネル	75
		橋	60
		岸壁、さん橋、防壁（爆発物用のものを除く）、堤防、防波堤、塔、やぐら、上水道、水そう及び用水用ダム	50
		乾ドック	45
		サイロ	35
		下水道、煙突及び焼却炉	35
		高架道路、製塩用ちんでん池、飼育場及びへい	30
		爆発物用防壁及び防油堤	25
		造船台	24
		放射性同位元素の放射線を直接受けるもの	15
		その他のもの	60

種類	構造又は用途	細目	耐用年数（年）
構築物	コンクリート造又はコンクリートブロック造のもの（前掲のものを除く）	やぐら及び用水池	40
		サイロ	34
		岸壁、さん橋、防壁（爆発物用のものを除く）、堤防、防波堤、トンネル、上水道及び水そう	30
		下水道、飼育場及びへい	15
	コンクリート造又はコンクリートブロック造のもの（前掲のものを除く）	爆発物用防壁	13
		引湯管	10
		鉱業用廃石捨場	5
		その他のもの	40
	れんが造のもの（前掲のものを除く）	防壁（爆発物用のものを除く）、堤防、防波堤及びトンネル	50
		煙突、煙道、焼却炉、へい及び爆発物用防壁	
		塩素、クロールスルホン酸その他の著しい腐食性を有する気体の影響を受けるもの	7
		その他のもの	25
		その他のもの	40
	石造のもの（前掲のものを除く）	岸壁、さん橋、防壁（爆発物用のものを除く）、堤防、防波堤、上水道及び用水池	50
		乾ドック	45
		下水道、へい及び爆発物用防壁	35
		その他のもの	50
	土造のもの（前掲のものを除く）	防壁（爆発物用のものを除く）、堤防、防波堤及び自動車道	40
		上水道及び用水池	30
		下水道	15
		へい	20
		爆発物用防壁及び防油堤	17
		その他のもの	40
	金属造のもの（前掲のものを除く）	橋（はね上げ橋を除く）	45
		はね上げ橋及び鋼矢板岸壁	25
		サイロ	22
		送配管	
		鋳鉄製のもの	30

種類	構造又は用途	細目		耐用年数(年)
構築物	金属造のもの(前掲のものを除く)	鋼鉄製のもの		15
		ガス貯そう		
			液化ガス用のもの	10
			その他のもの	20
		薬品貯そう		
			塩酸、ふつ酸、発煙硫酸、濃硝酸その他の発煙性を有する無機酸用のもの	8
			有機酸用又は硫酸、硝酸その他前掲のもの以外の無機酸用のもの	10
			アルカリ類用、塩水用、アルコール用その他のもの	15
		水そう及び油そう		
			鋳鉄製のもの	25
			鋼鉄製のもの	15
		浮きドック		20
		飼育場		15
		つり橋、煙突、焼却炉、打込み井戸、へい、街路灯及びガードレール		10
		露天式立体駐車設備		15
		その他のもの		45
	合成樹脂造のもの(前掲のものを除く)			10
	木造のもの(前掲のものを除く)	橋、塔、やぐら及びドック		15
		岸壁、さん橋、防壁、堤防、防波堤、トンネル、水そう、引湯管及びへい		10
		飼育場		7
		その他のもの		15
	前掲のもの以外のもの及び前掲の区分によらないもの	主として木造のもの		15
		その他のもの		50
船舶	船舶法(明治32年法律第46号)第4条から第19条までの適用を受ける鋼船			
		漁船	総トン数が500トン以上のもの	12
			総トン数が500トン未満のもの	9

種類	構造又は用途	細目	耐用年数(年)
船舶	油そう船	総トン数が2000トン以上のもの	13
		総トン数が2000トン未満のもの	11
	薬品そう船		10
	その他のもの	総トン数が2千トン以上のもの	15
		総トン数が2千トン未満のもの	
		しゅんせつ船及び砂利採取船	10
		カーフェリー	11
		その他のもの	14
	船舶法第4条から第19条までの適用を受ける木船		
	漁船		6
	薬品そう船		8
	その他のもの		10
	船舶法第4条から第19条までの適用を受ける軽合金船(他の項に掲げるものを除く)		9
	船舶法第4条から第19条までの適用を受ける強化プラスチック船		7
	船舶法第4条から第19条までの適用を受ける水中翼船及びホバークラフト		8
	その他のもの		
	鋼船	しゅんせつ船及び砂利採取船	7
		発電船及びとう載漁船	8
		ひき船	10
		その他のもの	12
	木船	とう載漁船	4
		しゅんせつ船及び砂利採取船	5
		動力漁船及びひき船	6

減価償却資産の耐用年数(機械装置以外)

種類	構造又は用途	細目		耐用年数(年)
船舶	木船	薬品そう船		7
		その他のもの		8
	その他のもの	モーターボート及びとう載漁船		4
		その他のもの		5
航空機	飛行機	主として金属製のもの		
			最大離陸重量が130トンを超えるもの	10
			最大離陸重量が130トン以下のもので、5.7トンを超えるもの	8
			最大離陸重量が5.7トン以下のもの	5
		その他のもの		5
	その他のもの	ヘリコプター及びグライダー		5
		その他のもの		5
車両及び運搬具	特殊自動車(この項には、別表第2第334号の自走式作業用機械を含まない)	消防車、救急車、レントゲン車、散水車、放送宣伝車、移動無線車及びチップ製造車		5
		モータースイーパー及び除雪車		4
	特殊自動車(この項には、別表第2第334号の自走式作業用機械を含まない)	タンク車、じんかい車、し尿車、寝台車、霊きゅう車、トラックミキサー、レッカーその他特殊車体を架装したもの		
			小型車(じんかい車及びし尿車にあっては積載量が2トン以下、その他のものにあっては総排気量が2リットル以下のものをいう)	3
			その他のもの	4
	運送事業用、貸自動車業用又は自動車教習所用の車両及び運搬具(前掲のものを除く)	自動車(二輪又は三輪自動車を含み、乗合自動車を除く)		
			小型車(貨物自動車にあっては積載量が2トン以下、その他のものにあっては総排気量が2リットル以下のものをいう)	3
			その他のもの	
				大型乗用車(総排気量が3リットル以上のものをいう)	5
			その他のもの	4
		乗合自動車		5

種類	構造又は用途	細目	耐用年数(年)
車両及び運搬具	運送事業用、貸自動車業用又は自動車教習所用の車両及び運搬具(前掲のものを除く)	自転車及びリヤカー	2
		被けん引車その他のもの	4
	前掲のもの以外のもの	自動車(二輪又は三輪自動車を除く)	
		小型車(総排気量が0.66リットル以下のものをいう)	4
		その他のもの	
		貨物自動車	
		ダンプ式のもの	4
		その他のもの	5
		報道通信用のもの	5
		その他のもの	6
		二輪又は三輪自動車	3
		自転車	2
		鉱山用人車、炭車、鉱車及び台車	
		金属製のもの	7
		その他のもの	4
		フォークリフト	4
		トロッコ	
		金属製のもの	5
		その他のもの	3
		その他のもの	
		自走能力を有するもの	7
		その他のもの	4
工具	測定工具及び検査工具(電気又は電子を利用するものを含む)		5
	治具及び取付工具		3
	ロール	金属圧延用のもの	4
		なつ染ロール、粉砕ロール、混練ロールその他のもの	3

種類	構造又は用途	細目		耐用年数(年)
工具	型（型枠を含む）、鍛圧工具及び打抜工具	プレスその他の金属加工用金型、合成樹脂、ゴム又はガラス成型用金型及び鋳造用型		2
		その他のもの		3
	切削工具			2
	金属製柱及びカッペ			3
	活字及び活字に常用される金属	購入活字（活字の形状のまま反復使用するものに限る）		2
		自製活字及び活字に常用される金属		8
	前掲のもの以外のもの	白金ノズル		13
		その他のもの		3
	前掲の区分によらないもの	白金ノズル		13
		その他の主として金属製のもの		8
		その他のもの		4
器具及び備品	1　家具、電気機器、ガス機器及び家庭用品（他の項に掲げるものを除く）	事務机、事務いす及びキャビネット		
			主として金属製のもの	15
			その他のもの	8
		応接セット		
			接客業用のもの	5
			その他のもの	8
		ベッド		8
		児童用机及びいす		5
		陳列だな及び陳列ケース		
			冷凍機付又は冷蔵機付のもの	6
			その他のもの	8
		その他の家具		
			接客業用のもの	5
			その他のもの	
			主として金属製のもの	15
			その他のもの	8
		ラジオ、テレビジョン、テープレコーダーその他の音響機器		5
		冷房用又は暖房用機器		6

種類	構造又は用途	細目	耐用年数(年)
器具及び備品	1 家具、電気機器、ガス機器及び家庭用品(他の項に掲げるものを除く)	電気冷蔵庫、電気洗濯機その他これらに類する電気又はガス機器	6
		氷冷蔵庫及び冷蔵ストッカー（電気式のものを除く）	4
		カーテン、座ぶとん、寝具、丹前その他これらに類する繊維製品	3
		じゅうたんその他の床用敷物	
		小売業用、接客業用、放送用、レコード吹込用又は劇場用のもの	3
		その他のもの	6
		室内装飾品	
		主として金属製のもの	15
		その他のもの	8
		食事又はちゅう房用品	
		陶磁器製又はガラス製のもの	2
		その他のもの	5
		その他のもの	
		主として金属製のもの	15
		その他のもの	8
	2 事務機器及び通信機器	謄写機器及びタイプライター	
		孔版印刷又は印書業用のもの	3
		その他のもの	5
		電子計算機	
		パーソナルコンピューター（サーバー用のものを除く）	4
		その他のもの	5
		複写機、計算機（電子計算機を除く）、金銭登録機、タイムレコーダーその他これらに類するもの	5
		その他の事務機器	5
		テレタイプライター及びファクシミリ	5
		インターホン及び放送用設備	6

減価償却資産の耐用年数（機械装置以外）

種類	構造又は用途	細目	耐用年数(年)
器具及び備品	2　事務機器及び通信機器	電話設備その他の通信機器	
		デジタル構内交換設備及びデジタルボタン電話設備	6
		その他のもの	10
	3　時計、試験機器及び測定機器	時計	10
		度量衡器	5
		試験又は測定機器	5
	4　光学機器及び写真製作機器	オペラグラス	2
		カメラ、映画撮影機、映写機及び望遠鏡	5
		引伸機、焼付機、乾燥機、顕微鏡その他の機器	8
	5　看板及び広告器具	看板、ネオンサイン及び気球	3
		マネキン人形及び模型	2
		その他のもの	
		主として金属製のもの	10
		その他のもの	5
	6　容器及び金庫	ボンベ	
		溶接製のもの	6
		鍛造製のもの	
		塩素用のもの	8
		その他のもの	10
		ドラムかん、コンテナーその他の容器	
		大型コンテナー（長さが6メートル以上のものに限る）	7
		その他のもの	
		金属製のもの	3
		その他のもの	2
		金庫	
		手さげ金庫	5
		その他のもの	20
	7　理容又は美容機器		5
	8　医療機器	消毒殺菌用機器	4
		手術機器	5

種類	構造又は用途	細目	耐用年数(年)
器具及び備品	8 医療機器	血液透析又は血しょう交換用機器	7
		ハバードタンクその他の作動部分を有する機能回復訓練機器	6
		調剤機器	6
		歯科診療用ユニット	7
		光学検査機器	
		ファイバースコープ	6
		その他のもの	8
		その他のもの	
		レントゲンその他の電子装置を使用する機器	
		移動式のもの、救急医療用のもの及び自動血液分析器	4
		その他のもの	6
		その他のもの	
		陶磁器製又はガラス製のもの	3
		主として金属製のもの	10
		その他のもの	5
	9 娯楽又はスポーツ器具及び興行又は演劇用具	たまつき用具	8
		パチンコ器、ビンゴ器その他これらに類する球戯用具及び射的用具	2
		碁、将棋、マージャン、その他の遊戯具	5
		スポーツ具	3
		劇場用観客いす	3
		どんちょう及び幕	5
		衣しょう、かつら、小道具及び大道具	2
		その他のもの	
		主として金属製のもの	10
		その他のもの	5
	10 生物	植物	
		貸付業用のもの	2
		その他のもの	15

種類	構造又は用途	細目		耐用年数(年)
器具及び備品	10 生物	動物		
			魚類	2
			鳥類	4
			その他のもの	8
	11 前掲のもの以外のもの	映画フィルム（スライドを含む）、磁気テープ及びレコード		2
		シート及びロープ		2
		きのこ栽培用ほだ木		3
		漁具		3
		葬儀用具		3
		楽器		5
		自動販売機（手動のものを含む）		5
		無人駐車管理装置		5
		焼却炉		5
		その他のもの		
			主として金属製のもの	10
			その他のもの	5
	12 前掲する資産のうち、当該資産について定められている前掲の耐用年数によるもの以外のもの及び前掲の区分によらないもの	主として金属製のもの		15
		その他のもの		8

番号	設備の種類/細目	耐用年数(年)
1	食料品製造業用設備	10
2	飲料、たばこ又は飼料製造業用設備	10
3	繊維工業用設備	
	炭素繊維製造設備	
	黒鉛化炉	3
	その他の設備	7
	その他の設備	7
4	木材又は木製品(家具を除く。)製造業用設備	8
5	家具又は装備品製造業用設備	11
6	パルプ、紙又は紙加工品製造業用設備	12
7	印刷業又は印刷関連業用設備	
	デジタル印刷システム設備	4
	製本業用設備	7
	新聞業用設備	
	モノタイプ、写真又は通信設備	3
	その他の設備	10
	その他の設備	10
8	化学工業用設備	
	臭素、よう素又は塩素、臭素若しくはよう素化合物製造設備	5
	塩化りん製造設備	4
	活性炭製造設備	5
	ゼラチン又はにかわ製造設備	5
	半導体用フォトレジスト製造設備	5
	フラットパネル用カラーフィルター、偏光板又は偏光板用フィルム製造設備	5
	その他の設備	8

番号	設備の種類/細目	耐用年数(年)
9	石油製品又は石炭製品製造業用設備	7
10	プラスチック製品製造業用設備(他の号に掲げるものを除く)	8
11	ゴム製品製造業用設備	9
12	なめし革、なめし革製品又は毛皮製造業用設備	9
13	窯業又は土石製品製造業用設備	9
14	鉄鋼業用設備	
	表面処理鋼材若しくは鉄粉製造業又は鉄スクラップ加工処理業用設備	5
	純鉄、原鉄、ベースメタル、フェロアロイ、鉄素形材又は鋳鉄管製造業用設備	9
	その他の設備	14
15	非鉄金属製造業用設備	
	核燃料物質加工設備	11
	その他の設備	7
16	金属製品製造業用設備	
	金属被覆及び彫刻業又は打はく及び金属製ネームプレート製造業用設備	6
	その他の設備	10
17	はん用機械器具(はん用性を有するもので、他の器具及び備品並びに機械及び装置に組み込み、又は取り付けることによりその用に供されるものをいう。)製造業用設備(第20号及び第22号に掲げるものを除く)	12
18	生産用機械器具(物の生産の用に供されるものをいう。)製造業用設備(次号及び第21号に掲げるものを除く)	
	金属加工機械製造設備	9
	その他の設備	12

機械装置の耐用年数

番号	設備の種類/細目	耐用年数(年)
19	業務用機械器具(業務用又はサービスの生産の用に供されるもの(これらのものであつて物の生産の用に供されるものを含む。)をいう。)製造業用設備(第17号、第21号及び第23号に掲げるものを除く)	7
20	電子部品、デバイス又は電子回路製造用設備	
	光ディスク(追記型又は書換え型のものに限る)製造設備	6
	プリント配線基板製造設備	6
	フラットパネルディスプレイ、半導体集積回路又は半導体素子製造設備	5
	その他の設備	8
21	電気機械器具製造業用設備	7
22	情報通信機械器具製造業用設備	8
23	輸送用機械器具製造業用設備	9
24	その他の製造業用設備	9
25	農業用設備	7
26	林業用設備	5
27	漁業用設備(次号に掲げるものを除く)	5
28	水産養殖業用設備	5
29	鉱業、採石業又は砂利採取業用設備	
	石油又は天然ガス鉱業用設備	
	坑井設備	3
	掘さく設備	6
	その他の設備	12
	その他の設備	6
30	総合工事業用設備	6

番号	設備の種類/細目	耐用年数(年)
31	電気業用設備	
	電気業用水力発電設備	22
	その他の水力発電設備	20
	汽力発電設備	15
	内燃力又はガスタービン発電設備	15
	送電又は電気業用変電若しくは配電設備	
	需要者用計器	15
	柱上変圧器	18
	その他の設備	22
	鉄道又は軌道業用変電設備	15
	その他の設備	
	主として金属製のもの	17
	その他のもの	8
32	ガス業用設備	
	製造用設備	10
	供給用設備	
	鋳鉄製導管	22
	鋳鉄製導管以外の導管	13
	需要者用計量器	13
	その他の設備	15
	その他の設備	
	主として金属製のもの	17
	その他のもの	8
33	熱供給業用設備	17
34	水道業用設備	18
35	通信業用設備	9
36	放送業用設備	6
37	映像、音声又は文字情報制作業用設備	8
38	鉄道業用設備	
	自動改札装置	5

番号	設備の種類/細目	耐用年数(年)
38	その他の設備	12
39	道路貨物運送業用設備	12
40	倉庫業用設備	12
41	運輸に附帯するサービス業用設備	10
42	飲食料品卸売業用設備	10
43	建築材料、鉱物又は金属材料等卸売業用設備	
	石油又は液化石油ガス卸売用設備(貯そうを除く)	13
	その他の設備	8
44	飲食料品小売業用設備	9
45	その他の小売業用設備	
	ガソリン又は液化石油ガススタンド設備	8
	その他の設備	
	主として金属製のもの	17
	その他のもの	8
46	技術サービス業用設備(他の号に掲げるものを除く)	
	計量証明業用設備	8
	その他の設備	14
47	宿泊業用設備	10
48	飲食店業用設備	8
49	洗濯業、理容業、美容業又は浴場業用設備	13
50	その他の生活関連サービス業用設備	6

番号	設備の種類/細目	耐用年数(年)
51	娯楽業用設備	
	映画館又は劇場用設備	11
	遊園地用設備	7
	ボウリング場用設備	13
	その他の設備	
	主として金属製のもの	17
	その他のもの	8
52	教育業(学校教育業を除く)又は学習支援業用設備	
	教習用運転シミュレータ設備	5
	その他の設備	
	主として金属製のもの	17
	その他のもの	8
53	自動車整備業用設備	15
54	その他のサービス業用設備	12
55	前掲の機械及び装置以外のもの並びに前掲の区分によらないもの	
	機械式駐車設備	10
	ブルドーザー、パワーショベルその他の自走式作業用機械設備	8
	その他の設備	
	主として金属製のもの	17
	その他のもの	8

機械装置の耐用年数

18 無形減価償却資産の耐用年数 開発研究用減価償却資産の耐用年数 個人

●無形減価償却資産の耐用年数表

種類	細目	耐用年数(年)
漁業権		10
ダム使用権		55
水利権		20
特許権		8
実用新案権		5
意匠権		7
商標権		10
ソフトウエア	複写して販売するための原本	3
	その他のもの	5
育成者権	種苗法（平成10年法律第83号）第4条第2項に規定する品種	10
	その他	8
営業権		5
専用側線利用権		30
鉄道軌道連絡通行施設利用権		30
電気ガス供給施設利用権		15
熱供給施設利用権		15
水道施設利用権		15
工業用水道施設利用権		15
電気通信施設利用権		20

●開発研究用減価償却資産の耐用年数表

種類	細目	耐用年数(年)
建物及び建物附属設備	建物の全部又は一部を低温室、恒温室、無響室、電磁しゃへい室、放射性同位元素取扱室その他の特殊室にするために特に施設した内部造作又は建物附属設備	5
構築物	風どう、試験水そう及び防壁	5
	ガス又は工業薬品貯そう、アンテナ、鉄塔及び特殊用途に使用するもの	7
工具		4
器具及び備品	試験又は測定機器、計算機器、撮影機及び顕微鏡	4
機械及び装置	汎用ポンプ、汎用モーター、汎用金属工作機械、汎用金属加工機械その他これらに類するもの	7
	その他のもの	4
ソフトウエア		3

所得税の賢い節税法

その1 自営業者や小さな会社の役員さんへ

【小規模企業共済に入ろう】

　小規模企業共済は小規模企業の個人事業主が事業を廃止した場合や会社等の役員が役員を退職した場合など、第一線を退いたときに、それまで積み立てた掛金に応じた共済金を受け取れる共済制度です。

　払い込んだ掛金は、全額が所得控除の対象となります。掛金は月額1,000円から7万円の範囲(500円単位)で自由に設定でき、仮に最大の7万円を掛金とした場合、年間84万円の所得控除が受けられます。

　共済金を一括で受け取る場合には退職所得扱いに、分割で受け取る場合には公的年金等の雑所得扱いとなり、税制上のメリットがあります。

その2 20歳以上60歳未満の方へ

【確定拠出年金に入ろう】

　確定拠出年金は任意で申し込むことにより公的年金にプラスして給付を受けられる私的年金のひとつです。確定拠出年金の仕組みは、掛け金を定めて事業主や加入者が拠出し、加入者自らが運用し、掛金とその運用益との合計額をもとに給付額が決定されるというもので、事業主が実施する「企業型確定拠出年金」と個人で加入する「個人型確定拠出年金(iDeCo)」があります。

　iDeCoの加入者は、平成29年1月からは、基本的にすべての方が加入できるようになりました。掛金の全額が所得控除の対象となります。また通常、金融商品を運用すると、運用益に課税されますが非課税で再投資されます。「iDeCo」は年金か一時金で、受取り方法を選択することができます。年金として受取る場合は「公的年金等控除」、一時金の場合は「退職所得控除」の対象となります。

第1章　会社の税務

減価償却資産の償却率

耐用年数	H19/4/1 以後 定率法 (左側) H24/4/1 以後 /(右側) H24/3/31 以前 償却率 (a)/(a)′	改訂償却率 (b)/(b)′	保証率 (c)/(c)′	定額法 償却率 (d)	旧定率法 償却率 (e)	旧定額法 償却率 (f)
2	1.000 / 1.000	－ / －	－ / －	0.500	0.684	0.500
3	0.667 / 0.833	1.000 / 1.000	0.11089 / 0.02789	0.334	0.536	0.333
4	0.500 / 0.625	1.000 / 1.000	0.12499 / 0.05274	0.250	0.438	0.250
5	0.400 / 0.500	0.500 / 1.000	0.10800 / 0.06249	0.200	0.369	0.200
6	0.333 / 0.417	0.334 / 0.500	0.09911 / 0.05776	0.167	0.319	0.166
7	0.286 / 0.357	0.334 / 0.500	0.08680 / 0.05496	0.143	0.280	0.142
8	0.250 / 0.313	0.334 / 0.334	0.07909 / 0.05111	0.125	0.250	0.125
9	0.222 / 0.278	0.250 / 0.334	0.07126 / 0.04731	0.112	0.226	0.111
10	0.200 / 0.250	0.250 / 0.334	0.06552 / 0.04448	0.100	0.206	0.100
11	0.182 / 0.227	0.200 / 0.250	0.05992 / 0.04123	0.091	0.189	0.090
12	0.167 / 0.208	0.200 / 0.250	0.05566 / 0.03870	0.084	0.175	0.083
13	0.154 / 0.192	0.167 / 0.200	0.05180 / 0.03633	0.077	0.162	0.076
14	0.143 / 0.179	0.167 / 0.200	0.04854 / 0.03389	0.072	0.152	0.071
15	0.133 / 0.167	0.143 / 0.200	0.04565 / 0.03217	0.067	0.142	0.066
16	0.125 / 0.156	0.143 / 0.167	0.04294 / 0.03063	0.063	0.134	0.062
17	0.118 / 0.147	0.125 / 0.167	0.04038 / 0.02905	0.059	0.127	0.058
18	0.111 / 0.139	0.112 / 0.143	0.03884 / 0.02757	0.056	0.120	0.055
19	0.105 / 0.132	0.112 / 0.143	0.03693 / 0.02616	0.053	0.114	0.052
20	0.100 / 0.125	0.112 / 0.143	0.03486 / 0.02517	0.050	0.109	0.050
21	0.095 / 0.119	0.100 / 0.125	0.03335 / 0.02408	0.048	0.104	0.048
22	0.091 / 0.114	0.100 / 0.125	0.03182 / 0.02296	0.046	0.099	0.046
23	0.087 / 0.109	0.091 / 0.112	0.03052 / 0.02226	0.044	0.095	0.044
24	0.083 / 0.104	0.084 / 0.112	0.02969 / 0.02157	0.042	0.092	0.042
25	0.080 / 0.100	0.084 / 0.112	0.02841 / 0.02058	0.040	0.088	0.040
26	0.077 / 0.096	0.084 / 0.100	0.02716 / 0.01989	0.039	0.085	0.039
27	0.074 / 0.093	0.077 / 0.100	0.02624 / 0.01902	0.038	0.082	0.037
28	0.071 / 0.089	0.072 / 0.091	0.02568 / 0.01866	0.036	0.079	0.036

耐用年数	H19/4/1 以後				H19/3/31 以前	
	定率法			定額法	旧定率法	旧定額法
	(左側) H24/4/1 以後 /(右側) H24/3/31 以前			償却率 (d)	償却率 (e)	償却率 (f)
	償却率 (a)/(a)´	改訂償却率 (b)/(b)´	保証率 (c)/(c)´			
29	0.069 / 0.086	0.072 / 0.091	0.02463 / 0.01803	0.035	0.076	0.035
30	0.067 / 0.083	0.072 / 0.084	0.02366 / 0.01766	0.034	0.074	0.034
31	0.065 / 0.081	0.067 / 0.084	0.02286 / 0.01688	0.033	0.072	0.033
32	0.063 / 0.078	0.067 / 0.084	0.02216 / 0.01655	0.032	0.069	0.032
33	0.061 / 0.076	0.063 / 0.077	0.02161 / 0.01585	0.031	0.067	0.031
34	0.059 / 0.074	0.063 / 0.077	0.02097 / 0.01532	0.030	0.066	0.030
35	0.057 / 0.071	0.059 / 0.072	0.02051 / 0.01532	0.029	0.064	0.029
36	0.056 / 0.069	0.059 / 0.072	0.01974 / 0.01494	0.028	0.062	0.028
37	0.054 / 0.068	0.056 / 0.072	0.01950 / 0.01425	0.028	0.060	0.027
38	0.053 / 0.066	0.056 / 0.067	0.01882 / 0.01393	0.027	0.059	0.027
39	0.051 / 0.064	0.053 / 0.067	0.01860 / 0.01370	0.026	0.057	0.026
40	0.050 / 0.063	0.053 / 0.067	0.01791 / 0.01317	0.025	0.056	0.025
41	0.049 / 0.061	0.050 / 0.063	0.01741 / 0.01306	0.025	0.055	0.025
42	0.048 / 0.060	0.050 / 0.063	0.01694 / 0.01261	0.024	0.053	0.024
43	0.047 / 0.058	0.048 / 0.059	0.01664 / 0.01248	0.024	0.052	0.024
44	0.045 / 0.057	0.046 / 0.059	0.01664 / 0.01210	0.023	0.051	0.023
45	0.044 / 0.056	0.046 / 0.059	0.01634 / 0.01175	0.023	0.050	0.023
46	0.043 / 0.054	0.044 / 0.056	0.01601 / 0.01175	0.022	0.049	0.022
47	0.043 / 0.053	0.044 / 0.056	0.01532 / 0.01153	0.022	0.048	0.022
48	0.042 / 0.052	0.044 / 0.053	0.01499 / 0.01126	0.021	0.047	0.021
49	0.041 / 0.051	0.042 / 0.053	0.01475 / 0.01102	0.021	0.046	0.021
50	0.040 / 0.050	0.042 / 0.053	0.01440 / 0.01072	0.020	0.045	0.020
55	0.036 / 0.045	0.038 / 0.046	0.01337 / 0.01007	0.019	0.041	0.019
57	0.035 / 0.044	0.036 / 0.046	0.01281 / 0.00952	0.018	0.040	0.018
60	0.033 / 0.042	0.034 / 0.044	0.01240 / 0.00895	0.017	0.038	0.017
75	0.027 / 0.033	0.027 / 0.034	0.01007 / 0.00738	0.014	0.030	0.014
80	0.025 / 0.031	0.026 / 0.032	0.00907 / 0.00693	0.013	0.028	0.013

減価償却資産の償却率

20 繰延資産

繰延資産とは、すでに対価の支払が完了し又は支払義務が確定し、それに対する役務の提供を受けたにもかかわらず、その支出の効果がその支出の日以後一年以上に及ぶものをいいます。

●償却限度額の計算

20万円未満	損金経理により支出した事業年度に全額損金算入可能
下記表の1～5	繰延資産の支出額 − 前事業年度までの償却累計額
下記表の6	繰延資産の支出額 $\times \dfrac{\text{その事業年度に含まれる償却資産の月数}}{\text{償却期間の月数合計}}$

●繰延資産の範囲と償却期間

	種類	内容	償却期間
1	創立費	発起人に支払う報酬、設立登記のために支出する登録免許税その他法人の設立のために支出する費用で、当該法人の負担に帰すべきもの	5年
2	開業費	法人の設立後事業を開始するまでの間に開業準備のために特別に支出する費用	5年
3	開発費	新たな技術若しくは新たな経営組織の採用、資源の開発又は市場の開拓のために特別に支出する費用	5年
4	株式交付費	株券等の印刷費、資本金の増加の登記についての登録免許税その他自己の株式（出資を含む）の交付のために支出する費用	3年
5	社債等発行費	社債券等の印刷費その他債券（新株予約権を含む）の発行のために支出する費用	社債の償還期限内
6	税法固有の繰延資産	(1) 自己が便益を受ける公共的施設又は共同施設の設置又は改良のために支出する費用	次ページ参照
		(2) 資産を賃借し又は使用するために支出する権利金、立ちのき料その他の費用	
		(3) 役務の提供を受けるために支出する権利金その他の費用	
		(4) 製品等の広告宣伝の用に供する資産を贈与したことにより生ずる費用	
		(5) (1)から(4)までに掲げる費用のほか、自己が便益を受けるために支出する費用	

●税法固有の繰延資産（例示）

種類	内容	償却期間 (注1)
公共的施設の設置又は改良のために支出する費用	負担した者に専ら使用されるものである場合	施設、工作物の耐用年数の70％相当
	上記以外の場合	施設、工作物の耐用年数の40％相当
共同的施設の設置又は改良のために支出する費用	負担者又は構成員の共同の用に供される又は協会等の本来の用に供される場合	施設の耐用年数の70％相当
		土地の取得に充てられる部分は45年
	商店街等のアーケード・日よけ・アーチ・すずらん灯等の負担金	5年（その施設の耐用年数が5年未満である場合はその耐用年数）
建物を賃借するために支出する権利金等	新築建物でその権利金等が建物の建築費の大部分に相当し、実際上その建物存続期間中賃借できる場合	建物の耐用年数の70％相当
	建物の賃借に際して支払った上記以外の権利金等で、借家権として転売できる場合	建物賃借後見積残存耐用年数の70％相当
	その他の権利金等の場合	5年（契約による賃借期間が5年未満で、更新時に再び権利金等の支払を要する場合は賃借期間）
電子計算機その他の機器の賃借に伴って支出する費用	―	その機器の耐用年数の70％相当（契約による賃借期間を超えるときは賃借期間）
ノーハウの頭金等	―	5年（契約の有効期間が5年未満で、更新時に再び権利金等の支払を要する場合は有効期間）
広告宣伝の用に供する資産を贈与したことにより生ずる費用	―	その資産の耐用年数の70％相当（5年超になる時は5年）
スキー場のゲレンデ整備費用	―	12年
出版権の設定の対価	―	契約存続期間（存続期間の定めがない場合は3年）
同業者団体等の加入金	―	5年
職業運動選手等の契約金等	―	契約期間（契約期間の定めがない場合は3年）

（注1）　償却期間に1年未満の端数があるときは、その端数を切り捨てます。

繰延資産

21　交際費

交際費等とは、交際費、接待費、機密費その他の費用で、法人が、その得意先、仕入先その他事業に関係のある者等に対する接待、供応、慰安、贈答その他これらに類する行為のために支出する費用をいいます。

●交際費等から除かれる費用の例示

1. 専ら従業員の慰安のために行われる運動会、演芸会、旅行等のために通常要する費用

2. 飲食その他これに類する行為（以下「飲食等」という）のために要する費用であって、その支出する金額を飲食等に参加した者の数で割って計算した金額が5,000円以下である費用。なお、この規定は次の事項を記載した書類を保存している場合に限り適用されます

> （1）飲食等の年月日
> （2）飲食等に参加した得意先、仕入先その他事業に関係のある者等の氏名又は名称及びその関係
> （3）飲食等に参加した者の数
> （4）その費用の金額並びに飲食店等の名称及び所在地
> （5）その他参考となるべき事項

3. その他の費用
   （1）カレンダー、手帳、扇子、うちわ、手ぬぐいその他のこれらに類する物品を贈与するために通常要する費用
   （2）会議に関連して、茶菓、弁当、その他これらに類する飲食物を供与するために通常要する費用
   （3）新聞、雑誌等の出版物又は放送番組を編集するために行われる座談会その他記事の収集のために、又は放送のための取材に通常要する費用。

●損金算入限度額

（1）制度区分

	交際費の種類	支出額	取扱い
① 接待飲食費50%損金算入	接待飲食費（注）	支出額×50%	損金算入
		支出額×50%	損金不算入
	上記以外の交際費	支出額全額	損金不算入
② 定額控除限度額	全ての交際費	年800万円以下	損金算入
		年800万円超	損金不算入

（注）接待飲食費とは、交際費等のうち飲食その他これに類する行為のために要する費用（専らその法人の役員若しくは従業員等に対する接待等を除く。）であって、帳簿書類に上記「交際費等から除かれる費用の例示」2(1)〜(5)に掲げる事項を記載することにより飲食費であることが明らかにされているものをいう。

(2) 適用される制度

法人区分	適用制度
期末の資本金の額または出資金の額が1億円以下の法人(注1)(注2)	上記①または②の選択適用
上記以外の法人	上記①のみ適用

(注1) 期末の資本金の額または出資金の額が5億円以上の法人等による完全支配関係がある子法人等を除く。

(注2) 資本または出資を有しない法人については、期末貸借対照表の純資産の60%相当額で判定する。

●飲食等のために要する費用

交際費から除かれる飲食等の費用は全額損金に算入されます。下記フローチャートをご参考に日常の業務にお役立てください。

(参考) 交際費判定フローチャート

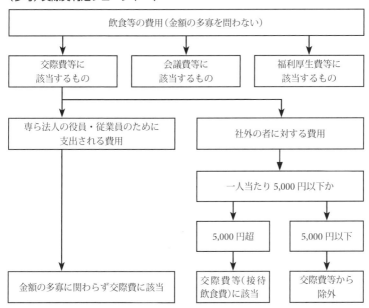

* 交際費等に該当しない1人5,000円以下の飲食費が発生した場合、付録すぐに使えるひな形「交際費等支払報告書」を参考に領収書の保存をする必要があります。

　事業者が消費税等の経理処理について税抜き経理方式を適用している場合に、仕入税額控除の対象とならないものをいいます。

（1）取扱い
　①役務に係るもの→損金算入
　②資産に係るもの
　　イ．原則→取得価額算入
　　ロ．特例

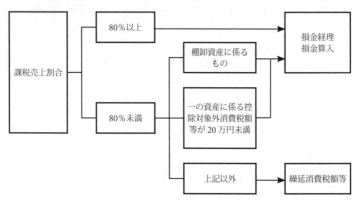

　③交際費等に係るもの→　支出交際費等に含まれる（Sec.21参照）
（2）繰延消費税額等の損金算入限度額
　①支払事業年度
　　繰延消費税額等×当期月数/60×1/2
　②翌事業年度以後
　　繰延消費税額等×当期月数/60
（3）設例（単位：千円）
　　X社（期末資本金額1億円）の当期（4/1-3/31）の消費税等の状況は次のとおりです。

科目	税抜金額	消費税等
課税売上高	490,000　（A）	49,000　（a）
非課税売上高	210,000　（B）	―
商品仕入高	392,000	39,200　（c）
交際費（損金不算入）	10,000	1,000　（d）
その他の販管費	140,000	14,000　（e）

科目	税抜金額	消費税等
器具備品取得価額	200	20 （f）
建物取得価額	60,000	6,000 （g）
課税仕入高の合計額	602,200	60,220 （h）

- 器具備品はパソコン1台、建物はテナント賃貸用物件1棟
- 税抜経理適用、一括比例配分方式選択

〈計算〉

(1) 課税売上割合 $= A/(A+B) = 70\%（i）<80\%$

(2) 控除対象仕入税額 $= h \times i = 42,154（j）$

(3) 控除対象外消費税額等 $= h - j = 18,066（k）$

内訳：①＋②＋③＋④＋⑤ $= 18,066$

① 役務に係るもの：$e \times (1-i) = 4,200 \rightarrow$ 損金経理 $\rightarrow$ 損金算入

② 資産（棚卸資産）に係るもの：$c \times (1-i) = 11,760 \rightarrow$ 損金経理 $\rightarrow$ 損金算入

③ 資産（器具備品）に係るもの：$f \times (1-i) = 6<200 \rightarrow$ 損金経理 $\rightarrow$ 損金算入

④ 資産（建物）に係るもの：$g \times (1-i) = 1,800（l）\geqq 200$

$\rightarrow$ 繰延消費税額等 $\rightarrow$ (4)

⑤ 交際費に係るもの：$d \times (1-i) = 300（m）$

$\rightarrow$ 損金経理 $\rightarrow$ 支出交際費（別表15へ）

(4) 繰延消費税額等の損金算入限度額 $\rightarrow$ 別表16(10)へ

① 支払事業年度 $l \times 12/60 \times 1/2 = 180（n）$

② 翌事業年度以後 $l \times 12/60 = 360（o）$

〈具体的処理〉

(1) 仮払消費税・仮受消費税の相殺仕訳（会計上の処理）

仮受消費税	49,000 （= a）	未払消費税	6,846 （= a − j）
雑損失	18,066 （= k）	仮払消費税	60,220 （= h）

(2) 繰延消費税額等の処理（税務上の処理）

支出事業年度：1,620（= l − n） $\rightarrow$ 繰延消費税額等損金算入限度超過額
（加算・留保）

翌事業年度以後：360（= o） $\rightarrow$ 繰延消費税額等損金算入限度超過額認容
（減算・留保）

(3) 交際費に係る控除対象外消費税額等（税務上の処理）

300（= m） $\rightarrow$ 交際費等の損金不算入額（加算・社外流出）

コラム　傷害保険ミニ知識

コ|ラ|ム

傷害保険ミニ知識

　業務中の事故等に備え、死亡・後遺障害・入院・通院等を補償するのが傷害保険です。一般的に政府労災よりもスピーディーに給付が受けられるのが特徴です。商品によっては業務中のみならず、業務外のけがであっても補償されるものもあります。比較的保険料も負担しやすい金額なので、未加入の事業者さんは、福利厚生の一環として加入を検討してみてはいかがでしょうか。

●実効税率（参考）

事業年度開始日	中小法人[注1]			大法人[注3]
	400万円以下	800万円以下	800万円超	
R05/4/1 －	25.84%	27.55%	33.58%	29.74%
R01/10/1 － R05/3/31	21.37%	23.17%	33.58%	29.74%
H30/4/1 － R01/9/30	21.42%	23.20%	33.59%	29.74%

（注1）下記の法人を前提とする
　　　　① 資本金は1億円以下。資本金5億円以上の大法人の100％子会社ではない。
　　　　② 法人税額が年10,000千円以下、かつ、所得金額が年25,000千円以下。
　　　　③ 2以下の都道府県に事務所等が所在。
　　　　④ 適用除外事業者に該当しない。
（注2）中小法人等の軽減税率の特例措置はR05/3/31での廃止予定を前提として算出したもの。
（注3）資本金1億円超で3以上の都道府県に事務所等が所在する法人を前提とし、標準税率を用いて算出したもの。

●法人税率

区分		事業年度開始日	
		H30/4/1-R05/3/31	R05/4/1-
中小法人[注1]、一般社団法人、人格のない社団等	年800万円以下	15%	19%[注2]
	年800万円超	23.2%	
上記以外の普通法人		23.2%	
公益法人等、協同組合等、特定の医療法人	年800万円以下	15%	19%[注2]
	年800万円超	19%	

（注1）期末資本金の額が1億円以下の普通法人（資本金の額が5億円以上である法人等による完全支配関係がある子法人等を除く）
（注2）中小法人等の軽減税率の特例措置はR05/3/31での廃止予定を前提としている。
（注3）特定の協同組合等の年10億円超の部分は22％。

●地方法人税（国税）

基準法人税額[注1]×税率[注2]

（注1）法人税における所得税額控除、外国税額控除、仮想経理に基づく過大申告の場合の更正に伴う法事税額の控除適用前の法人税額
（注2）地方法人税率　　R01/9/30以前開始事業年度　　4.4%
　　　　　　　　　　　R01/10/1以後開始事業年度　　10.3%

●法人住民税

(1)法人税割

	R01/9/30以前開始事業年度		R01/10/1以後開始事業年度	
	標準税率	超過税率	標準税率	超過税率
道府県民税	3.2%	4.2%	1.0%	2.0%
市町村民税	9.7%	12.1%	6.0%	8.4%

(注1) 分割基準
　　　・分割法人：2以上の都道府県又は市町村に事務所等を有する法人
　　　・事務所等の従業者数(注2)により課税標準額を分割する

(2)均等割

区分		道府県民税	市町村民税
資本金等の額	従業者数(注2)		
1千万円以下	50人以下	2万円	5万円
	50人超		12万円
1億円以下	50人以下	5万円	13万円
	50人超		15万円
10億円以下	50人以下	13万円	16万円
	50人超		40万円
50億円以下	50人以下	54万円	41万円
	50人超		175万円
50億円超	50人以下	80万円	41万円
	50人超		300万円
資本金等を有しない法人		2万円	5万円

(注2) 従業者数

	事務所等	寮等	アルバイト等	新設・廃止	著しい変動
分割基準	○	×	○	○(注3)	○(注3)
均等割	○	○	○(注3)	×	×

(注3) 一定の調整あり

●法人事業税　所得割(外形標準課税に関してはSec.32参照)

区分		標準税率				制限税率
		普通法人		特別法人(注2)		
		R01/9/30以前開始事業年度	R01/10/1以後開始事業年度	R01/9/30以前開始事業年度	R01/10/1以後開始事業年度	
軽減税率適用法人(注1)	年400万円以下	3.4%	3.5%	3.4%	3.5%	左記標準税率の1.2倍まで
	年800万円以下	5.1%	5.3%	4.6%	4.9%	
	年800万円超	6.7%	7.0%	4.6%	4.9%	
軽減税率不適用法人		6.7%	7.0%	4.6%	4.9%	

(注1) 軽減税率適用法人の判定

（注2）農業協同組合等、消費生活協同組合等、信用金庫等、医療法人その他一定の法人
（注3）分割基準（一部抜粋）

事業区分		区分	分割基準
製造業	資本金1億円未満	課税標準の全額	事務所又は事業所の従業者数(注4)
	資本金1億円以上	課税標準の全額	事務所又は事業所の従業者数(注4)(注5)
その他の事業		課税標準の全額 ×1/2	事務所又は事業所の数(注7)(注8)
		×1/2	事務所又は事業所の従業者数(注4)

（注4）法人住民税の（注2）従業者数「分割基準」を参照。
（注4）法人住民税の（注2）従業者数「分割基準」を参照。
（注5）工場の場合、［工場の従業員数］＋［工場の従業者数（注6）］×0.5
（注6）工場の従業者数が奇数の場合は1を加えた数に0.5を乗ずる
（注7）事業年度に属する各月末現在における数値を合計した数値による
（注8）その事業年度中に月末が到来しない場合は、その事業年度終了の日現在における数値による

●地方法人特別税／特別法人事業税（国税）

基準法人所得割額(注1)×税率(注2)
（注1）所得金額×法人事業税の標準税率
（注2）税率は以下のとおり。

	外形標準課税法人		外形標準課税法人以外	
	地方法人特別税	特別法人事業税	地方法人特別税	特別法人事業税
R01/9/30以前開始事業年度	414.20%		43.20%	
R01/10/1以後開始事業年度		260.00%		37.00%(注1)

（注1）特別法人：34.5%、収入金額課税法人：30%

みなし配当

●みなし配当と扱われる場合と収益確定の時期

みなし配当と扱われる場合	収益確定の時期
1. 金銭その他の資産の交付がある場合	
① 合併（適格合併を除く）	合併の効力の生ずる日
② 分割型分割（適格分割型分割を除く）	分割の効力の生ずる日。新設分割の場合は新設分割法人の設立登記の日
③ 資本の払戻し（一定の剰余金の配当のうち分割型分割によるもの以外のもの）	資本の払戻しに係る剰余金の配当がその効力を生ずる日
④ 解散による残余財産の分配	その分配の開始の日
⑤ 自己の株式又は出資の取得（金融商品取引所の開設する市場における購入による取得等その他一定の事由による取得等を除く）	その取得の日
⑥ 出資の消却（一定のものを除く）、出資の払戻し等	これらの事実があった日
⑦ 組織変更（一定のものに限る）	組織変更の効力を生ずる日
2. 合併法人が抱合株式（注3）に対して株式の割当て又は株式以外の資産の交付をしなかった場合	
合併法人は、その株式に対し、被合併法人の他の株主等が有していた株式に対して株式その他の資産の交付がされたと同一の基準で株式その他の資産の交付を受けたものとみなされ、みなされた株式の他その資産の額がみなし配当となる。	

(注1) 法人は株主等に対して1株当たりのみなし配当の額等を通知しなければならない。
(注2) 法人が他の法人から受ける剰余金の配当等の額でその支払のために通常要する期間内に支払を受けるものにつき継続してその支払を受けた日の属する事業年度の収益としている場合には、上記にかかわらずその経理が認められる。
(注3) その合併法人が合併の直前に有していた被合併法人の株式等又は被合併法人がその合併直前に有していた他の被合併法人の株式をいう。

●源泉徴収

　みなし配当が生じた場合には、支払側法人は配当とみなされる金額の20.42％を源泉徴収し、そのみなし配当が生じた月の翌月10日までに、その支払側法人の所轄税務署に納付しなければならない。

25 中小企業者向け税額控除（一部抜粋）

1. 試験研究費に係る税額控除

次のいずれかを選択適用

A. 試験研究費の総額に係る税額控除（I）＋特別試験研究費に係る税額控除（II）

B. 中小企業技術基盤強化税制（III）

（I）試験研究費の総額に係る税額控除（総額型）

増減試験研究費割合(注1)		税額控除限度額（アとイのいずれか小）
9.4%超	ア	試験研究費の額×10.145％＋（増減試験研究費割合－9.4%）×0.35 ＊小数点3位未満切捨て ＊上限10%。但し、H29/4/1-R5/3/31開始事業年度は次の通り。 ① ②以外の場合：上限14% ② 試験研究費割合(注2)が10%超の場合には、上記算式で求めた試験研究費の額に乗じる割合に、「当該割合×控除割合(注3)」を加算（14%を限度）
	イ	法人税額×25％（一定の場合には30%）
9.4%以下	ア	試験研究費の額×9.9％－（8%－増減試験研究費割合）×0.175 ＊小数点3位未満切捨て ＊6%が下限
	イ	法人税額×25％（一定の場合には30%）

（注1）（当期の試験研究費の額－比較試験研究費の額）／比較試験研究費の額
（注2）当期の試験研究費／当期及び過去3期の平均売上高
（注3）（試験研究費割合－10%）×0.5（10%が限度）

（II）特別試験研究に係る税額控除（オープンイノベーション型）

税額控除限度額		税額控除限度額（アとイのいずれか小）
アとイのいずれか小	ア	特別試験研究費の額×一定割合(注4)
	イ	法人税額×5％

（注4）国の試験研究機関、大学等との共同・委託研究：30％
　　　新規事業開拓事業者等との共同・委託研究、国公立大学等の外部化法人：25％
　　　上記以外の特別試験研究：20％

(Ⅲ) 中小企業基盤強化税制

青色申告書を提出する中小企業者等が対象。

増減試験研究費割合[注1]	税額控除限度額(アとイのいずれか小)	
9.4%超	ア	試験研究費の額×12%＋(増減試験研究費割合－9.4%)×0.35 ＊小数点3位未満切捨て ＊17%が上限[注5]
	イ	法人税額×35%[注5]
9.4%以下	ア	試験研究費の額×12%[注6]
	イ	法人税額×25%(一定の場合には30%、40%)

(注5) 試験研究費割合が10%超の場合、それぞれの項目は下記の通り。
　　　ア 上表アの算式で求めた試験研究費の額に乗じる割合に「当該割合×控除割増率」を
　　　　加算(17%を限度)
　　　イ 法人税額×35%　等

2. 中小企業等経営強化税制(中小企業等が特定経営力向上設備等を取得した場合の特別控除)

青色申告書を提出する中小企業者等が特定経営力工場設備等の取得等をし、指定事業の用に供した場合に適用できる。
適用期間：H29/4/1-R5/3/31 までの取得

税額控除限度額

アとイの いずれか小	ア	・ 特定中小企業者等[注6] 　取得価額×10% ・ 上記以外の中小企業者等 　取得価額×7%
	イ	法人税額×20%[注7]

(注6) 資本金の額又は出資金の額が3,000万円以下の中小企業者等
(注7) 3、4及び5の税制における控除税額の合計で「法人税額の20%」を限度

3. 中小企業等投資促進税制(中小企業者等が機械等を取得した場合の特別控除)

青色申告法人である特定中小企業者等[注7]が適用できる。
H29/4/1-R5/3/31 の間に新品の特定機械装置等を取得・制作し、事業供用した場合に適用できる。

税額控除限度額

アとイの いずれか小	ア	基準取得価額×7%
	イ	法人税額×20%[注7]

4. 所得拡大促進税制

青色申告法人である中小企業者等が雇用者給与等支給額[注8]を前年度比1.5%以上増加（上乗せ措置は2.5%以上増加、かつ、一定要件[注9]に該当）させた場合に適用できる。

対象期間：R3/4/1 － R5/3/31開始事業年度（設立及び解散事業年度、清算中の各事業年度を除く）

税額控除限度額

アとイのいずれか小	ア	①通常　給与等支給額増加額×15% ②上乗せ措置　給与等支給額増加額×25%
	イ	法人税額×20%

（注8）国内雇用者に対する給与等支給額で法人の損金に算入されるもの
（注9）次のいずれか
　　① 教育訓練費が前年度比10%以上増加
　　② 中小企業等経営強化法に基づく経営力向上計画の認定を受けており、経営力向上が確実に行われたものとして証明されたこと

●法人税・法人住民税・法人事業税の中間申告

(1) 対象法人：事業年度が6ヶ月を超える法人で、法人税の前期年税額が20万円超のもの。

  (注1) 法人税の中間申告義務がない場合、法人住民税・事業税の中間申告義務も生じません。
  (注2) 外形課税法人は、(注1)の適用にありません。

(2) 提出期限・納付期限：その事業年度開始後6月を経過した日から2月以内。

(3) 計算方法：次のいずれか

  ① $\dfrac{\text{前期の年税額}}{\text{前期の月数}} \times 6$（予定申告書）

  ② 期首から6ヶ月間を1事業年度とみなして仮決算を行い、これに基づいて税額を計算する　（中間申告書）

  ただし、②が①の金額を超える場合、①が10万円以下である場合、①の金額がない場合は②は提出できない。

●消費税の中間申告

  前年度の消費税の年税額が48万円超の法人は次の区分に応じて中間申告をしなければなりません。

  (改正)年税額48万円以下のため中間申告義務がない事業者は、届け出により中間申告ができます（平成26年4月1日以降）。

前課税期間の年税額	中間申告の回数	中間納付額 (注3)	提出期限
48万円超 400万円以下	年1回	前課税期間の 年税額×1/2	課税期間の初日以後6ヶ月ごとに区分した各期間の末日の翌日から2ヶ月以内
400万円超 4,800万円以下	年3回	前課税期間の 年税額×1/4	課税期間の初日以後3ヶ月ごとに区分した各期間の末日の翌日から2ヶ月以内
4,800万円超	年11回	前課税期間の 年税額×1/12	課税期間の初日以後1ヶ月ごとに区分した各期間の末日の翌日から2ヶ月以内(最初の1ヶ月分はその課税期間開始の日から2ヶ月を経過した日から2ヶ月以内)

(注3) 上記の方法に代えて、中間申告対象期間を1課税期間とみなして仮決算を行い、これに基づいて中間納付額を計算することもできます。

(注4) 仮決算の場合、税額がマイナスになっても還付を受けることはできません。

(注5) 仮決算の場合でも簡易課税制度の適用があります。

27 欠損金の繰越控除と繰戻還付

●青色欠損金の繰越控除

確定申告書を提出する法人の各事業年度開始の日前10年（注1）以内に開始した事業年度で青色申告書を提出した事業年度に生じた欠損金額は、その事業年度の損金の額に算入される。

（注1） H30/3/31以前開始事業年度において生じた欠損金額については9年

適用される法人	・ 青色申告書である確定申告書を提出し、かつ、その後も連続して確定申告書を提出している法人 ・ 欠損金が生じた事業年度に青色申告書を提出していれば、その後の事業年度について提出した白色申告書上でもこの規定が適用される ・ 特定支配関係（注2）を有することとなった欠損等法人が、その特定支配日から5年以内に、旧事業（特定支配日の直前において営む事業）のすべてを廃止し、旧事業規模の概ね5倍を超える借入を行うなど一定の事由に該当するときは、その該当する事業年度（適用事業年度）以後の各事業年度においては、その適用事業年度前に生じた欠損金額については、この規定の適用はない。
繰越控除される欠損金額	・ 各事業年度開始の日前10年（注1）以内に開始した事業年度において生じた欠損金額 ・ ただし、すでにこの規定により損金算入されたもの及び欠損金の繰戻し還付の適用を受けたものを除く
損金算入順序	・ 繰越欠損金のうち最も古い事業年度において生じたものから順次損金算入する
控除可能額	・ この規定適用前の所得金額に控除割合を乗じて計算した金額

		控除割合
中小法人等（注3）		100%
設立後7年経過日までの期間内の日の属する事業年度中の法人（注4）		
更正手続き開始決定等があった法人（一定の事業年度中のもの）		
上記以外の法人	H28/4/1-H29/3/31 開始事業年度	60%
	H29/4/1-H30/3/31 開始事業年度	55%
	H30/4/1- 開始事業年度	50%

（注2） 他の者がその法人の発行済株式総数の50％超を直接又は間接に保有する関係その他一定の関係をいう

（注3） 期末資本金額等が1億円以下の法人で、資本金額等が5億円以上の法人等による完全支配関係のある子法人等でない法人をいう

（注4） 普通法人の場合、資本金額等が5億円以上の法人による100％子会社及び株式移転完全親法人を除く

●欠損金の繰戻しによる還付

この制度は、青色申告書である確定申告書を提出する事業年度に欠損金額が生じた場合において、その欠損金額をその事業年度前1年以内に開始したいずれかの事業年度(還付所得事業年度)に繰り戻して法人税額の還付を請求できる制度です。**地方税(事業税、住民税)に欠損金の繰戻し還付制度はありません。**地方法人税には、同制度が設けられています。

適用対象法人	① 普通法人で、各事業年度終了時の資本金の額が1億円以下または資本を有しないもの(資本金の額5億円以上の法人による100%子法人を除く。Sec.28参照) ② 公益法人等、協同組合等、みなし公益法人等 ③ 人格のない社団等 ④ ①から③以外の法人の以下の事業年度 ・ 清算中の事業年度 ・ 解散等の日前1年以内に終了した事業年度等 ⑤ 災害損失欠損金、設備廃棄等欠損金額を有する法人
適用要件	イ. 還付所得事業年度から欠損事業年度の前事業年度までの各事業年度について連続して青色申告書である確定申告書を提出していること ロ. 欠損事業年度の青色申告書である確定申告書をその提出期限までに提出していること ハ. ロの確定申告書と同時に欠損金の繰戻しによる還付請求書を提出すること
還付金額の計算	還付所得事業年度の法人税額 × $\dfrac{\text{欠損事業年度の欠損金額}^{(※)}}{\text{還付所得事業年度の所得金額}}$

※法人が還付金額の計算の基礎として還付請求書に記載した金額が限度となります。また、分母の金額が限度になります。

計算例

	前期 (還付所得事業年度)	当期 (欠損事業年度)
課税所得金額	10,000	△5,000
法人税額	3,000	0
還付金額		1,500

$$還付金額 = 3,000 \times \frac{5,000}{10,000} = 1,500$$

28 グループ法人税制

　平成22年10月1日（下記 **1.** の規定は平成22年4月1日以後開始事業年度）からグループ法人税制が適用されました。グループ法人税制は、100％資本関係がある法人をひとつのグループととらえて課税する制度です。
下記のような形態の法人がグループ法人とみなされます。

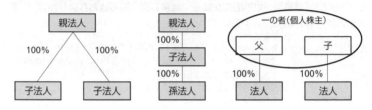

　グループ法人税制は全部で8つの項目で構成されます。

1. 中小企業向け特例措置の適用除外

　親会社の資本金または出資金の額が5億円以上の場合、その親会社の100％子会社（複数の大法人の100％子会社を含む）は、次に掲げる中小企業向けの特例措置の適用がされません。

①軽減税率（Sec.23参照）　④特定同族会社の特別税率の不適用 ②交際費等の損金不算入制度における定　⑤欠損金の繰戻しによる還付制度（Sec.27参　額控除制度（Sec.21参照）　　　照） ③貸倒引当金の損金算入及び法定繰入　⑥繰越欠損金の使用制限の不適用　率の不適用

（注1）　親会社の資本金5億円の判定には資本準備金等は含まれません。
（注2）　大法人に100％を所有されていない中小法人はこの制度の対象となりません。

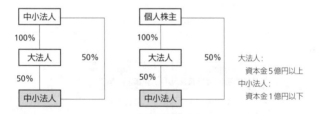

2. 資産譲渡損益の繰延べ

　100％グループ法人間で譲渡損益調整資産（注3）の移転（非適格合併による移転を含む）を行ったことにより生ずる譲渡損益は、その資産がそのグループ外へ移転する等の時に、その移転を行った法人において計上します。

（注3）譲渡損益調整資産とは次の資産をいう。但し、①1単位当たりの簿価が1千万円未満の資産、②売買目的有価証券を除く。

> 固定資産、土地（土地の上に存する権利を含む）、有価証券、金銭債権、繰延資産

3. 寄付金・受贈益の取扱い

100％グループ内で法人による完全支配関係のある内国法人間の寄付金については、受取側法人では全額益金不算入とされます。支出側法人では、従来どおり全額損金不算入です。

（注5）

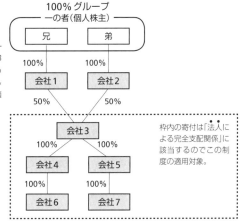

※ 会社1-会社2、会社1-会社3、会社2-会社3の寄付は「法人による完全支配関係に該当しないのでこの制度の適用対象外。

枠内の寄付は「法人による完全支配関係」に該当するのでこの制度の適用対象。

（注6）上図で会社4から会社7へ300の寄付を行ったとすると、

    会社4の処理：寄付金300が損金不算入
    会社7の処理：受贈益300が益金不算入
    会社3の処理：利益積立金額300 / 会社4株式300 　⇦　税務上の仕訳
    会社5の処理：会社7株式300 / 利益積立金額300 　⇦　税務上の仕訳

4. その他の制度

上記以外に次の制度があります。

- 適格現物分配の簿価譲渡
- 受取配当等の負債利子控除の適用除外
- 発行法人への株式譲渡の際の譲渡損益の非計上
- 株式評価損の計上を認めない取扱い

29 役員報酬の取扱い

●損金に算入される役員給与

法人が役員に対して支給する給与のうち次に掲げるいずれにも該当しないものは損金に算入されません。また、一定の株式報酬・ストックオプション等についても次のいずれかに該当するものは損金算入が認められるようになりました。

ただし、次に掲げる給与であっても、(1)不相当に高額な部分、(2)隠蔽仮装経理により支給する給与の額は損金に算入されません。

1	定期同額給与	1か月以下の一定の期間ごとで支給される給与で、その事業年度の各支給時期における支給額(額面金額)または税金・社会保険料等の源泉徴収後の金額(手取額)が同額であるもの
2	事前確定届出給与	役員の職務につき、所定の時期に次のものを支給する旨の定めに基づいて支給する給与(1、3の給与を除く)で、一定の日(注1)までに納税地の所轄税務署長にその定めの内容に関する届出をしているもの(同族会社以外の法人が非常勤役員に対して支給する給与および特定の譲渡制限付株式もしくは特定の新株予約権による一定の給与は届出不要) ①確定した額の金銭 ②確定した数の株式または新株予約権 ③確定した額の金銭債権に係る一定の譲渡制限付株式または新株予約権
3	業績連動給与	法人(同族会社の場合は非同族会社の100%子会社に限る)が業務執行役員に対して支給する給与で、一定の指標を基礎とした客観的なものであること等その他一定の要件を満たすもの

(注1) 事前確定届出給与の届出期限(原則 次のうちいずれか早い日)
  (1)株主総会等の決議の日から1か月を経過する日
  (2)会計期間開始の日から4か月を経過する日
  新設法人の場合 設立の日以後2か月

●定期同額給与の改定

次のような給与改定で、その変更前支給額、変更後支給額がそれぞれ同額のものは、定期同額給与として損金算入が認められています。

略図の例示は3月決算法人とし、■■■■■■が損金不算入部分を表します。

(1) 事業年度に一度定期的に改定される給与

事業年度開始日から3ヶ月以内（特別な事情がある場合除く）にされる改定

[特別な事情の例示]

① 全国組織の協同組合連合会等で下部組織の定時総会終了後でなければその上部組織である連合会等の定期総会が開催できないこと

② 監督官庁の決算承認を要するため、3ヶ月経過日等後でなければ定期総会が開催できないこと

③ 親会社の役員給与額を参酌して決定されるなどの常況にあるため、親会社の定期総会終了後でなければその会社の役員報酬額の改定決議ができないこと

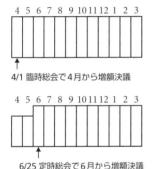

4/1 臨時総会で4月から増額決議

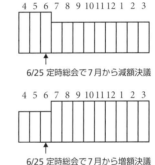

6/25 定時総会で7月から減額決議

6/25 定時総会で6月から増額決議

6/25 定時総会で7月から増額決議

(2) 臨時改定事由により改定される給与

役員の職制上の地位の変更、職務内容の重大な変更、その他やむを得ない事情による改定

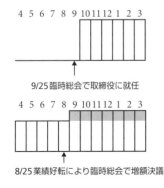

9/25 臨時総会で取締役に就任

入院のため一部の職務執行不可

8/25 業績好転により臨時総会で増額決議

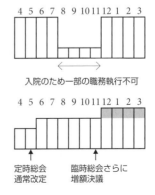

定時総会　　　臨時総会さらに
通常改定　　　増額決議

(3) 業務悪化改定事由により改定される給与

[業績悪化改定事由の例示]

① 財務諸表の数値が相当程度悪化したこと

② 倒産の危機に瀕したこと

③ 経営状況の悪化に伴い、第三者である利害関係者(株主、債権者、取引先等)との関係上、役員給与を減額せざるを得ない事情が生じていること

④ 現状では数値的指標が悪化しているとまでは言えないものの、役員給与などの経営改善策を講じなければ、客観的な状況から今後著しく悪化することが不可避と認められること

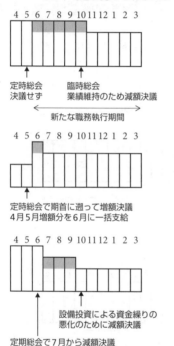

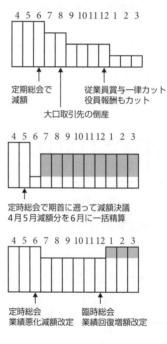

コ ラ ム

社員が亡くなったときの給与の扱い

　社員が亡くなったときの給与の扱いは、支給日が死亡日までか後かによって異なります。

給与・賞与の支給日	死亡日まで	死亡日後
税の種類	所得税（源泉徴収する）	相続税
受取人	本人	相続人
所得/財産	給与所得	相続財産
年末調整	死亡年調	対象外
源泉徴収票	死亡日までのものを発行	対象外

例）給与締切日15日、給与支給日25日、亡くなった日が7月20日のケース

6月		7月		8月	
		7/20死亡			
15日	25日	15日	25日	15日	25日
締日	支給日	締日	支給日	締日	支給日
	給与所得		相続財産		相続財産

- 6月25日支給給与… 本人受取り、1月から6月支給分まで死亡年調対象となり、源泉徴収票を発行する
- 7月25日支給給与… 7月の締日では存命だったが支給日では亡くなっているので相続人の相続財産となる
- 8月25日支給給与… 7月16日から亡くなった日の20日までの給与分であるが支給日では亡くなっているので相続人の相続財産となる

＊　7月8月の給与支払時源泉徴収不要

1. 概要

法人が平成20年4月1日以降に締結するリース取引のうちファイナンス・リース取引に該当するものについては、賃貸人から賃借人へリース資産の売買があったものとして取り扱われます。オペレーティング・リース取引に該当するものは賃貸借処理が可能です。

また、法人がリースバック取引やセール・アンド・リースバック取引に該当するものを行った場合には、金銭の貸借があったものとして取り扱われます。

2. ファイナンス・リース取引

次のすべての要件を満たすものをいいます。

(1)
> ①契約で中途解約が禁止されている。（ノンキャンセラブル）

または、

> ②中途解約の場合は未経過期間に対応するリース料の90%以上を支払う契約になっている。（フルペイアウト）

(2)
> ①賃借人が、リース資産からもたらされる経済的な利益を実質的に享受することができる。

かつ、

> ②リース資産の使用に伴って生ずる費用を実質的に負担すべきこととされている。

(注1) リース期間中に支払われるリース料の総額が、リース資産の取得に通常要する価額の概ね90%を超える場合は、(2)②の要件に該当する。

(注2) 土地の賃貸借のうち一定のものはファイナンス・リース取引から除外されます。

3. 賃借人側の処理

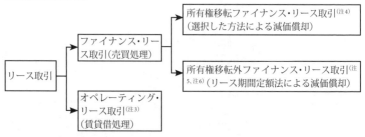

第1章 会社の税務 リース取引（法人税法上の取扱い）

(注3) オペレーティング・リースとはファイナンス・リース以外のリースをいう

(注4) 所有権移転ファイナンス・リースとは所有権移転外ファイナンス・リース以外のリースをいう

(注5) 所有権移転外ファイナンス・リースは次により判定する。

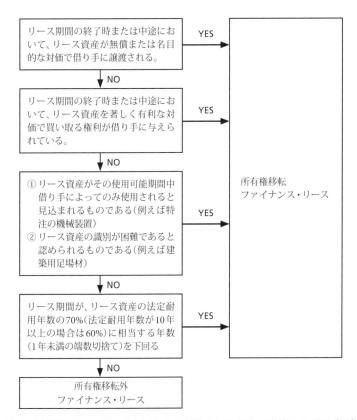

(注6) 所有権移転外ファイナンス・リースにより取得したとされるリース資産については、次の制度の適用はありません。

> 圧縮記帳、特別償却、少額減価償却資産の損金算入、一括償却資産の損金算入

(注7) リース料が一定でない場合やリース料を年払いしているなどによりその事業年度のリース料総額と償却限度額が一致しない場合は、申告調整が必要です。

31 外貨建取引の換算（税務上の取扱い）

●外貨建取引の定義

外国通貨で支払いが行われる、

① 資産の販売及び購入

② 役務の提供

③ 金銭の貸付け及び借入れ

④ 剰余金の配当

⑤ その他の取引き

＊取引価額が外国通貨で表示されている場合でも、その支払が円で行われる取引（外貨建円払い取引）は外貨建取引に該当しない

●円換算額

原則：外貨建取引を行った時における外国為替相場により換算した金額

例外：先物外国為替契約等により円換算額を確定させた場合はその確定円換算額

●発生時換算法に用いる為替相場

(1)原則：取引日におけるTTM

(2)例外①：継続適用を条件として、

収益・資産　→　取引日におけるTTB

費用・負債　→　取引日におけるTTS

(3)例外②：継続適用を条件として、

・取引日の前月末または前週末のTTB、TTS、TTM

・取引日の月初または週初のTTB、TTS、TTM

・取引日の前月、前週など1月以内の期間のTTM、TTB、TTSの平均値

(4)その他

・その日に為替相場がない場合には、その日の直前の為替相場

・その日に為替相場が2以上ある場合には、その日の最終の相場

(5)外貨建の貸付金（借入金）

・円により外国通貨を購入して直ちに貸し付ける場合

・借入れに係る外国通貨を直ちに売却して円を受け入れる場合

　→　その貸付けまたは受け入れた円貨をその円換算額とすることができる

(6)前渡金等の振替え

上記(1)～(3)にかかわらず、帳簿価額をもって収益または費用の額とし、改めてその収益または費用の計上日における円換算を行わないことができる。

(7)海外支店等の資産等の換算

・外国支店と本店の財務諸表を合併する場合、すべての財務諸表項目について決算時の為替相場による円換算額を付す方法が認められる

・継続適用を条件に収益及び費用の換算は、次のいずれかによることも認められる

① 取引日の属する月または半期のTTM、TTB、TTSの平均値

② 事業年度の一定期間内におけるTTM、TTB、TTSの平均値

●期末時換算法に用いる為替相場

(1)原則：期末時のTTM

(2)例外①：継続適用を条件として、

- 外貨建資産 → TTB
- 外貨建負債 → TTS

(3)例外②：継続適用を条件として(期末時のTTB又はTTSが異常に変動している場合も認められる)、

- 期末時の1月以内の期間におけるTTM、TTB、TTSの平均値によることができる

(4)洗い替え

期末時換算法による換算金額と帳簿価額との差額は、その事業年度の益金または損金に計上し、翌事業年度に洗替え処理を行う。

●外貨建資産の換算方法

		発生時換算法	期末時換算法
外貨建債権債務	短期	○	●
	長期	●	○
外貨建有価証券	売買目的	×	○
	償還	●	○
	上記以外	○	×
外貨預金	短期	○	●
	長期	●	○
外国通貨		×	○

●……法定換算方法

●外形標準課税の対象法人

期末資本金の額が1億円を超える法人(公益法人、人格のない社団等その他一定の法人を除く)

●外形標準対象法人の事業税の標準税率

区分	所得割				付加価値割	資本割
	年400万円以下	年400万円超 年800万円以下	年800万円超	3以上の都道府県に事務所等を有する法人		
2019/10/1以後 開始事業年度	0.4%	0.7%	1.0%	1.0%	1.2%	0.5%
2016/4/1- 2019/9/30 開始事業年度	0.3%	0.5%	0.7%	0.7%	1.2%	0.5%

●外形標準課税の課税標準

(1) **所得割** 法人税の課税所得金額(特別の定めによる一定の調整あり)

(2) **付加価値割**

収益分配額 = $\left\{ \begin{array}{l} \text{報酬給与額(注1):報酬・給与+企業年金等の掛金} \\ \text{純支払利子:支払利子−受取利子(マイナスの場合は0)} \\ \text{純支払賃借料:支払賃借料−受取賃借料(マイナスの場合は0)} \end{array} \right.$

単年度損益(繰越欠損金控除前の法人事業税の所得金額、マイナスの場合は収益分配額から控除)

(注1) 労働者派遣契約に基づく派遣に係る報酬給与額
- 派遣を受けた法人:「派遣の対価として派遣元に支払う金額×75%」を加算した金額
- 派遣をした法人:「派遣の対価として派遣先から支払いを受ける金額×75%(派遣労働者に支払う報酬給与額を限度)」を控除した金額

(注2) 雇用安定控除:「報酬給与額>収益分配額×70%」の場合、付加価値額から雇用安定控除額を控除する
雇用安定控除額=報酬給与額−収益分配額×70%

(注3) 人材投資等促進税制・所得拡大税制: R3/4/1 〜 R5/3/31開始事業年度→付加価値額から下記の「控除額」を控除する

- 要件

$$\text{新規雇用者給与等支給額−新規雇用者比較給与額} \geq \frac{2}{100}$$

$$\text{新規雇用者比較給与額} \geq \frac{2}{100}$$

- 控除額

「控除対象新規雇用者給与等支給額」×(報酬給与額−雇用安定控除額)÷報酬給与額

(3) **資本割** ①または②のいずれか大きい額

① 資本金の額＋資本準備金の額

②

$$\boxed{\begin{array}{c}\text{法人税法に規定}\\\text{する期末資本金}\\\text{等の額}\end{array}} + \boxed{\begin{array}{c}\text{無償増資による}\\\text{増資額}\end{array}} - \boxed{\begin{array}{l}\text{無償減資による資本の減少額（欠損を}\\\text{補填に充当した金額）}\\\text{(注) H18/5/1以後に行った減資につ}\\\text{いては一定の制限あり}\end{array}}$$

●外形標準課税対象法人の地方法人特別税 / 特別法人事業税（国税）

基準法人所得割額[注1]×税率[注2]

(注1) 所得金額×法人事業税の標準税率
(注2) 2019/9/30以前開始事業年度　414.2%（地方法人特別税）
　　　 2019/10/1以後開始事業年度　260%（特別法人事業税）

●外形標準課税の拡大に伴う負担変動の軽減措置（経過措置）

(1) 要件

① 調整後付加価値額[注1] < 40億円

② 2016/4/1 〜 2019/3/31 までに開始する事業年度
　2016/3/31現在の税率を適用した事業税額[注2] < 基準法人事業税額[注3]

(注1) 付加価値額×12÷事業年度の月数（1月に満たない場合は1月）
(注2) 当該事業年度の付加価値額、資本金等の額、所得に、それぞれH28/3/31現在の税率を
　　　乗じた金額（100円未満切り捨て）の合計額（A）
(注3) 当該事業年度の付加価値割、資本割、所得割の合計額（B）

(2) 控除額の計算

調整後付加価値額	控除額（100円未満切り上げ）
30億円以下	$(B-A) \times$ 割合[注4]
30億円超 40億円未満	$(B-A) \times$ 割合[注4] $\times \dfrac{40億円-調整後付加価値額}{10億円}$

(注4) 割合
　　　2016/4/1 − 2017/3/31　3/4
　　　2017/4/1 − 2018/3/31　1/2
　　　2018/4/1 − 2019/3/31　1/4

33 消費税の仕組み　　個人

●複数税率制度

旧税率 8%	施行日：2014年4月1日 指定日：2013年10月1日	標準税率 10%	施行日：2019年10月1日
		軽減税率 8%	指定日：2019年4月1日

経過措置については、Sec.39「消費税経過措置」を参照してください。

●納税義務の判定

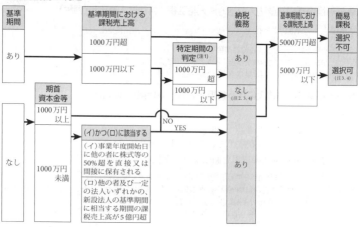

(注1) その事業年度の前事業年度の開始の日から6カ月間の課税売上高（個人事業者においては、その年の前年1月1日から6月30日まで）が1,000万円を超えると、翌期（翌年）から、事業者免税点制度が適用されません（平成25年1月1日以後に開始する事業年度から）。

※ただし売上高に代えて給与支払い額で判定してもよい。（有利な方を選択できます）

(注2) 「課税事業者選択届出書」の提出により課税事業者を選択できます。Sec.36参照。

(注3) 「調整対象固定資産」を購入した場合、「課税事業者選択不適用届出書」や「簡易課税制度選択適用届出書」の提出について一定期間制限されます。Sec.36参照。

(注4) 高額特定資産を取得した場合の中小企業者に対する特例措置の適用関係の見直し（H28/4/1以後の取引きから適用）

事業者が事業者免税点制度及び簡易課税制度の適用を受けない課税期間中に高額特定資産(*)の仕入れ等を行った場合には、その課税期間の翌課税期間から、その仕入れ等を行った課税期間の初日以後3年を経過する日の属する課税期間までの各課税期間においては、事業者免税点制度及び簡易課税制度は適用しない。

(*) 一の取引単位につき、課税仕入れに係る支払対価の額（税抜き）が1,000万円以上の棚卸資産または調整対象固定資産をいう。

●基準期間と課税期間

	基準期間	課税期間（注2）
法人	その事業年度の前々事業年度（注1）	事業年度
個人事業者	その年の前々年	1月1日から12月31日までの期間

（注1） 前々事業年度が1年未満の場合は、その事業年度の開始の日前2年前の日の前日から同日後1年を経過する日までの間に開始した各事業年度を合わせた期間

（注2） 課税期間は、選択により、3カ月または1カ月まで短縮することができる（Sec.36参照）

●仕入控除税額の計算（原則計算）

課税売上割合		その課税期間の課税売上高	控除方式	控除対象仕入控除税額の計算（灰色部分が控除できる税額）
95%以上	かつ	5億円以下	全額控除（消法30①）	課税仕入れ等の税額の合計額全額を控除できる
95%未満	又は	5億円超	個別対応方式（消法30②一）	(1) 課税売上のみに要する課税仕入れ等の税額の合計額 (2) 非課税売上にのみ要する課税仕入れ等の税額の合計額 (3) 課税売上と非課税売上に共通して要した課税仕入れ等の税額の合計額「(1)＋(3)×課税売上割合」を控除する
			一括比例配分方式（消法30②二、④）（注）	「課税仕入れ等の税額の合計額×課税売上割合」を控除する

（注） 選択した場合、2年間以上継続適用が要件となります（消法29）。

●課税売上割合

$$課税売上割合 = \frac{課税売上高 ＋ 免税売上高}{課税売上高 ＋ 免税売上高＋非課税売上高（注1）}$$

（注1） 特定の有価証券等について、譲渡価額の5%

（注2） 税務署長の承認を受けて課税売上割合に替えて「課税売上割合に準ずる割合によって仕入額控除税額を計算することができる（Sec.36参照、消法30、消令47、消費基通11-5-7、11-5-8、）

消費税の仕組み

●（個別対応方式による）課税仕入れの区分

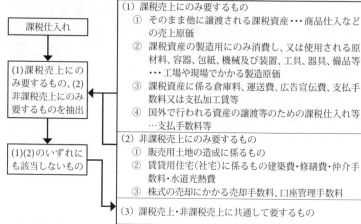

（1）課税売上にのみ要するもの
　① そのまま他に譲渡される課税資産・・・商品仕入などの売上原価
　② 課税資産の製造用にのみ消費し、又は使用される原材料、容器、包紙、機械及び装置、工具、器具、備品等・・・工場や現場でかかる製造原価
　③ 課税資産に係る倉庫料、運送費、広告宣伝費、支払手数料又は支払加工賃等
　④ 国外で行われる資産の譲渡等のための課税仕入れ等…支払手数料等

（2）非課税売上にのみ要するもの
　① 販売用土地の造成に係るもの
　② 賃貸用住宅（社宅）に係るもの建築費・修繕費・仲介手数料・水道光熱費
　③ 株式の売却にかかる売却手数料、口座管理手数料

（3）課税売上・非課税売上に共通して要するもの

●帳簿等の保存

　仕入税額控除の適用を受けるためには、課税仕入れ等の事実を記載した帳簿および請求書等の両方を7年間保存する必要があります。

●課税方式の見直し（「リバースチャージ方式」の導入）

　「電気通信利用役務の提供」について、課税方式が以下のとおり見直されます。

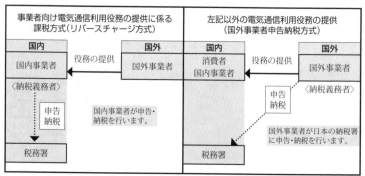

　リバースチャージ方式は、経過措置により当分の間は、当該課税期間について一般課税により申告する場合で、課税売上割合が95％未満である場合にのみ適用されます。
　また国外事業者から消費者向け電気通信利用役務の提供を受けた国内事業者は、当該役務の提供に係る仕入税額控除が制限されますが、国税庁長官の登録を受けた登録国外事業者から受ける消費者向け電気通信利用役務の提供については、その仕入れ税額控除を行うことができることとされました。

MEMO

34 消費税課否判定

● 課非判定のめやす

消費税の課非判定は、取引ごとに Sec.37「課税対象となる国内取引」の4要件にあてはまるかどうかにより判断するのが原則ですが、下記のような目安表も参考として日々の業務にお役立てください。

1. 損益計算書項目

勘定科目	取引例	課非	間違いやすい事例　等
売上（収入）	輸出販売	免	
	社会保険診療収入	非	
	貸付金の利子	非	
	居住用住宅の賃借料	非	
	土地の販売	非	土地の賃借料収入も非課税
雑収入	租税の還付金	対象外	還付加算金も対象外
	受取配当金	対象外	
	保険金	対象外	
	土地等の収用に伴う対価補償金	非	
	立退料・移転補償金	対象外	
	損害賠償金	対象外	実質的に資産の譲渡等に該当する場合は課税
仕入高	非課税物品の購入等	非	身体障害者用資産、教育図書など
	土地の仕入れ	非	
給料賃金	通勤手当	課	
福利厚生費	社会保険料の事業主負担分	非	
	祝い金・香典等	対象外	
旅費交通費	国際・海外旅行	対象外	
寄付金		対象外	資産を購入して寄付する場合のその資産購入費は課税
接待交際費	商品券等の購入	非	自ら使用する場合は課税
	祝い金・見舞金等	対象外	
	ゴルフ場利用税	対象外	
新聞図書費	教科用図書	非	
	学術書等の輸入	非	免税（関税定率法等）
地代家賃	土地の賃借料	非	駐車場設備の使用料は課税
	居住用住宅に賃借料	非	
車両関連費	燃料費のうち軽油引取税部分	対象外	
	自動車保険料	非	

勘定科目	取引例	課非	間違いやすい事例　等
	自動車税・重量税	対象外	
損害保険料	火災保険・地震保険・傷害保険等	非	
諸会費	月会費・年会費	対象外	研修費、スポーツジム等の会費は課税
	同業者団体等への入会金	対象外	返還しないものは課税
租税公課	印紙税	対象外	金券ショップ等からの購入は課税
支払手数料	キャンセル料	対象外	キャンセルにかかる事務手数料は課税
	割賦販売手数料	非	利子に相当
	クレジット手数料	非	債権譲渡損に相当
減価償却費		対象外	資産購入時は課税
支払利息		非	
雑損失	破棄、盗難、滅失等	対象外	
	収益補償金・移転補償金	対象外	立退料も対象外
	損害賠償金	対象外	実質的に資産の譲渡等に該当する場合には課税
	現金過不足	対象外	
特別損失	固定資産除却損・売却損	対象外	

2. 貸借対照表項目

勘定科目		取引例	課/非/免	間違いやすい事例　等
資産の部	現金・預金		対象外	記念コインなど投機目的の購入・譲渡は課税
		仮想通貨の譲渡	非	H29/6/30以前の取引は課税
	受取手形	手形の振り出し	非	手形の譲渡も非課税
	売掛金	入金	対象外	債権の譲渡は非課税
	有価証券	株式の売却	非	
		会員券等の売却	課	譲渡対価の総額で課税
	前払金		対象外	経費に振り替える時点で個別判定
	差入保証金・敷金	返還される敷金の差入	対象外	工場・事務所・店舗等の事業用建物にかかる保証金で返還されない部分は課税
	減価償却資産	割賦販売手数料	非	利子に相当
	土地	土地、借地権	非	土地類似株式を除く
負債の部	前受金		対象外	精算時に判定
	受入保証金・敷金	返還する敷金の受入	対象外	工場・事務所・店舗等の事業用建物にかかる保証金で返還しない部分は課税居住用家屋にかかる敷金のうち返還しない部分は非課税
純資産の部	資本金	新株式の発行・資本の払戻し	対象外	株主との資本取引は対象外

35 消費税簡易課税制度 　　個人

1. 制度の概要

簡易課税制度の適用を受けた場合、実際の課税仕入れ等の税額を計算することなく、課税売上高から控除対象仕入税額の計算を行うことができます（消法30、37、消令57、平28改正法附則38④）。

●簡易課税制度の適用要件

イ　基準期間の課税売上高が5000万円以下であること

ロ　簡易課税制度選択届出書を事前に提出していること

2. 控除対象仕入税額の計算

簡易課税制度は、控除対象仕入税額を課税売上高に対する税額の一定割合とするというものです。この一定割合をみなし仕入率といい、売上げを卸売業、小売業、製造業等、サービス業等、不動産業及びその他の事業の6つに区分し、それぞれの区分ごとのみなし仕入率を適用します（事業区分の表参照）。

【記号】

$$Ⓐ = \boxed{\text{課税標準額に対する消費税額＋貸倒回収に係る消費税額−売上対価の返還等に係る消費税額}}$$

$$Ⓑ = \boxed{\text{第一種事業から第六種事業に係る各消費税額に各みなし仕入率を乗じた金額の合計額}}$$

$$Ⓒ = \boxed{\text{第一種事業から第六種事業にかかる各消費税額の合計額}}$$

●基本的な計算の方法

イ　第一種事業から第六種事業までのうち一種類の事業だけを営む事業者の場合

$$\boxed{\text{控除対象仕入税額}} = Ⓐ \times \boxed{\text{みなし仕入れ率}}$$

ロ　第一種事業から第六種事業までのうち二種類以上の事業を営む事業の場合

（イ）　原則法

$$控除対象仕入税額 = Ⓐ \times \frac{Ⓑ}{Ⓒ}$$

（ロ）　簡便法[注]

$$控除対象仕入税額 = Ⓑ$$

●特例の計算

【例1】 2種類以上の事業を営む事業者の第一種事業にかかる課税売上高の合計が全体の課税売上高の75%以上を占める場合

（イ）原則法

$$控除対象仕入税額 = Ⓐ \times \frac{\boxed{第一種事業に係る消費税額} \times 90\%}{Ⓒ}$$

（ロ）簡便法^(注)

$$控除対象仕入税額 = \boxed{第一種事業に係る消費税額} \times 90\%$$

【例2】 3種類以上の事業を営む事業者の第一種および第二種事業にかかる課税売上高の合計が全体の課税売上高の75%以上を占める場合

（イ）原則法

$$控除対象仕入税額 = Ⓐ \times \frac{\boxed{第一種事業に係る消費税額} \times 90\% + \left(Ⓒ - \boxed{第一種事業に係る消費税額} \right) \times 80\%}{Ⓒ}$$

（ロ）簡便法^(注)

$$控除対象仕入税額 = \boxed{第一種事業に係る消費税額} \times 90\% + \left(Ⓒ - \boxed{第一種事業に係る消費税額} \right) \times 80\%$$

(注)　簡便法は次のいずれにも該当しない場合に適用することができます
　　　a　貸倒回収額がある場合
　　　b　売上対価の返還等がある場合で、各種事業に係る消費税額からそれぞれの事業の売上対価の返還等に係る消費税額を控除して控除しきれない場合

●事業区分をしていない場合の取り扱い

　2種類以上の事業を営む事業者が課税売上を事業ごとに区分していない場合には、この区分をしていない部分については、その区分していない事業のうち一番低いみなし仕入率を適用して控除対象仕入税額を計算します。

　＊　簡易課税制度

```
https://www.nta.go.jp/taxes/shiraberu/taxanswer/
shohi/6505.htm
```

消費税簡易課税制度

●簡易課税の事業区分

事業者が行う事業がどの事業区分に該当するかの判定は、原則として、その事業者が行う課税資産の譲渡等ごとに行います。

事業の種類		みなし仕入れ率
卸　売　業	購入した商品を性質、形状を変更しないで、他の事業者に販売する事業をいう。	90% （第一種）
小 売 業 等	購入した商品を性質、形状を変更しないで、消費者に販売する事業をいう。食用として販売する農林水産物を生産する事業は第二種事業になる。なお、製造小売り業は第三種事業になる。	80% （第二種）
製 造 業 等	農業、林業、漁業（第二種事業に該当するものを除く）、鉱業、採石業、砂利採取業、建設業、製造業、製造小売業、電気業、ガス業、熱供給業、水道業をいう。なお、加工賃等の料金を受け取って役務を提供する事業は第四種事業になる。	70% （第三種）
その他の事業	飲食店業、その他の事業	60% （第四種）
運輸通信業等	運輸通信業、金融・保険業、サービス業（飲食店業を除く）	50% （第五種）
不 動 産 業	不動産業	40% （第六種）

事業区分判定フローチャート

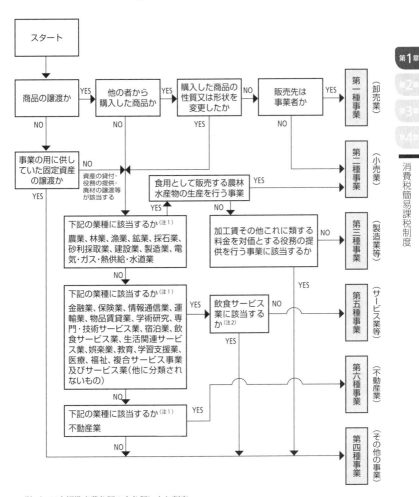

（注1） 日本標準産業分類の大分類により判定
（注2） 持ち帰り・配達飲食サービス業に該当するものについては、その業態等により第2種事業又は第3種事業に該当するものがあります。

●届出関係

第1章 会社の税務　消費税の主な届出書等

届出書名	届出が必要な場合	提出期限等	根拠法
消費税課税事業者届出書	基準期間における課税売上高が1千万円超となったとき(※)	事由が生じた場合速やかに	消法57
消費税の納税義務者でなくなった旨の届出書	基準期間における課税売上高が1千万円以下となったとき	事由が生じた場合速やかに	消法57
消費税簡易課税制度選択届出書	簡易課税制度を選択しようとするとき	選択しようとする課税期間の初日の前日まで(注1)(注3)	消法37
消費税簡易課税制度選択不適用届出書	簡易課税制度の選択をやめようとするとき	選択をやめようとする課税期間の前日まで(注1)	消法37
消費税課税事業者選択届出書	免税事業者が課税事業者になることを選択しようとするとき	選択しようとする課税期間の初日の前日まで　注 開業初年度の場合は、その課税期間中	消法9
消費税課税事業者選択不適用届出書	課税事業者を選択していた事業者が免税事業者に戻ろうとするとき	選択をやめようとする課税期間の初日の前日まで(注1)(注3)	消法9
消費税課税期間特例選択・変更届出書	課税期間の短縮を選択又は変更しようとするとき	短縮又は変更にかかる期間の初日の前日まで	消法19
消費税課税期間特例選択不適用届出書	課税期間の短縮の適用をやめようとするとき	選択をやめようとする課税期間の初日の前日まで(注2)(注3)	消法19
消費税の新設法人に該当する旨の届出書	基準期間がない事業年度の開始の日における資本金の額、又は出資の金額が1千万円以上であるとき	事由が生じた場合速やかに。ただし、所要の事項を記載した法人設立届出書の提出があった場合は提出不要	消法57
消費税課税売上割合に準ずる割合の不適用届出書	承認を受けた課税売上割合に準ずる割合の適用をやめようとするとき	適用をやめようとする課税期間の末日まで	消法30
合併による法人の消滅届出書	法人の課税事業者が合併により消滅したとき	事由が生じた場合速やかに	消法57
消費税申告期限延長届出	消費税の確定申告期限を1月延長しようとするとき(注4)	摘要を受けようとする事業年度終了の日を含む課税期間の末日まで	消法45の2①②

届出書名	届出が必要な場合	提出期限等	根拠法
消費税申告期限延長不適用届出書	申告期限の延長特例の適用をやめようとするとき	申告期限の延長特例の適用をやめようとする事業年度終了の日を含む課税期間の末日まで	消法45の2③
任意の中間申告書を提出する旨の届出書	中間申告義務のない事業者が任意に六月中間申告を提出しようとするとき	任意に提出しようとする六月中間申告対象期間の末日まで	消法48

第1章
第2章
第3章
第4章

消費税の主な届出書等

●承認関係

承認申請書名	承認が必要な場合	承認申請時期、効力発生時期等	根拠法
消費税課税売上割合に準ずる割合の適用承認申請書	課税売上割合に代えて課税売上高に準ずる割合を用いて、控除する課税仕入れ等の税額を計算しようとする場合	承認を受けた課税期間から適用	消法30
適格請求書発行事業者の登録申請書	適格請求書発行事業者となるため	2021/10/1から提出可能、適格請求書保存方式が導入される2023/10/1から登録を受けるためには、原則2023/3/31までに提出(宥恕規定あり)	消法57の2

(※)　その他特定期間の課税売上高、給与支払額ともに1,000万円を超のとき。

(注1)　適用開始課税期間の初日から2年を経過する日の属する課税期間の初日以後でなければ提出できない。

(注2)　「消費税課税期間特例選択・変更届出書」の効力が生じる日から2年を経過する日の属する課税期間の初日以後でなければ提出することができない。

(注3)　・「課税事業者選択届出書を提出した課税期間」又は「資本金1千万円以上の法人を設立した」場合「調整対象固定資産」の課税仕入を行った課税期間の初日から原則3年間は、

　　　　・免税事業者になることができない ⎤ → 一般課税による申告が必要なケースがあります。
　　　　・簡易課税を選択して申告できない ⎦ （平成22年4月1日以後）

　　※「調整対象固定資産」とは、棚卸資産以外の資産で、建物及びその付属設備、構築物、機械及び装置、船舶、航空機、車両及び運搬具、工具、器具備品、鉱業権等の無形固定資産で、購入価額(税抜)が100万円以上のものが該当します。

(注4)　法人税の申告期限の延長の特例の適用を受ける法人に限ります(2021/3/31以後に終了する事業年度の末日の属する課税期間から適用)。

　　＊　消費税法改正のお知らせ

```
http://www.nta.go.jp/publication/pamph/shohi/
h28kaisei.pdf
```

●課税対象となる国内取引

次のすべてに該当するもの	1	国内取引であること
	2	事業者が事業として行うものであること
	3	対価を得て行われるものであること(無償でもみなし譲渡課税あり)
	4	資産の譲渡・貸付、役務の提供であること

●資産の譲渡等が国内において行われたかどうかの判定

1. 資産の譲渡または貸付けである場合

ルール	資産の種類	判定場所
原則	不動産その他所在が明確なもの	譲渡または貸付けが行われる時においてその資産が所在していた場所
	有価証券(※除く)	
登録したもの	船舶(注1、2)	登録をした機関の所在地
	航空機	
	特許権、実用新案権、意匠権等(注3)	
	登録国債	
登録してないもの(法的に登録を要しないもの)	船舶	譲渡貸付を行う者の住所地、本店または主たる事務所の所在地
	航空機	
	営業権または漁業権もしくは入漁権	
	著作権(出版権、隣接権など含む)	
権利などが所在場所に付随するもの	鉱業権、租鉱権、採石権など	その施設などの所在地
	公共施設等運営権	
	(※)ゴルフ場利用株式等	
その他の資産	合名・合資・合同会社の持分	本店または主たる事務所の所在地
	貸付金・預金・売掛金など金銭債権	
所在場所が明らかではないもの	上記以外で所在が明らかではないもの	その資産の譲渡または貸付けを行う者のそれらに係る事務所等の所在地

2. 役務の提供である場合

ケース	役務の内容	判定場所
原則		役務の提供が行われた場所
国内および国内以外の地域にわたつて行われる	旅客または貨物の輸送	出発地・発送地または到着地
	通信	発信地または受信地
	郵便又は信書便差	出地または配達地
役務を営む者	保険	事業を営む者の事務所等の所在地
	情報の提供または設計	
	利子を対価とする金銭の貸付けなど	
役務に必要な資材が多い場合	専門的な科学技術を要する鉱工業生産施設、発電及び送電施設、鉄道など	建設または製造に必要な資材の大部分が調達される場所
役務の提供が行われた場所が明らかでないもの		役務の提供を行う者の役務の提供に係る事務所等の所在地

(注1) 居住者　日本以外で登録の船舶の貸付　その者の住所地
(注2) 非居住者　日本で登録の船舶の譲渡または貸付　その者の住所地
(注3) 同一権利を二以上の国において登録の場合　譲渡または貸付けを行う者の住所地

●インターネット等を介した取引に係る改正

インターネット等を介して行われる役務の提供（電気通信利用役務の提供）が国内取引に該当するか否かの基準が「役務の提供を受ける者の住所地等」に改正されました。

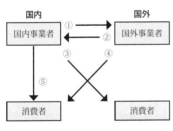

取引	改正前	改正後
①	国内取引:課　税	国外取引:不課税(注)
②	国外取引:不課税	国内取引:課　税(注)
③	国内取引:課　税	国外取引:不課税
④	国外取引:不課税	国内取引:課　税
⑤	国内取引:課　税	国内取引:課　税

(注)事業者向け電気通信利用役務の提供を受けた場合の内外判定基準の見直し（H29/1/1以後の取引きから適用）

国内事業者	国内事業者が国外事業所等で受ける「事業者向け電気通信役務の提供」のうち、国外において行う資産の譲渡等にのみ要するものである場合は、国外取引とする
国外事業者	国外事業者が恒久的施設で受ける「事業者向け電気通信役務の提供」のうち、国内において行う資産の譲渡等に要するものである場合は、国内取引とする

消費税内外判定

38 消費税軽減税率制度の概要

●軽減税率対象品目

1. 飲食料品

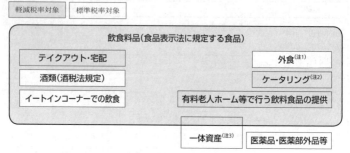

（注1）外食とは椅子・テーブル等のある場所で飲食料品を飲食させるサービスをいう。
（注2）ケータリングとは相手方の指定した場所で行う役務を伴う飲食料品の提供をいう。
（注3）一体資産とは下記(1)をいい、(2)に該当した場合に軽減税率の対象となる。
　（1）食品と食品以外の資産があらかじめ一体となっている資産でその全体の価格のみ提示されるもの。
　（2）税抜き価格が1万円以下であり、食品の価格の占める割合が3分の2以上。
　　※ 食品の価格の占める割合は仕入れ時の原価の割合等、合理的な計算による割合で判断する。

2. 週2回以上発行され、定期購読される一定の新聞

●帳簿と各請求書等への請求書の記載事項の比較

期間	帳簿への記載事項	請求書への記載事項
2019/9/30まで（税率引き上げ前）	①課税仕入相手方の氏名または名称 ②取引年月日 ③取引の内容 ④対価の額	①請求書発行者の氏名又は名称 ②取引年月日 ③取引の内容 ④対価の額 ⑤請求書受領者の氏名または名称
2019/10/1〜2023/9/30（区分記載請求書等保存方式）(注1)	（上記に加え） ⑥軽減税率の対象品である旨	（上記に加え） ⑥軽減税率の対象品である旨(注2) ⑦税率ごとに合計した税込対価の額(注2)
2023/10/1から（適格請求書保存方式）	同上	（上記に加え） ⑧⑦に係る消費税額 ⑨請求書発行者の登録番号

（注1）2019/10/1から2023/9/30は、引き続き3万円未満の少額な取引や自動販売機からの購入など請求書の交付を受けなかったことにつきやむを得ない理由がある場合は、帳簿に①〜④および⑥の事項を記載することで仕入税額控除の適用を受けられる。
（注2）交付された区分記載請求書等に⑥、⑦の記載がない場合は追記可能。
　　　適格請求書等への追記は不可。発行者への再発行・修正を依頼する。
　　　適格請求書等における⑦については税抜き対価の額でも可。

<イメージ>　（丸数字は前ページの表参照）

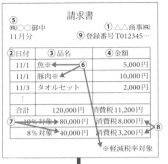

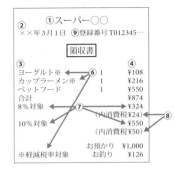

●適格請求書発行事業者登録制度

2023/10/1以降、適格請求書等を発行できるのは、適格請求書発行事業者に限られます。

適格請求書発行事業者となるには、税務署長へ適格請求書発行事業者の登録申請書を提出（2021/10/1以降提出可能）し、登録をしなければなりません。

●免税事業者等からの課税仕入に係る仕入税額控除の制限と経過措置

適格請求書等保存方式の導入後は、免税事業者や消費者など、適確請求書発行事業者以外から行った課税仕入に係る消費税額を控除することができなくなります。

ただし、区分記載請求書等と同様の事項が記載された請求書を保存し、帳簿にこの経過措置の規定の適用を受ける旨が記載されている場合には、仕入税額相当額に以下の割合を乗じた金額を仕入税額として控除できる経過措置が設けられます。

期間	割合
2023/10/1 ～ 2026/9/30	仕入税額相当額の80%
2026/10/1 ～ 2029/9/30	仕入税額相当額の50%

●中小企業の税額計算の特例

2019/10/1から2023/9/30まで、売上または仕入を軽減税率と標準税率とに区分することが困難な中小事業者(注1)に対して、売上税額又は仕入税額の計算の特例が設けられております。

（注1）基準期間における課税売上が5,000万円以下の事業者

```
https://www.nta.go.jp/taxes/shiraberu/zeimokubetsu/
shohi/keigenzeiritsu/pdf/qa/02-07.pdf
```

39 消費税経過措置

改正消費税施行日（2019/10/1）以後の取引は、原則として新税率が適用されることとなります。但し、経過措置が適用されるものについては、旧税率（8％）が適用されることとなります。

旧税率が適用される経過措置（概要）

内容	適用関係
旅客運賃等 2014/4/1 ～ 2019/9/30に支払い、2019/10/1以後に利用する料金	2014.4.1 ─ 支払(受領) ─── 2019.10.1 利用
電気料金等 2019/10/1にまたがって供給する料金（2019/10/31迄に、確定するもの）	継続供給 ─── 権利確定
特定新聞 2019/9/30迄に発行し、2019/10/1以後に販売する新聞	指定発売日 ─── 販売
家電リサイクル法の定めによる料金 2019/9/30迄に受領し、再商品化(廃棄)を2019/10/1以後にする場合の料金	支払(受領) ─── 廃棄等
工事の請負契約 2013/10/1 ～ 2019/3/31迄の契約で、2019/10/1以後に引き渡しが行われる工事等	2013.10.1 契約 ●─── 2019.4.1 ─── 完成
資産の貸付契約 2013/10/1～2019/3/31迄の契約で、2019年施行にまたがって行われる資産の貸付で一定要件を満たすもの	契約 ●─── 継続貸付 ───→
冠婚葬祭などに関する契約 2013/10/1～2019/3/31迄の契約で、2019年施行日以後利用される一定のサービス	契約 ●─── 利用 ───→
書籍などの予約販売 2013/10/1 ～ 2019/3/31迄に契約し、2019年施行日前に料金を受領する書籍の提供など	契約 ●─── 対価受領 ─── 定期供給 ───→
有料老人ホーム 2013/10/1 ～ 2019/3/31迄の終身入居契約による介護サービス	契約 ●─── 介護サービス ───→
通信販売 2019/3/31迄に条件を提示し、2019/10/1前に申込を受けた商品を2019/10/1以後に販売	条件提示 ■─── 申込 ─── 販売

経過措置の取扱いQ＆A

```
https://www.nta.go.jp/publication/pamph/shohi/kaisei/
pdf/02.pdf
```

第1章 会社の税務　消費税経過措置

40 事業所税 　　　　　　　　　　　　　　　　　　　　　　　個人

●概要

	資産割	従業者割
納税義務者	事業所等の床面積の合計が1,000㎡（免税点）を超える場合	従業者数の合計が100人（免税点）を超える場合
納税額の計算	事業所床面積（㎡）× 600円	従業者給与総額 × 0.25%
免税点の判定時期	法人；その事業年度の末日 個人；その年の12月31日	
納税時期等 (注1)	法人；その事業年度終了の日から2ヶ月以内 個人；その年の翌年3月15日	
非課税等の代表例		・ 年齢65歳以上の高齢者及び障害者（役員を除く）(注2) ・ 雇用改善助成対象者は給与総額の2分の1が対象 (注2)
	勤労者の福利厚生施設で一定のもの（福利厚生のために設置される理髪室、喫茶室、喫煙室、食堂、売店、娯楽室、更衣室、医務室、保養所等）	
免税点以下申告	事業所等の床面積の合計が800㎡を超え1,000㎡以下の場合は申告が必要	従業者数の合計が80人を超え100人以下の場合は申告が必要
	前事業年度または前年において納税義務があった場合	

(注1) 新型コロナウィルスの影響に伴う措置として、事業所税の申告・納付期限の延長特例があります。
(注2) 高齢者、障害者または雇用改善助成対象者であるかどうかの判定は、給与等が支払われる時の現況により判定します。

●課税団体一覧

・ 東京都特別区
・ 政令指定都市
　札幌市、仙台市、新潟市、千葉市、さいたま市、横浜市、川崎市、相模原市、静岡市、浜松市、名古屋市、京都市、大阪市、堺市、神戸市、岡山市、広島市、北九州市、福岡市、熊本市
・ 首都圏整備法に規定する既成市街地を有する市
　川口市、武蔵野市、三鷹市
・ 近畿圏整備法に規定する既成都市区域を有する市
　守口市、東大阪市、尼崎市、西宮市、芦屋市
・ 人口30万以上の政令で指定する市
　北海道：旭川市
　東北地方：秋田市、郡山市、いわき市
　関東地方：宇都宮市、前橋市、高崎市、川越市、所沢市、越谷市、市川市、船橋市、松戸市、柏市、八王子市、町田市、横須賀市、藤沢市
　中部地方：富山市、金沢市、長野市、岐阜市、豊橋市、岡崎市、一宮市、春日井市、豊田市、四日市市
　近畿地方：大津市、豊中市、吹田市、高槻市、枚方市、姫路市、奈良市、明石市、和歌山市
　中国地方：倉敷市、福山市
　四国地方：高松市、松山市、高知市
　九州地方：久留米市、長崎市、大分市、宮崎市、鹿児島市、那覇市

41 【改正】電子帳簿保存法（令和4年1月1日施行）

●電子帳簿保存の概要

　各税法で原則紙での保存が義務づけられている帳簿書類について一定の要件を満たしたうえで、電磁的記録（電子データ）による保存を可能とすること及び電子的に授受した取引情報の保存義務等を定めた法律です。

●電子帳簿保存法上の区分

区分	イメージ
電子帳簿等保存	電子的（会計ソフト等を使用して）に作成した帳簿、書類をデータのまま保存
スキャナ保存	紙で受領・作成した書類を画像データで保存
電子取引	電子的に授受した取引情報（電子メール、ネット上からダウンロード等）をデータで保存

●改正事項（抜粋）

区分	改正事項
電子帳簿等保存	税務署長の事前承認制度の廃止
	優良な電子帳簿に係る過少申告加算税の軽減措置の整備
	最低限の要件を満たす電子帳簿（正規の簿記の原則に従って記録されるものに限る）も電磁的記録による保存等が可能
スキャナ保存	税務署長の事前承認制度の廃止
	タイムスタンプ要件及び検索要件等の緩和 ①タイムスタンプの付与期間は記録事項の入力期間と同様最長約2か月と概ね7営業日以内 ②受領者等がスキャナで読み取る際の国税関係書類への自署不要 ③電磁的記録について訂正または削除を行った場合に、これらの事実及び内容を確認することができるクラウド等において、入力期間内にその電磁的記録の保存を行ったことを確認することができるときは、タイムスタンプの付与に代えることができる ④検索要件の記録項目について、取引年月日その他の日付、取引金額及び取引先に限定されるとともに、税務職員による質問検査権に基づく電磁的記録のダウンロードの求めに応じる場合には、範囲指定及び項目を組み合わせて条件を設定できる機能の確保が不要
	適正事務処理要件の廃止
	スキャナ保存された電磁的記録に関連した不正があった場合の重加算税の加重措置の整備
電子取引	タイムスタンプ要件及び検索要件の緩和 ①スキャナ保存に関する改正事項と同趣旨の改正 ②基準期間の売上高が1,000円以下である事業者について、税務職員による質問検査権に基づく電磁的記録のダウンロードの求めに応じることができるようにしている場合は、検索要件のすべてが不要
電子取引	適正な保存を担保する措置 ①申告所得税及び法人税における電子取引の取引情報に係る電磁的記録について、その電磁的記録の出力書面等の保存をもってその電磁的記録の保存に変えることができる措置の廃止 ②電子取引の取引情報に係る電磁的記録に関連した不正があった場合の重加算税の加重措置の整備

●電子帳簿の保存要件の概要

- 記録事項の訂正・削除を行った場合には、これらの事実及び内容を確認できる電子計算機処理システムを使用すること
- 通常の業務処理期間を経過した後に入力を行った場合には、その事実を確認できる電子計算機処理システムを使用すること
- 電子化した帳簿の記録事項とその帳簿に関連する他の帳簿の記録事項との間において、相互にその関連性を確認できること
- システム関連書類等(システム仕様書、事務処理マニュアル等)を備え付けること
- 保存場所に、電子計算機(パソコン等)、プログラム、ディスプレイ、プリンタ及びこれらの操作マニュアルを備え付け、画面・書面に整然とした形式及び明瞭な状態で速やかに出力できるようにしておくこと
- 検索要件 ①取引年月日、取引金額、取引先により検索できること
　　　　　 ②日付または金額の範囲により検索できること(注1)
　　　　　 ③二つ以上の任意の記録項目を組み合わせた条件により検索できること(注1)
- 税務職員による質問検査権に基づく電磁的記録のダウンロードの求めに応じることができるようにしていること(注1)(注2)

(注1) 保存義務者が、税務職員による質問検査権に基づく電磁的記録のダウンロードの求めに応じることができるようにしている場合は、検索要件のうち②③の要件が不要(スキャナ保存、電子取引も同様)
(注2) 優良の要件を満たしているときは不要

●電子取引の保存要件

真実性の確保	以下の措置のいずれかを行うこと ①タイムスタンプが付された後、取引情報の授受を行う ②取引情報の授受後、速やかに(又はその業務の処理に係る通常の期間を経過した後速やかに)タイムスタンプを付すとともに、保存を行う者又は監督者に関する情報を確認できるようにしておく ③記録事項の訂正・削除を行った場合に、これらの事実及び内容を確認できるシステムまたは記録事項の訂正・削除を行うことができないシステムで取引情報の授受及び保存を行う ④正当な理由がない訂正・削除の防止に関する事務処理規定を定め、その規定に沿った運用を行う
可視性の確保	・保存場所に、電子計算機(パソコン等)、プログラム、ディスプレイ、プリンタ及びこれらの操作マニュアルを備え付け、画面・書面に整然とした形式及び明瞭な状態で速やかに出力できるようにしておくこと ・電子計算機処理システムの概要書を備え付けること ・検索機能を確保すること

電子帳簿保存関係

```
https://www.nta.go.jp/law/joho-zeikaishaku/sonota/
jirei/index.htm
```

42 印紙税

個人

●印紙税額一覧表

号	文書の種類	印紙税額（1通又は1冊につき）		
1	1. 不動産、鉱業権、無体財産権、船舶若しくは航空機又は営業の譲渡に関する契約書 （注1） 無体財産権とは、特許権、実用新案権、商標権、意匠権、回路配置利用権、育成者権、商号及び著作権をいいます。 （例） 不動産売買契約書、不動産交換契約書、不動産売渡証書など 2. 地上権又は土地の賃借権の設定又は譲渡に関する契約書 （例） 土地賃貸借契約書、土地賃料変更契約書など 3. 消費貸借に関する契約書 （例） 金銭借用証書、金銭消費貸借契約書など 4. 運送に関する契約書 （注2） 運送に関する契約書には、用船契約書を含み、乗車券、乗船券、航空券及び運送状は含まれません。 （例） 運送契約書、貨物運送引受書など	記載された契約金額		
		1万円未満		非課税
		1万円以上	10万円以下	200円
		10万円超	50万円以下	400円
		50万円超	100万円以下	1千円
		100万円超	500万円以下	2千円
		500万円超	1千万円以下	1万円
		1千万円超	5千万円以下	2万円
		5千万円超	1億円以下	6万円
		1億円超	5億円以下	10万円
		5億円超	10億円以下	20万円
		10億円超	50億円以下	40万円
		50億円超		60万円
		契約金額の記載のないもの		200円
	上記の1に該当する「不動産の譲渡に関する契約書」のうち、令和4年3月31日までに作成されるものについては、契約書の作成年月日及び記載された契約金額に応じ、右欄のとおり印紙税額が軽減されています。	記載された契約金額		
		1万円未満		非課税
		1万円超	50万円以下	200円
		50万円超	100万円以下	500円
		100万円超	500万円以下	1千円
		500万円超	1千万円以下	5千円
		1千万円超	5千万円以下	1万円
		5千万円超	1億円以下	3万円
		1億円超	5億円以下	6万円
		5億円超	10億円以下	16万円
		10億円超	50億円以下	32万円
		50億円超		48万円

号	文書の種類	印紙税額（1通又は1冊につき）		
2	請負に関する契約書 （注3）　請負には、職業野球の選手、映画（演劇）の俳優（監督・演出家・プロデューサー）、プロボクサー、プロレスラー、音楽家、舞踊家、テレビジョン放送の演技者（演出家、プロデューサー）が、その者としての役務の提供を約することを内容とする契約を含みます。 （例）　工事請負契約書、工事注文請書、物品加工注文請書、広告契約書、映画俳優専属契約書、請負金額変更契約書など	記載された契約金額		
		1万円未満		非課税
		1万円以上	100万円以下	200円
		100万円超	200万円以下	400円
		200万円超	300万円以下	1千円
		300万円超	500万円以下	2千円
		500万円超	1千万円以下	1万円
		1千万円超	5千万円以下	2万円
		5千万円超	1億円以下	6万円
		1億円超	5億円以下	10万円
		5億円超	10億円以下	20万円
		10億円超	50億円以下	40万円
		50億円超		60万円
		契約金額の記載のないもの		200円
	上記の「請負に関する契約書」のうち、建設業法第2条第1項に規定する建設工事の請負に係る契に基づき作成されるもので、令和4年3月31日までに作成されるものについては、契約書の作成年月及び記載された契約金額に応じ、右欄のとおり印紙税額が軽減されています。	記載された契約金額		
		1万円未満		非課税
		1万円超	200万円以下	200円
		200万円超	300万円以下	500円
		300万円超	500万円以下	1千円
		500万円超	1千万円以下	5千円
		1千万円超	5千万円以下	1万円
		5千万円超	1億円以下	3万円
		1億円超	5億円以下	6万円
		5億円超	10億円以下	16万円
		10億円超	50億円以下	32万円
		50億円超		48万円

号	文書の種類	印紙税額（1通又は1冊につき）		
3	約束手形、為替手形 （注4） 1. 手形金額の記載のない手形は非課税となりますが、金額を補充したときは、その補充をした人がその手形を作成したものとみなされ、納税義務者となります。 2. 振出人の署名のない白地手形（手形金額の記載のないものは除きます。）で、引受人やその他の手形当事者の署名のあるものは、引受人やその他の手形当事者がその手形を作成したことになります。 3. 手形の複本又は謄本は非課税	記載された契約金額		
		10万円未満		非課税
		10万円以上	100万円以下	200円
		100万円超	200万円以下	400円
		200万円超	300万円以下	600円
		300万円超	500万円以下	1千円
		500万円超	1千万円以下	2千円
		1千万円超	2千万円以下	4千円
		2千万円超	3千万円以下	6千円
		3千万円超	5千万円以下	1万円
		5千万円超	1億円以下	2万円
		1億円超	2億円以下	4万円
		2億円超	3億円以下	6万円
		3億円超	5億円以下	10万円
		5億円超	10億円以下	15万円
		10億円超		20万円
	①一覧払のもの、②金融機関相互間のもの、③外国通貨で金額を表示したもの、④非居住者円表示のもの、⑤円建銀行引受手形			200円
4	株券、出資証券若しくは社債券又は投資信託、貸付信託、特定目的信託若しくは受益証券発行信託の受益証券 （注5） 1. 出資証券には、投資証券を含みます。 2. 社債券には、特別の法律により法人の発行する債券及び相互会社の社債券を含むものとする。	記載された券面金額		
		500万円以下		200円
		500万円超	1千万円以下	1千円
		1千万円超	5千万円以下	2千円
		5千万円超	1億円以下	1万円
		1億円超		2万円
		（注）株券、投資証券については、1株（1口）当たりの払込金額に株数（口数）を掛けた金額を券面金額とします。（非課税文書：1.日本銀行その他特定の法人の作成する出資証券 2.譲渡が禁止されている特定の受益証券 3.一定の要件を満たしている額面株式の株券の無効手続に伴い新たに作成する株券）		

号	文書の種類	印紙税額(1通又は1冊につき)
5	合併契約書又は吸収分割契約書若しくは新設分割計画書 (注6) 1. 会社法又は保険業法に規定する合併契約を証する文書に限ります。 2. 会社法に規定する吸収分割契約又は新設分割計画を証する文書に限ります。	4万円
6	定款 (注7)株式会社、合名会社、合資会社、合同会社又は相互会社の設立のときに作成される定款の原本に限ります。	4万円 (非課税文書:株式会社又は相互会社の定款のうち公証人法の規定により公証人の保存するもの以外のもの)
7	継続的取引の基本となる契約書 (注8)契約期間が3か月以内で、かつ更新の定めのないものは除きます。 (例)売買取引基本契約書、特約店契約書、代理店契約書、業務委託契約書、銀行取引約定書など	4千円
8	預金証書、貯金証書	200円 (非課税文書:信用金庫その他特定の金融機関の作成するもので記載された預入額が1万円未満のもの)
9	複合運送証券、倉庫証券、船荷証券 (注9) 1. 法定記載事項の一部を欠く証書で類似の効用があるものを含みます。 2. 倉庫証券には農業倉庫証券及び連合農業倉庫証券は含みません。	200円 (非課税文書:船荷証券の謄本)
10	保険証券	200円
11	信用状	200円
12	信託行為に関する契約書 (注10)信託証書を含みます。	200円
13	債務の保証に関する契約書 (注11)主たる債務の契約書に併記するものは除きます。	200円 (非課税文書:身元保証ニ関スル法律に定める身元保証に関する契約書)
14	金銭又は有価証券の寄託に関する契約書	200円

印紙税

号	文書の種類	印紙税額（1通又は1冊につき）		
15	債権譲渡又は債務引受けに関する契約書	記載された契約金額		
		1万円未満		非課税
		1万円以上		200円
		契約金額の記載のないもの		200円
16	配当金額収証、配当金振込通知書	記載された配当金額		
		3千円未満		非課税
		3千円以上		200円
		配当金額の記載のないもの		200円
17	1. 売上代金に係る金銭又は有価証券の受取書（注12） 1. 売上代金とは、資産を譲渡することによる対価、資産を使用させること（権利を設定することを含みます。）による対価及び役務を提供することによる対価をいい、手付けを含みます。 2. 株券等の譲渡代金、保険料、公社債及び預貯金の利子などは売上代金から除かれます。 （例）商品販売代金の受取書、不動産の賃貸料の受取書、請負代金の受取書、広告料の受取書など	記載された受取金額		
		5万円未満		非課税
		5万円以上	100万円以下	200円
		100万円超	200万円以下	400円
		200万円超	300万円以下	600円
		300万円超	500万円以下	1千円
		500万円超	1千万円以下	2千円
		1千万円超	2千万円以下	4千円
		2千万円超	3千万円以下	6千円
		3千万円超	5千万円以下	1万円
		5千万円超	1億円以下	2万円
		1億円超	2億円以下	4万円
		2億円超	3億円以下	6万円
		3億円超	5億円以下	10万円
		5億円超	10億円以下	15万円
		10億円超		20万円
		受取金額の記載のないもの		200円
		営業に関しないもの		非課税
	2. 売上代金以外の金銭又は有価証券の受取書 （例）借入金の受取書、保険金の受取書、損害賠償金の受取書、補償金の受取書、返還金の受取書など	記載された受取金額		
		5万円未満		非課税
		5万円以上		200円
		受取金額の記載のないもの		200円
		営業に関しないもの		非課税

号	文書の種類	印紙税額（1通又は1冊につき）
18	預金通帳、貯金通帳、信託通帳、掛金通帳、保険料通帳	1年ごとに 200円 （非課税文書：1.信用金庫など特定の金融機関の作成する預貯金通帳 2.所得税が非課税となる普通預金通帳など 3.納税準備預金通帳）
19	消費貸借通帳、請負通帳、有価証券の預り通帳、金銭の受取通帳などの通帳 （注13）18号に該当する通帳を除きます。	1年ごとに 400円
20	判 取 帳	1年ごとに 4千円

* （参考）震災特例法の施行に伴う印紙税の取り扱いについて

```
https://www.nta.go.jp/law/joho-zeikaishaku/
inshi/110607/01.pdf
```

コラム

寄附金税制ミニ知識

●寄附先と寄附をした者の違いにより税務上の取り扱いは異なります。

寄附金区分		国・地方公共団体	指定寄附金	特定公益増進法人	認定特定非営利活動法人等
所得税[*1]	所得控除	控除限度額：寄附金 −2,000 円			
	税額控除	なし		控除限度額： （寄附金−2,000円）× 40%	
法人税[*2]		全額損金算入		損金算入限度額： $\left(\text{期末資本金等の額}\times \dfrac{\text{当期の月数}}{12}\times \dfrac{3.75}{1,000} + \text{所得金額}\times \dfrac{6.25}{100}\right)\times \dfrac{1}{2}$	

*1 所得税の寄付金控除(Sec.7)、所得税の税額控除(Sec.103)参照

*2 一般の寄附金の損金算入限度額

$$\left(\text{期末資本金等の額}\times \frac{\text{当期の月数}}{12}\times \frac{2.5}{1,000} + \text{所得金額}\times \frac{2.5}{100}\right)\times \frac{1}{4}$$

●不動産の登記の登録免許税の税額表

項目	内容		課税標準	税率
所有権の保存登記			不動産の価額	1000分の4
所有権の移転登記	相続(相続人に対する遺贈を含みます。以下についても同じ)又は法人の合併による移転の登記		不動産の価額	1000分の4
	共有物(その共有物について有していた持分に応じた価額に対応する部分に限られる)の分割による移転の登記		不動産の価額	1000分の4
	その他の原因による移転の登記		不動産の価額	1000分の20
	上記の場合で、次の期間に受ける土地の売買による所有権の移転の登記			
		平成18年4月1日から平成23年3月31日まで	不動産の価額	1000分の10
		平成23年4月1日から平成24年3月31日まで	不動産の価額	1000分の13
		平成24年4月1日から令和5年3月31日まで	不動産の価額	1000分の15
地上権、永小作権、賃借権又は採石権の設定、転貸又は移転の登記	設定又は転貸の登記		不動産の価額	1000分の10
	相続又は法人の合併による移転の登記		不動産の価額	1000分の2
	共有に係る権利の分割による移転の登記		不動産の価額	1000分の2
	その他の原因による移転の登記		不動産の価額	1000分の10
先取特権の保存、質権、抵当権の設定等の登記	先取特権の保存登記		債権金額又は不動産工事費用の予算金額	1000分の4
	質権の設定登記		債権金額	1000分の4
	抵当権の設定登記		債権金額又は極度金額	1000分の4
	競売もしくは強制管理等に係る差し押さえ、仮差し押さえ、仮処分又は抵当付債権の差し押さえその他権利の処分の制限の登記		債権金額	1000分の4
仮登記	所有権の移転の仮登記又は所有権の移転請求権の保全のための仮登記(相続、法人の合併・共有物の分割によるものを除く)		不動産の価額	1000分の10
	その他の仮登記(本登記の課税標準が不動産の価額であるものに限る)		不動産の価額	本登記の税率の2分の1
附記登記、抹消回復登記、更正、変更又は抹消登記			不動産の個数	1個につき1000円
	抹消登記にあっては、同一の申請書により20個を超える不動産について受ける場合		申請件数	1件につき2万円

仮登記のある不動産等の移転登記等を行う場合は、税務署又は税務相談室に問い合わせて詳細を確認するようにしたい。

●会社の商業登記等の登録免許税の税額表

項目	内容		課税標準	税率
設立登記	合名会社又は合資会社		申請件数	1件につき6万円
	株式会社		資本金の額	1000分の7
		上記で、税額が15万円に満たない時	申請件数	1件につき15万円
	合同会社		資本金の額	1000分の7
		上記で、税額が6万円に満たない時	申請件数	1件につき6万円
株式会社又は合同会社の資本の増加の登記			増加した資本金の額	1000分の7
	上記で、税額が3万円に満たない時		申請件数	1件につき3万円
合併、組織変更等の登記	合併又は組織変更もしくは種類の変更による株式会社、合同会社の設立又は合併による株式会社、合同会社の資本の増加の登記		資本金の額、増加した資本金の額	1000分の1.5
		合併により消滅した会社又は組織変更もしくは種類の変更をした会社の当該合併又は組織変更もしくは種類の変更の直前における資本金の額として一定のものを超える資本金の額に対応する部分		1000分の7
		上記で、税額が3万円に満たない時	申請件数	1件につき3万円
	分割による株式会社、合同会社の設立又は分割による株式会社、合同会社の資本の増加の登記		資本金の額、増加した資本金の額	1000分の7
		上記で、税額が3万円に満たない時	申請件数	1件につき3万円
支店の設置の登記			支店の数	1ヶ所につき6万円
本店又は支店の移転の登記			本店又は支店の数	1ヶ所につき3万円
取締役又は代表取締役もしくは監査役等に関する事項の変更の登記			申請件数	1件につき3万円
	資本の金額が1億円以下の会社			1万円

登録免許税

項目	内容	課税標準	税率
支配人、取締役等の職務代行者選任の登記	支配人の選任又は代理権の消滅、取締役又は代表取締役、もしくは監査役等の職務代行者の選任の登記	申請件数	1件につき3万円
登記事項の変更、消滅もしくは廃止の登記		申請件数	1件につき3万円
登記の更正又は抹消登記		申請件数	1件につき2万円
支店における登記	一般の場合	申請件数	1件につき9000円
	上記で、登記が「取締役又は代表取締役もしくは監査役等に関する事項の変更」に該当するもののみであり、資本金の額が1億円以下の会社が申請者である場合	申請件数	1件につき6000円
	登記の更正又は抹消登記	申請件数	1件につき6000円

●個人の商業登記の登録免許税の税額表

項目	内容	課税標準	税率
商号の登記	商号の新設又は取得による変更の登記	申請件数	1件につき3万円
支配人の登記	支配人の選任又はその代理権の消滅の登記	申請件数	1件につき3万円
未成年者等の営業登記	未成年者の営業登記又は後見人の営業登記	申請件数	1件につき1万8000円
商号の廃止、更正、変更、消滅の登記又は抹消登記		申請件数	1件につき6000円

●租税特別措置における住宅取得関係の登録免許税の税額表　抜粋

項目	内容	軽減税率	備考
住宅用家屋の所有権の保存登記の税率の軽減	個人が、令和4年3月31日までの間に一定の要件に該当する住宅用家屋を新築し、又は建築後使用されたことのない一定の要件に該当する住宅用家屋を取得して、その個人の住居の用に供した場合で、新築又は取得後1年以内に受ける所有権の保存登記	1000分の1.5	左の特例の適用を受けるには、登記申請に当たって、その住宅の所在する市町村等の証明書を添付する必要がある
住宅用家屋の所有権の移転登記の税率の軽減	個人が、令和4年3月31日までの間に一定の要件に該当する住宅用家屋を取得(売買及び競落に限る)し、その個人の居住の用に供した場合で、取得後1年以内に受ける所有権の移転登記	1000分の3	同上
特定認定長期優良住宅の所有権の保存登記等の税率の軽減	個人が、令和4年3月31日までの間に特定認定長期優良住宅で住宅用家屋に該当するものを新築又は建築後使用されたことのない特定認定長期優良住宅で住宅用家屋に該当するものを取得し、自己の居住の用に供した場合で、新築又は取得後1年以内に受ける所有権の保存又は移転登記	1,000分の1	同上
住宅取得資金の貸付け等に係る抵当権の設定登記の税率の軽減	個人が令和4年3月31日までの間に一定の要件に該当する住宅用家屋の新築(増築を含む)をし、又は一定の要件に該当する住宅用家屋を取得し、その個人の住居の用に供した場合において、これらの住宅用家屋の新築もしくは取得をするための資金の貸付(貸付けの債務保証を含む)が行われるとき又は対価の支払が賦払の方法により行われるときは、その貸付け又はその賦払金にかかる債権を担保するために一定の者が受けるこれらの住宅家屋を目的とする抵当権の設定登記で、新築又は取得後1年以内に受ける抵当権の設定登記	1000分の1	同上

「東日本大震災により被害を受けた場合の相続税・贈与税・譲渡取得・登録免許税の取扱い」について(情報)

44 不動産取得税の計算

個人

　土地や家屋を売買、交換、贈与、建築（新築・増改築）などにより取得したときに登記の有無にかかわらず課税されます（個人、法人を問いません）。ただし相続や法人の合併などは課税されません。

●計算式

$$\boxed{固定資産税評価額^{(注1)}} \times \boxed{税率}$$

（注1）　令和6年3月31日までの宅地評価土地の取得は、固定資産税評価額×1/2

税率

取得の時期 / 不動産の種類	土地	家屋 住宅	家屋 その他
平成20年4月1日～令和6年3月31日	3%	3%	4%
平成18年4月1日～平成20年3月31日	3%	3%	3.5%
平成16年4月1日～平成18年3月31日	3%	3%	3%

●住宅についての軽減

（固定資産税評価額 － 控除額）× 3%

対象		控除額
一定の新築住宅		
（1）個人・法人可 （2）取得者自身の居住用に限らない（貸家も対象） （3）床面積が50㎡以上240㎡以下であること 　　（アパート・マンション等で貸家の用に供するものは40㎡以上240㎡以下）		1,200万円 （一定の認定長期優良住宅1,300万円）
一定の中古住宅		
（1）個人のみ （2）取得者自身の居住用 （3）床面積が50㎡以上240㎡以下であること （4）次のいずれか該当 　a 非木造　築25年以内 　　木造（軽量鉄骨含） 　　　　　築20年以内 　b 平成17年4月1日以後に取得した住宅で、昭和57年1月1日以後に新築されたもの 　c 一定の新耐震基準適合住宅	新築日	
	平成9年4月1日　～	1,200万円
	平成元年4月1日　～　平成9年3月31日	1,000万円
	昭和60年7月1日　～　平成元年3月31日	450万円
	昭和56年7月1日　～　昭和60年6月30日	420万円
	昭和51年1月1日　～　昭和56年6月30日	350万円
	昭和48年1月1日　～　昭和50年12月31日	230万円
	昭和39年1月1日　～　昭和47年12月31日	150万円
	昭和29年7月1日　～　昭和38年12月31日	100万円

●土地についての軽減（税額－軽減額）

軽減額は、次のいずれか多い方の金額
（1）45,000円
（2）土地1㎡当たりの評価額[注]×住宅の床面積の2倍（200㎡限度）×3%
 （注）平成17年4月1日〜令和6年3月31日までの土地の取得は、評価額の1/2

●要件

1. 住宅の軽減要件に該当する住宅の敷地であること
2. 次のいずれかに該当すること
 （1）土地の取得日から2年以内[注]にその土地の上に住宅が新築された場合
  （土地取得者がその土地をその住宅の新築の時まで引き続き所有している場合またはその住宅の新築が取得者からその土地を取得した者により行われる場合に限る。）

  （注）平成16年4月1日〜令和4年3月31日までの取得については3年、やむをえない一定の場合4年

 （2）土地取得者が土地を取得前1年以内にその土地の上に住宅を新築していた場合
 （3）未使用の新築住宅とその敷地である土地をその住宅が新築された日から1年以内に取得した場合
 （4）土地取得者が土地を取得後1年以内にその土地の上にある中古住宅または自己居住用未使用新築住宅を取得した場合
 （5）土地取得者が土地を取得前1年以内にその土地の上にある中古住宅または自己居住用未使用新築住宅を取得していた場合

 例　令和2年2月に新築住宅を敷地とともに購入
 　面積　　土地100㎡、建物80㎡
 　評価額　土地3,000万円、建物1,260万円

 　①建物税額　（1,260万円－1,200万円）×3% ＝ 1.8万円
 　②土地税額　A　3,000万円×1/2 ＝ 1,500万円
 　　　　　　　B　A×3% ＝ 45万円
 　　　　　　　C　（A÷100㎡）×（80㎡×2）×3% ＝ 72万円（＞4.5万円）
 　　　　　　　D　B－C ＝ △27万円＜0　∴0
 　③納付額　　①＋② ＝ 1.8万円

45 固定資産税（償却資産） 個人

償却資産とは土地、家屋以外の事業用資産で、減価償却費が法人税又は所得税法の所得の計算上、損金又は必要経費に算入されるもの。

●償却資産の具体例

具体的には、次のようなものです。

1	構築物	舗装路面、庭園、門・塀・緑化施設等の外構工事、看板（広告塔等）、ゴルフ練習場設備、受・変電設備、予備電源設備、その他建築設備、内装・内部造作等
2	機械及び装置	各種製造設備等の機械及び装置、クレーン等建設機械、機械式駐車場設備（ターンテーブルを含む）等
3	船舶	ボート、釣船、漁船、遊覧船等
4	航空機	飛行機、ヘリコプター、グライダー等
5	車両及び運搬具	大型特殊自動車（分類記号が「0、00〜09、000〜099」「9、90〜99、900〜999」の車両）、構内運搬車、貨車、客車等
6	工具、器具及び備品	パソコン、陳列ケース、看板（ネオンサイン）、医療機器、測定工具、金型、理容及び美容機器、衝立等

償却資産の対象となる主な資産を業種別に例示すると、次の表に掲げるとおりです。

●課税対象となる償却資産

業　　種	課税対象となる主な償却資産の例示
共　　通	パソコン、コピー機、ルームエアコン、応接セット、キャビネット、レジスター、内装・内部造作等、看板（広告塔、袖看板、案内板、ネオンサイン）、自動販売機、舗装路面、ブラインド・カーテン等、LAN設備、その他
製 造 業	金属製品製造設備、食料品製造設備、旋盤、ボール盤、梱包機、その他
印 刷 業	各種製版機及び印刷機、断裁機、その他
建 設 業	ブルドーザー、パワーショベル、フォークリフト（軽自動車税の対象となっているものを除く）、大型特殊自動車、発電機、その他
娯 楽 業	パチンコ器、パチンコ器取付台（島工事）、ゲーム機、両替機、カラオケ機器、ボーリング場用設備、ゴルフ練習場設備、その他
料理飲食店業	テーブル、椅子、厨房用具、冷凍冷蔵庫、カラオケ機器、その他
小 売 業	陳列棚・陳列ケース（冷凍機又は冷蔵機付のものも含む）、日よけ、その他
理容・美容業	理容・美容椅子、洗面設備、消毒殺菌機、サインポール、その他

業　　種	課税対象となる主な償却資産の例示
医（歯）業	医療機器（レントゲン装置、手術機器、歯科診療ユニット、ファイバースコープ等）、その他
クリーニング業	洗濯機、脱水機、乾燥機、プレス機、ボイラー、ビニール包装設備、その他
不動産貸付業	受・変電設備、発電機設備、蓄電池設備、中央監視設備、門・塀・緑化施設等の外構工事、駐車場等の舗装及び機械設備、その他
駐車場業	受・変電設備、発電機設備、蓄電池設備、機械式駐車設備（ターンテーブルを含む）、駐車料金自動計算装置、舗装路面、その他
ガソリンスタンド	洗車機、ガソリン計量器、独立キャノピー、防壁、地下タンク、その他
諸芸師匠、貸衣装業	楽器、花器、茶器、衣装、その他

(注1) 償却資産の対象から除かれるもの
・ 自動車、原動機付自転車、小型フォークリフトのように自動車税、軽自動車税の課税対象となるもの
・ 無形固定資産（特許権、実用新案権等）
・ 繰延資産
・ 骨董品など時の経過により価値の減少しない資産
・ 耐用年数1年未満又は取得価額10万円未満の償却資産で損金算入したもの
・ 取得価額20万円未満の償却資産で3年間の一括償却を選択したもの

(注2) 次に掲げる資産も申告対象となります。
・ 福利厚生の用に供するもの
・ 建設仮勘定で経理されている資産、簿外資産及び償却済資産であっても、賦課期日（1月1日）現在において事業の用に供することができるもの
・ 遊休又は未稼働の償却資産であっても、賦課期日（1月1日）現在において事業の用に供することができる状態にあるもの
・ 改良費（資本的支出・・・新たな資産の取得とみなし、本体と独立して取り扱います）
・ 家屋に施した建築設備・造作等のうち、償却資産として取り扱うもの（該当する資産は構築物として申告してください）
・ 使用可能な期間が1年未満又は取得価額が20万円未満の償却資産であっても個別償却をしているもの
・ パソコン等の即時償却制度等、租税特別措置法を適用して即時償却した資産
(例)中小企業の30万円未満の減価償却資産の損金算入の特例を適用した資産
(地方税法341条)

● 申告書の提出

　　賦課期日（1月1日）現在所有している償却資産を、その年の1月31日までに、資産が所在する市町村税（東京都は区の都税）事務所に申告。

● 価格等の決定及び課税台帳への登録

償却資産の価格等は、申告及び調査に基づいて決定され、3月31日までに償却資産課税台帳に登録されます。

● 課税標準

課税標準は、賦課期日（1月1日）現在の償却資産の価格（評価額又は帳簿価額）で償却資産課税台帳に登録されたものです。また、課税標準の特例が適用される場合は、その資産の価格に特例率を乗じたものが課税標準となります。

● 免税点

評価計算の結果、課税標準額が150万円未満の場合には課税されません。

● 課税台帳に登録した旨の公示

価格等を償却資産課税台帳に登録した旨を公示します。

● 課税台帳の閲覧

償却資産課税台帳に登録された価格等は、市町村（都）税事務所において所有者、納税管理人及び代理人等、固定資産税の課税に直接関係を有する方へ閲覧できるようになっています。閲覧は、価格等を償却資産課税台帳に登録した旨を公示した日から可能となります。

● 審査の申出

償却資産課税台帳に登録された価格に不服のある方は、課税台帳に価格等を登録した旨を公示した日から納税通知書の交付を受けた日後60日までの間に、文書をもって東京都固定資産評価審査委員会に対して審査申出ができます。

● 税率

100分の1.4

● 税額

課税標準額（1,000円未満切捨）× 税率（1.4 ／ 100）＝税額（100円未満切捨）

● 納期

通常4回の納期（東京都23区では6月、9月、12月、翌年の2月）に分けて納めることが可能。具体的な納期は、固定資産税納税通知書等で通知。

なお、納税については「口座振替」も利用できます。

46 固定資産税（土地・家屋）・都市計画税 〔個人〕

●概要

項目	固定資産税	都市計画税
納税義務者	1月1日現在、土地・家屋・償却資産（固定資産税のみ）の所有者として固定資産課税台帳に登録されている者	
課税標準	土地・家屋……基準年度の1月1日における価格	
税額計算（税率）	課税標準額×1.4% （標準税率）	課税標準額×0.3% （制限税率）
	標準税率は全国一律ではない	制限税率は課する事のできる最高税率
免税点	同一の市町村内の課税標準額の合計	
	土地　30万円未満	
	家屋　20万円未満	
納める時期と方法	納税通知書に従い、年4回に分けて納めることが可能 納期は、原則として4月、7月、12月、2月で、自治体によって異なります	

●固定資産税の特例（抜粋）

資産	区分	軽減の内容
土地	小規模住宅用地 住居一戸当り200㎡以下の部分	課税標準額＝価格×1/6
	一般住宅用地 200㎡を超える部分、住宅の床面積の10倍までの住宅用地	課税標準額＝価格×1/3
家屋	床面積要件を満たす新築住宅のうち120㎡までの居住部分 （床面積要件）50㎡以上280㎡以下 （アパート、マンション等で貸家は40㎡以上280㎡以下）	当初3年度分税額が1/2 （中高層耐火建築住宅は5年度分）

47 附帯税と還付加算金

個人

●附帯税の種類とその税率

附帯税		課税標準と税率	詳細
加算税	過少申告加算税	増額した税額×10%（調査通知以後から調査による更正等予知前まで5%）	期限内に申告書を提出したがその税額が過少で、修正申告または更正があった場合に課せられる。
		増額した税額×15%（調査通知以後から調査による更正等予知前まで10%）	上記の場合で増額した税額が期限内申告税額または50万円のいずれか大きい金額を超えるときは、その超える部分については15%。
		免除	税務調査前に納税者が自主的に修正申告した場合は課せられない。
	無申告加算税	納付税額×15%	税務調査後に申告期限後に申告書を提出した場合または申告書を提出しなかった場合に課せらる。
		納付税額×20%	上記の場合で納付税額が50万円を超えるときは、その超える部分については20%。
		納付税額×5%（調査通知以後から調査による更正等予知前まで10% or 15%（50万円超））	税務調査前に納税者が自主的に期限後申告した場合の税率は5%。
	不納付加算税	納付税額×10%	源泉徴収税額を法定納期限までに納めなかった場合に課せられる。
		納付税額×5%	税務調査前に納税者が自主的に期限後申告した場合の税率は5%。
	重加算税	増額した税額×35%	悪質な仮装・隠蔽により過少申告をした場合に過少申告加算税に代えて課せられる。
		納付税額×40%	悪質な仮装・隠蔽により期限後申告をした場合または無申告の場合に無申告加算税に代えて課せられる。
		納付税額×35%	悪質な仮装・隠蔽により源泉徴収税額を納めなかった場合に不納付加算税に代えて課せられる。
延滞税（注3）		R2年まで 未納税額×8.9%	納付すべき税金の全部または一部を法定納期限までに納付しなかった場合に課せられる。日数は法定納期限の翌日から納付した日までカウントする。法定納期限の翌日から2か月までは左記により計算する。
		R3年 未納税額×8.8%	
		R4年分以降 未納税額×（延滞税特例基準割合（注1）+7.3%）	

附帯税	課税標準と税率	詳細
利子税(注4)	R2年まで 未納税額×1.6%	届け出により延納する場合、災害その他やむを得ない理由により提出期限を延長する場合に課せられる。 日数は法定納期限の翌日から納付した日までカウントする。
	R3年 未納税額×1.0%	
	R4年分以降 未納税額×利子税特例基準割合(注2)	

●附帯税の計算方法

1. 計算の基礎となる税額に1万円未満の端数がある場合はその端数を切捨てる。
2. 計算の基礎となる税額の全額が1万円未満の場合はその全額を切り捨てる。
3. 附帯税の確定金額に100円未満の端数があるときは、その端数金額を切り捨てる。
4. 延滞税または利子税の全額が千円未満のときは、その全額を切り捨てる。
5. 加算税の全額が5千円未満のときは、その全額を切り捨てる。

●還付加算金

税率

R2年：1.6%

R3年：1.0%

R4年分以降：還付加算金特例基準割合(注2)

●還付加算金の計算方法

1. 計算の基礎となる還付金等の金額に1万円未満の端数がある場合はその端数を切捨てる。
2. 計算の基礎となる還付金等の金額の全額が1万円未満の場合はその全額を切り捨てる。
3. 還付加算金の確定金額に100円未満の端数があるときは、その端数金額を切り捨てる。
4. 還付加算金の確定金額の全額が千円未満のときは、その全額を切り捨てる。

(注1) 日本銀行が公表する前々年9月〜前年8月における「国内銀行の新規・短期貸出約定平均金利」の平均による平均貸付割合＋1％
(注2) 平均貸付割合＋0.5%
(注3) 原則は14.6%
(注4) 原則は7.3%

附帯税と還付加算金

●求人募集時に最低限記載すべき項目

- 労働者の業務内容
- 労働契約の期間
- 就業する場所
- 始業及び終業の時刻、所定労働時間を超える労働の有無、休憩時間と休日
- 賃金(賞与などについては別途規定あり)
- 健康保険、厚生年金、労働者災害補償保険及び雇用保険の適用有無など

●求人票に記載が禁止されている事項(男女雇用機会均等法、改正雇用対策法)

■ 性別を限定するような表現は禁止

　募集または採用にあたって、男性もしくは女性であることを理由として、その対象からいずれかの性を排除すること

【募集職種名に関する記載】

NG例	改善例
看護婦、ナース	看護師
スチュワーデス	キャビンアテンダント
生保レディ	生保営業職
営業マン	営業マン(男女)
ウェイトレス	ウェイター・ウェイトレス
カメラマン	カメラマン(男女)／撮影スタッフ

【募集内容に関する記載】

NG例	改善例
主婦歓迎	主婦(主夫)歓迎
女姓のみ募集	男性、女性募集
男性10名、女性5名採用予定	15名採用予定
女性歓迎	女性活躍中

■ 例外的に性別制限が認められる場合

○ 事業主が、男女均等でない職場を改善するため、女性を募集・採用する場合
○ 映画の製作の女性役のため、女性の方を募集する場合
○ 守衛、警備員等のうち防犯上から男性を募集・採用する場合
○ 宗教上、風紀上、スポーツにおける競技の性質上の必要性から特定の求職者を募集・採用する場合

■ 年齢を限定するような表現は禁止

　労働者の募集及び採用について、年齢に関わりなく均等な機会を与えなければ
ならないこととされ、年齢制限の禁止が義務化

※求人内容では年齢不問としながらも、年齢を理由に応募を断ったり、書類選考
や面接で年齢を理由に採否を決定する行為は法の規定に反する

■ 例外的に年齢制限が認められる場合

○ 65歳が定年の会社が、64歳以下の者に限定して募集するケース（期間の定めな
し）

○ 18歳以下は働いてはならない業種など労働基準法などで年齢制限が設けられ
ている場合

○ 長期勤続によるキャリア形成のため若年者などを期間の定めなく募集・採用す
る場合

○ 技能・ノウハウの継承のため、労働者数の少ない特定の職種・年齢層を対象に、
期間の定めなく募集・採用する場合

○ 子役が必要な場合など、芸術・芸能における表現の真実性が要請される場合

○ 60歳以上の高年齢層または特定年齢層の雇用を促進する施策の対象者に限定
して募集採用をする場合

【最低賃金以下の給与】

　使用者は、最低賃金の適用を受ける労働者に対し、その最低賃金額以上の賃金
を支払わなければならない。（最低賃金法）　Sec.75地域別最低賃金参照

49 労働条件の明示

●労働基準法第15条、施行規則第5条

(1) 使用者が労働者を採用するときは、賃金・労働時間その他の労働条件を書面などで明示しなければならない。

(2) 明示された労働条件が事実と相違している場合、労働者は即時に労働契約を解除することができる。

●職業安定法第5条の3第3項

　求人募集の際に明示した労働条件と異なる条件で労働者を採用するときは、事前に変更内容を明示しなければならない。

●明示すべき労働条件

必ず明示しなければならない事項	書面によらなければならない事項①〜⑦	① 労働契約の期間
		② 就業の場所・従事すべき業務
		③ 始業・終業の時刻、所定労働時間を超える労働（早出・残業等）の有無、休憩時間、休日、休暇および労働者を2組以上に分けて就業させる場合における就業時転換に関する事項
		④ 賃金の決定、計算・支払いの方法および賃金の締め切り・支払いの時期
		⑤ 退職に関する事項（解雇の事由を含む）
		⑥ 昇給・退職手当・賞与の有無、相談窓口（パートタイムのみ）※
		⑦ 契約更新の有無、判断基準、（期間の定めがある労働者のみ）
	⑧ 昇給に関する事項	
定めをした場合に明示しなければならない事項	⑨ 退職手当の定めが適用される労働者の範囲、退職手当の決定、計算・支払いの方法および支払時期	
	⑩ 臨時に支払われる賃金、賞与および最低賃金額に関する事項	
	⑪ 労働者に負担させる食費、作業用品などに関する事項	
	⑫ 安全・衛生	
	⑬ 職業訓練	
	⑭ 災害補償・業務外の傷病扶助	
	⑮ 表彰・制裁	
	⑯ 休職	

※　⑥は「パートタイム労働法」

●労基法改正による労働条件の明示（電子メール等による明示も可能）

労働者が希望した場合には、以下のいずれかの方法により労働条件の明示を行うことができる。

・ ファクシミリを利用して送信する方法
・ 電子メールその他のその受信をする者を特定して情報を伝達するために用いられる電気通信（有線、無線その他の電磁的方法により、符号、音響、又は影像を送り、伝え、又は受けることをいう。以下「電子メール等」という。）の送信の方法
（労働者が電子メール等の記録を出力することにより書面を作成することができるものに限る。）

※「電子メール等」には以下が含まれる。

①E- メール、Yahoo! メールや Gmail 等のウェブメールサービス
②＋メッセージ等の RCS（リッチ・コミュニケーション・サービス）
③LINE や Facebook 等の SNS メッセージ機能

ただし、ブログやホームページへの書き込みにより、労働条件の明示を行うことはできない。
電子メール等での明示の場合は、PDFなどの添付による通知が望ましい。

＊ 労働条件明示のモデル様式（労働条件通知書）

```
https://www.mhlw.go.jp/seisakunitsuite/bunya/koyou_
roudou/roudoukijun/keiyaku/kaisei/dl/youshiki_01a.pdf
```

50 就業規則

就業規則とは、会社の労働時間・賃金などの労働条件や、その会社の就業におけるルールを具体的に定めた職場の規則である。「常時10人以上」の「労働者」を使用する「使用者」には、就業規則の作成・届出義務があり、会社は、就業規則を労働者に周知しなければならない。

○「10人以上」とは、「事業場」（会社全体ではなく、本社・営業所・支店単位）ごとに判断する。
○「労働者」とは、正社員だけではなく、パートタイマー・アルバイトなども含む。
○「使用者」とは、個人事業主、法人及び社長や取締役、管理監督者をいう。（労働基準法第89条）
※　立場によって、「使用者」「労働者」が変わる。

就業規則の作成（変更）から届出フロー

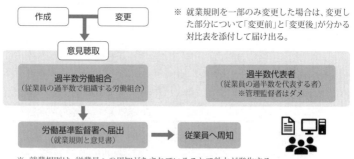

※　就業規則を一部のみ変更した場合は、変更した部分について「変更前」と「変更後」が分かる対比表を添付して届け出る。

※　就業規則は、従業員への周知がなされていることで効力が発生する。
※　「従業員へ周知」した上で、「届出」でも構わない。

【意見聴取】

　あらかじめ労働者に就業規則の内容を知らせ、意見を聴くことが必要で、必ずしも同意が必要ということではなく、また、同意が得られるまで届出ができないということではない。ただし、意見聴取義務を怠ると、30万円以下の罰金を科せられる。

【周知方法例】

①常時各作業場の見やすい場所に掲示する、又は備え付ける。

②書面で労働者に交付する。

③電子的データとして記録し、かつ、各作業場に労働者がその記録の内容を常時確認できるパソコンなどの機器を設置する。

　　※「周知」は上記の方法に限られるわけではなく、労働者が実質的に知り得る状態であることをいう。

就業規則に定める事項

必ず記載しなければならない事項	① 始業終業の時刻・休憩時間・休日・休暇・交代制で就業させる場合の就業時転換に関する事項 ② 賃金(臨時の賃金等を除く)の決定、計算・支払いの方法、賃金の締め切り支払いの時期、昇給に関する事項 ③ 退職に関する事項(解雇の事由を含む)
定めをする場合には必ず記載しなければならない事項	① 退職手当に関する事項(適用労働者の範囲、退職手当の決定・計算・支払い方法、支払いの時期) ② 臨時の賃金等(退職手当を除く)、最低賃金額の定めをする場合はこれに関する事項 ③ 食費・作業用品・その他の負担をさせる場合はこれに関する事項 ④ 安全・衛生 ⑤ 職業訓練 ⑥ 災害補償、業務外の傷病扶助 ⑦ 表彰・制裁の定めをする場合には、その種類・程度 ⑧ その他全員に適用されるもの(旅費・積立金・福利厚生等)
任意で記載する事項	上記以外の項目は、任意で就業規則に記載することができる

51　入社退社時手続き

●入社時の手続きに必要な書類等

入社に伴い、従業員より以下の書類等を入手する必要がある。

①雇用保険被保険者番号
②基礎年金番号
③給与所得者の扶養控除等申告書
④マイナンバー　※扶養家族がいれば扶養家族分も必要
⑤在留カード　※外国籍の方の場合のみ

●入社時の手続き

届出書式	提出期限	届出先
健康保険・厚生年金被保険者資格取得届 健康保険被扶養者(異動)届 国民年金第3号被保険者関係届 　ローマ字氏名届 　※外国籍の方の場合のみ	入社日(資格取得日) から5日以内	郵送で事務センター もしくは管轄の 年金事務所 (健保組合) (厚生年金基金)
雇用保険被保険者資格取得届	入社日(資格取得日) の翌月10日まで	ハローワーク

●退社が決まった場合の手続き等

退社が決まった従業員より提出・回収、または従業員に交付する必要がある。

①退職届
②健康保険証　※退職後に家族分すべて
③退職所得の受給に関する申告書　※退職金がある場合
④退職証明書　※退職者から求められた場合

●退社時の手続き

届出書式	提出期限	届出先
健康保険・厚生年金被保険者資格喪失届 　【添付書類】・健康保険証	退職した日の翌日 から5日以内	郵送で事務センター もしくは管轄の 年金事務所 (健保組合)
雇用保険被保険者資格喪失届 雇用保険被保険者離職証明書 　【添付書類】・賃金台帳、出勤簿	退職した日の翌日 から10日以内	ハローワーク
給与所得の源泉徴収票 退職所得の源泉徴収票 　※退職金がある場合	退職後速やかに	本人に交付

52 入退社時の住民税

●入退社時の住民税の特別徴収にかかる手続き等

入社時	**旧勤務先から特別徴収を継続する場合** 旧勤務先から送付を受けた「給与支払報告・特別徴収にかかる給与所得者異動届出書」(以下「異動届」)(※1)に所定の事項を記載し、市区町村に提出(※2) **普通徴収で住民税を支払っている者が特別徴収を希望した場合** 「特別徴収への切替依頼(申請)書」(以下「切替依頼書」)(※1)に所定の事項を記載し、納付済の領収書写しと未納付の納付書を添付して市区町村に提出(※3)

退社時	**再就職先で特別徴収の継続を本人が希望した場合** 異動届に所定の事項を記載して、すみやかに再就職先へ送付 **再就職先が未定・不明・無し** 退職日：1月〜5月 　異動届に所定の事項を記載し、市区町村に提出⇒翌年5月までの未徴収税額を一括徴収し、翌月10日までに全額を納付。 退職日：6月〜12月 　一括徴収の申出がない場合、最終給与・退職手当等の額＜未徴収税額の場合、など 　　異動届に所定の事項を記載し、市区町村に提出⇒普通徴収 　一括徴収の申出があった場合 　　異動届に所定の事項を記載し、市区町村に提出⇒翌年5月分までの未徴収税額を一括徴収し、翌月10日までに全額を納付。

(※1) 自治体によって形式および名称が異なるが記載内容は概ね同じ
(※2) 異動届・切替依頼書は、原則、異動事由発生月の翌月10日(4月中の異動は4月30日)までに提出する
(※3) 自治体によっては納付済の領収書写しの添付がいらない

●退職所得にかかる住民税の特別徴収等

①所得税の「退職所得の受給に関する申告書」と同一様式
②Sec.10「退職金に関する税金」参照
③所得税の「退職所得の源泉徴収票」と同一様式、課税が生じない場合は交付省略可
④給与分の特別徴収税額と合わせて納付
⑤退職者が法人税法上の役員以外は提出省略可

53 労働時間・残業時間・休憩・休日

●所定労働時間

法定労働時間を超えない範囲であらかじめ設定した、労働時間のこと

●法定労働時間

	原則	特例（※1）
1日	8時間	8時間
1週	40時間	44時間

（※1）労働者10人未満の事業場で、商業・映画演劇業・保健衛生業・接客娯楽業の場合

●休憩時間

労働時間の途中に一斉に休憩を与えること（※2）

労働時間	6時間超	8時間超
休憩時間	45分以上	60分以上

（※2）一定の業種（保健衛生業・接客娯楽業など）は一斉でなく交代休憩可、その他の業種でも労使協定を結べば交代での休憩ができる。

●法定休日

毎週1日か、4週を通じて4日の休日を与えなければならない。

振替休日と代休の相違点

	振替休日	代休
意味	あらかじめ定めてある休日を、事前に他の労働日と交換すること。休日労働にはならない。	休日に労働させ、事後に代りの休日を与えること。休日労働の事実は変わらず、帳消しにはならない。
要件	[1] 就業規則等に振替休日の規定をする。 [2] 振替日を事前に特定 [3] 遅くとも前日の勤務時間終了までに通知	特になし。ただし、制度として行う場合、就業規則等に具体的に記載が必要（代休を付与する条件、賃金の取り扱い等）。
賃金	同一週内で振り替えた場合、通常の賃金の支払いでよい。週をまたがって振り替えた結果、週法定労働時間を超えた場合は、時間外労働に対する割増賃金の支払いが必要。	休日労働の事実は消えないので、休日労働に対する割増賃金の支払いが必要。代休日を有給とするか無給とするかは、就業規則等の規定による。

●時間外労働・休日労働・深夜労働

法定労働時間を超えて労働させる場合は時間外労働となる（変形労働時間制を採用する場合を除く）。

法定休日に労働をさせる場合は休日労働となる。

法定休日以外の休日の労働については時間外労働となる。

深夜10時から早朝5時までは深夜労働となる。

→ 時間外および休日労働をさせる場合は、36協定の締結と届出が必要となる。

36(サブロク)協定

　法定労働時間を超えて労働者に労働をさせる場合には、使用者と労働組合(労働組合がない場合は労働者の過半数を代表する者)の間で書面にて協定し、所轄の労働基準監督署長に届け出なくてはならない。労働基準法第36条に規定されていることから、この協定を「36協定」と呼ぶ。また、1ヶ月45時間や1年360時間を超える時間外労働を行う際は、それに対する割増賃金率を記載する必要がある。

　ただし、満18才に満たない者(年少者)については、36協定があっても法定時間外労働及び法定休日労働はできない。

　また、妊娠中の女性及び産後1年を経過しない女性(妊産婦)が請求した場合には、法定時間外労働及び法定休日労働をさせることはできない。

●割増賃金の支払い

　法定時間外労働をさせた場合は2割5分以上の、法定休日労働をさせた場合は3割5分以上の、深夜労働をさせた場合は2割5分以上の割増賃金を支払う必要がある。

割増賃金の種類	割増賃金率
時間外労働(法定労働時間を超えた労働)	25%以上
深夜労働(深夜10時から早朝5時までの労働)	25%以上
休日労働(法定休日の労働)	35%以上
時間外労働と深夜労働が重なった場合	50%以上
休日労働と深夜労働が重なった場合	60%以上
1カ月の時間外労働が60時間を超えた場合	50%以上(※3)

(※3) 1カ月の時間外労働のうち、60時間を超えた時間外労働に対しての割増率 (Sec.56参照)。中小企業は2023年4月1日以降の適用予定で、現在は割増賃金率の引き上げが猶予されている。

ex: 9時から18時の勤務で23時まで残業した場合の割増率

	9:00　　　　　　　18:00	18:00　　　　　　　22:00	22:00　　23:00
労働時間	(休憩1時間) 割増なし	25%以上	50%以上

ex: 法定休日に出勤し23時まで残業した場合の割増率

	9:00　　　　　　　18:00	18:00　　　　　　　22:00	22:00　　23:00
労働時間	(休憩1時間) 35%以上	35%以上	60%以上

54 管理監督者

雇用契約上の従業員ではあるが、一般の従業員に比べて相応の地位・権限・待遇を与えられ経営者側の立場にて業務内容の管理や業務遂行の為の監督を行う者の事。

●管理監督者に必要な要素と具体例

①職務内容、権限、責任
- 経営の方針に基づき自己の裁量において部門の方針の決定や部下の労働時間の管理を行っているか
- 正社員の採用や、賃金その他労働条件の決定、異動等における人事権を持っているか
- 経営会議のような経営の方針を決定する場に参加し意見を発信出来るような立場であるか
- 実態で判断する為、「課長」「部長」といった役職名であっても実質的に本人の権限が無い場合は対象外

②勤務態様、労総時間管理の状況
- 自己の裁量において勤務時間を決定しているか
- 遅刻、早退の管理をされ賃金控除や人事考課へ影響等の不利益な取り扱いを受けていないか
  ※ 健康状態の把握という観点から、会社は労働時間の把握を行う必要が有る。

③地位にふさわしい待遇
- 給与や賞与等の待遇が一般従業員と比較して優遇されているか
- 実際の労働時間により時間単価を算出し、一般従業員を下回るような場合は対象外
- 管理職手当等により時間外労働や休日労働委における割増賃金が支払われない事を充分に補っているか

上記の要素を「総合的に」勘案し管理監督者の有効性を判断する。

●法律における一般従業員との違い

労働基準法41条該当者となり「労働時間」「休憩時間」「休日」の規定が適用されない。

●管理監督者の具体的な取り扱い

	可否	管理監督者	可否	一般従業員
時間外労働に対する割増賃金	×	適用外	○	1日8時間、1週40時間を超えた時間について25%以上の割増賃金が必要
休日労働に対する割増賃金	×	適用外	○	法定休日に労働させた場合は35%以上の割増賃金が必要

	可否	管理監督者	可否	一般従業員
深夜労働に対する割増賃金	○	一般従業員と同様	○	22時〜朝5時までの間に労働させた場合は25%以上の割増賃金が必要
労働時間の管理	○	健康管理、深夜労働の把握の為に会社は把握する必要が有る。	○	
遅刻・早退の管理及び賃金控除	×	適用外	○	
欠勤による控除	▲	ノーワークノーペイによるものであれば法的には可能。勤怠を制限する目的でのペナルティによる控除は不可	○	

管理監督者

55 固定残業代制度

会社が一定の残業等を想定し、あらかじめ固定給に割増賃金分の金額を含めて支払う制度の事をいう。「みなし残業代制度」「定額残業制度」等の名称も同義。

●設定できる金額の種類

①時間外労働の割増賃金相当分

②休日労働の割増賃金相当分

③深夜労働の割増賃金相当分

それぞれ別の割増賃金なので各種類ごとに定める。重複する設定も可能。

●金額の設定例

基本給32万円で固定残業代として20時間を設定したい場合。

基本給　　　　　　320,000円

固定残業手当　　　50,000円　※20時間分の時間外労働手当として

　　基本給320,000円÷160時間*×1.25倍×20時間＝50,000円

　　*160時間は、年平均所定労働時間数を使用する

　　⇒{(365日－年間休日)×1日の所定労働時間数}÷12

●固定残業代制度に必要な要件

①雇用契約書及び給与明細等において以下の項目が明確になっていること。

「含まれている固定時間の種類」（時間外、休日、深夜）

「固定残業代として支払う金額及びそれに対応する時間数」

「実際の労働時間がそれぞれの固定分を超えた場合に割増賃金の支払いを行う旨の記載」

②実際の勤怠状況が設定された固定残業時間と大きく乖離していないこと。

③労働時間を把握した上で、あらかじめ設定した固定残業代の時間分を超えた場合に別途割増賃金を支払うこと。

●留意点

固定残業代制度は裁判で争った場合に否認されるケースもある為、適正な制度の導入及び運用の為に制度導入の際には専門家に相談をすること。

MEMO

56 年次有給休暇

　年次有給休暇は、雇い入れの日から起算して6ヶ月間継続勤務し、全所定労働日の8割以上出勤した労働者に対して最低10日を与えなければならない。なお、年次有給休暇取得日、業務上の傷病による休業、産前・産後休業、育児・介護休業などの日は出勤したものとみなす。

　いわゆるパートタイム労働者についても、原則として同様に扱うことが必要である。

●付与日数

　付与日数は、継続勤務年数や所定労働時間・日数により、次のとおりとなる。

所定労働時間・日数など / 継続勤務年数		0.5年	1.5年	2.5年	3.5年	4.5年	5.5年	6.5年以上
週30時間以上又は週5日以上又は年間217日以上		10日	11日	12日	14日	16日	18日	20日
週30時間未満	週4日又は年間169～216日	7日	8日	9日	10日	12日	13日	15日
	週3日又は年間121～168日	5日	6日	6日	8日	9日	10日	11日
	週2日又は年間73～120日	3日	4日	4日	5日	6日	6日	7日
	週1日又は年間48～72日	1日	2日	2日	2日	3日	3日	3日
認定職業訓練を受ける未成年		12日	13日	14日	16日	18日	20日	20日

●取得時季

　年次有給休暇の取得時季については、労働者に時季指定権がある。

　なお、指定時季が事業の正常な運営を妨げるような場合は、会社に休暇時季の変更権が認められている（「事業の正常な運営を妨げる」とは、年度末の業務繁忙期などに多数の労働者の請求が集中したため全員に休暇を付与しがたいような場合などに限られる）。

●計画的付与

　年次有給休暇の計画的付与は、労使協定で年次有給休暇を与える時季に関する定めをした場合で、年次有給休暇のうち5日を超える部分（繰越し分を含む）に限る。

　付与方法としては、例えば事業場全体の休業による一斉付与、班別の交替制付与、年休計画表による個人別付与などが考えられる。

●年5日取得義務

2019年4月から年5日の年休を労働者に取得させることが使用者の義務となる。Sec.84参照

●請求権

年次有給休暇の請求権は、2年で年次有給休暇が発生した年度内にその権利を行使しなかった日数については、翌年度にその日数が繰り越される。

時効の起算日は、年次有給休暇を取得可能となった時点(基準日)であり、基準日から起算して2年間、例えば、当年度の初日に発生した休暇については、翌年度末で請求権が消滅することになる。

●取得したことによる不利益取り扱いの禁止

年次有給休暇を取得した労働者に対して、賃金の減額や精皆勤手当及び賞与の算定などに際して、欠勤として取り扱うなどの不利益な取り扱いはしないようにしなければならない。

●賃金の支払い

年次有給休暇取得中の賃金については、就業規則やその他に定めるものの規定に基づき、平均賃金または所定労働時間労働した場合に支払われる通常の賃金を支払わなければならない。

ただし、過半数労働組合または労働者の過半数代表者との書面による協定により、健康保険法の標準報酬日額に相当する金額を支払う旨の定めをしたときは、これを支払わなければならない。

●半日付与

労働基準法は、年次有給休暇の付与を1日単位とする。したがって、労働者が半日単位で請求しても、これに応じる法的義務はないが、請求に応じて半日単位で与えることは可能である。

●時間付与

労使協定を締結すれば、年次有給休暇を時間単位で取得できる(1年に5日分を限度)。年次有給休暇を日単位で取得するか、時間単位で取得するかは、労働者が選択することができる。

●1ヶ月60時間を超える時間外労働に対する割増賃金の引き上げ部分の有給休暇への代替(大企業のみ)

大企業については、1ヶ月60時間を超える時間外労働につき50%以上の割増賃金を支払う必要がある。引き上げに相当する部分(25%以上)を有給休暇に代替できる。制度の導入には労使協定が必要となる。

年次有給休暇

57 解雇・雇止め・退職に関するルール

●解雇の制限

一定の場合には、法律で解雇が制限されている。主な場合として次のようなものがある。

①業務上の傷病による休業期間及びその後30日間の解雇

②産前産後の休業期間及びその後30日間の解雇

③国籍・信条・社会的身分を理由とする解雇

④労働基準監督署に申告したことを理由とする解雇

⑤労働組合の組合員であること等を理由とする解雇

⑥女性（男性）であること、女性の婚姻・妊娠・出産・産前産後休暇等を理由とする解雇

⑦育児・介護休業の申出をしたこと、育児・介護休業を取得したことを理由とする解雇

⑧通常の労働者と同視すべきパートタイム労働者について、パートタイム労働者であることを理由とする解雇

⑨公益通報をしたことを理由とする解雇

●解雇の効力

①期間の定めのない労働契約の場合

解雇は、客観的に合理的な理由を欠き、社会通念上相当と認められない場合は、権利を濫用したものとして、無効となる（労働契約法第16条）。

②期間の定めのある労働契約（有期労働契約）の場合

やむを得ない事由がある場合でなければ、その契約期間が満了するまでの間において、解雇することはできない（労働契約法第17条）。

●解雇の種類

①普通解雇：従業員の勤務成績の不良や能力不足などを理由とする解雇。

②懲戒解雇：従業員の規律違反や非行などを理由とする解雇。

③整理解雇：事業の縮小などの人員整理を理由とする解雇。

整理解雇の4要素

- 人員整理をする経営上の必要性
- 解雇回避のための努力義務
- 解雇対象者選定の客観性・合理性
- 労使間での充分な協議

●有期労働契約の雇止め

厚生労働大臣告示「有期労働契約の締結、更新及び雇止めに関する基準」の主な内容は次のとおり。

①使用者は、有期労働契約の締結に際し、更新の有無や更新の判断基準を明示しなければならない。

②有期労働契約が3回以上更新されているか、1年を超えて継続勤務している有期契約労働者について、有期労働契約を更新しない場合には、少なくとも30日前までに予告をしなければならない。

③雇止めの予告後に労働者が雇止めの理由について証明書を請求した時には、遅滞なく証明書を交付しなければならない。

④有期労働契約が1回以上更新され、かつ、1年を超えて継続勤務している有期契約労働者について、有期労働契約を更新しようとする場合には、契約の実態及び労働者の希望に応じて、契約期間をできる限り長くするよう努めなければならない。

●「雇止めの法理」の法定化（Sec.58参照）

●解雇の手続き

①従業員を解雇しようとするときは、原則として解雇する日の少なくとも30日前に解雇の予告をしなければならない。

②解雇の予告をしない場合は、30日分以上の平均賃金を支払わなければならない。

解雇予告が不要な場合（但しそれぞれの期間を超えた場合は解雇予告が必要）

試用期間中の者	14日間	契約期間が2ヶ月以内の者	その契約期間
日雇労働者	1ヶ月	4ヶ月以内の季節労働者	その契約期間

その他以下の場合で、労働基準監督署長の認定を受けた場合。

- 解雇が従業員の責めによる場合
- 天災地変等で事業の継続が不可能になった場合。

　※従業員の責めに帰すべき事由の例示として、「事業場内における盗取、横領、傷害等刑法犯に該当する行為があった場合。」等で、認定に当たっては個々の例示にこだわることなく、総合的かつ実質的に判断すること。（昭23.11.11基発1637号、昭31.3.1基発111号）

●懲戒解雇と退職金

懲戒解雇をした時に退職金を減額または支給しないことができるか否かは個別に判断する必要がある。少なくとも就業規則等に「懲戒解雇に場合には退職金を減額し、または支給しない」といった規定があらかじめ設けられていることが必要。

●退職証明書

退職した従業員から退職の理由などの証明を求められた場合、会社は遅滞なく退職証明書を交付しなければならない。記載する内容は以下の項目で、従業員の請求しない事項については記入してはいけない。

　①使用期間、②業務の種類、③その事業における地位、④賃金、⑤退職の事由（解雇の場合は解雇理由）

58 労働契約法（有期雇用）

●有期労働契約（有期雇用）と無期労働契約とは

有期労働契約（有期雇用）とは、期間を定めた労働契約のことであり、無期労働契約とは、契約期間の定めがない労働契約のことをいう。

●有期労働契約からの転換 ～「無期転換社員＝正社員」ではない～

無期転換社員は、単に期限が無期になったということであり、正社員と同一の労働条件にしなければならないということではない。

有期労働契約からの転換には、右の図のように、①従前の労働条件と同一の無期転換社員とする、もしくは、②多様な正社員区分（地域限定、職務限定など）としたり、③従来の正社員へ転換するなどが考えられる。

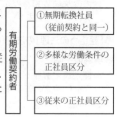

有期労働契約者
- ①無期転換社員（従前契約と同一）
- ②多様な労働条件の正社員区分
- ③従来の正社員区分

●労働契約法の改正点

1 無期労働契約への転換

更新を繰り返した有期労働契約が、通算して5年を超えたとき、労働者からの申し込みによって、期間の定めのない労働契約（無期労働契約）に転換できる。

※ 対象となる有期労働契約は、その開始日が平成25年4月1日以降の契約。

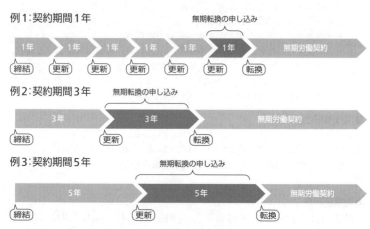

例1：契約期間1年

無期転換の申し込み

| 1年 | 1年 | 1年 | 1年 | 1年 | 1年 | 無期労働契約 |

締結　更新　更新　更新　更新　更新　転換

例2：契約期間3年

無期転換の申し込み

| 3年 | 3年 | 無期労働契約 |

締結　更新　転換

例3：契約期間5年

無期転換の申し込み

| 5年 | 5年 | 無期労働契約 |

締結　更新　転換

※ 1回の契約期間が3年を超える有期労働契約の締結が認められるのは、「高度の専門的知識等を有する労働者」や、「満60歳以上の労働者」との労働契約に限られる。（特例対象者を除く）

■無期転換ルールの特例（「専門的知識等を有する有期雇用労働者等に関する特別措置法」）
「高度専門職」（専門的知識等を有する有期雇用労働者）と「定年後再雇用者」（定年に達した後引き続き雇用される有期雇用労働者）について、一定の手続きを経た事業主については、有期労働契約が5年を超えても、無期転換申込権が発生しない。

■ 契約期間の通算のカウント

①「同一の使用者」ごとにカウントする。

　有期労働契約の満了を迎え、勤務先が変わったとしても、事業主が同一の会社で再度、有期労働契約を締結した場合には、契約期間が通算される。

②労働契約の存続期間でカウントする。

　私傷病による休職期間や、育児休業などにより勤務していない期間があっても、労働契約が存続している場合には、契約期間として通算される。

③契約期間は、暦日数でカウントする。

　契約期間の1ヶ月のカウントは、契約の初日から起算して、翌月の応当日の前日までで1ヶ月とし、1ヶ月未満の端数がある場合には、端数を合算後、30日をもって1ヶ月とカウントする。

　例 契約① 4月16日～6月30日 （2ヶ月＋15日）
　　　契約② 8月21日～12月8日 （3ヶ月＋18日）
　　　　　 （2ヶ月＋15日）＋（3ヶ月＋18日）＝5ヶ月＋32日＝6ヶ月＋2日

■ 契約期間のクーリング

　2つ以上の有期労働契約に「契約がない期間」（クーリング期間）が、以下の表に該当する場合、通算の対象とならず、カウントはリセットされる。

有期労働契約の契約期間	クーリング期間
2ヶ月以下	1ヶ月以上
2ヶ月超～4ヶ月以下	2ヶ月以上
4ヶ月超～6ヶ月以下	3ヶ月以上
6ヶ月超～8ヶ月以下	4ヶ月以上
8ヶ月超～10ヶ月以下	5ヶ月以上
10ヶ月超	6ヶ月以上

2 「雇止め法理」の法定化

　「雇止め」とは、使用者が契約の更新を拒否した場合、契約期間の満了により雇用が終了することをいう。この「雇止め」についての文書が、労働契約法に条文化された。

- 反復更新された有期労働契約でなされた雇止めが、無期労働契約の解雇と社会通念上同じであると認められるもの
- 有期労働契約の契約期間満了時に、労働者がその契約の更新を期待することについて合理的な理由があると認められるもの

上記のいずれかに該当する場合に、その「雇止め」が「客観的に合理的な理由を欠き、社会通念上相当であると認められないとき」は、雇止めが認められない。

3 不合理な労働条件の禁止

　同一の使用者と労働契約を締結している、有期契約労働者と無期契約労働者の間で、期間の定めがあることを理由とした、不合理な労働条件の相違を禁止している。この場合の労働条件とは、賃金や労働時間などの労働条件はもちろん、災害補償、服務規律、教育訓練、福利厚生、契約に付随する義務など、労働者に対する一切の待遇について適用される。

59 労使協定

●労使協定の必要性

労使協定とは、「当該事業場に、労働者の過半数で組織する労働組合があるときは、その労働組合、ないときは労働者の過半数を代表する者と使用者との書面による協定」のこと。

労使協定は、「事業場」を単位に締結し、さらに届出義務のある労使協定は、その「事業場」を管轄する労働基準監督署へ届け出なければならない。よって、営業所や支社が多数点在している場合は、個々に締結と届出が必要である。これは就業規則の届出義務と同様である。

●免罰的効力と罰則

労使協定を締結し、労働者の意思を反映させたうえで、労働基準法上で禁止されている事項を例外的に免れさせる（免罰的効力）ことができる。労使協定の中には、締結すればその効果が生じるものと、締結した後、労働基準監督署へ届け出て、はじめてその効果が生じるものもある。

次ページの届出が必要な労使協定については、届出がなかった場合、6ヶ月以下の懲役又は30万円以下の罰金に処される。

●労働者の過半数を代表する者とは

労働者の過半数を代表する者とは、その事業場の労働者全員の意思に基づいて選出された代表をいい、次のいずれにも該当しなければならない。

（1）労働基準法第41条第2項に規定する監督又は管理の地位にある者でないこと。

（2）就業規則について従業員を代表して意見書を提出する者を選出することを明らかにして実施される投票、挙手等の方法による手続きにより選出された者であること。

（注1）正社員のみではなく、アルバイト、パートタイマー、嘱託社員、契約社員等全従業員が対象。また、管理監督者は「労働者の過半数を代表する者」には選出できないが、全従業員の中に含むので、注意が必要。

●選出方法

（1）労働者を集め、投票により過半数の労働者の支持を得た者を選出する方法

（2）労働者を集め、挙手により過半数の労働者の支持を得た者を選出する方法

（3）候補者を決めておいて投票、挙手、回覧によって信任を求め、過半数の支持を得た者を選出する方法

●労使協定一覧

労使協定の種類	労使協定の内容	届出
賃金の一部控除に関する協定	賃金から所得税や社会保険料など法律で定められたものだけでなく、例えば、親睦会費や労働組合費、社宅家賃、団体保険料など、様々なものを控除することが多いと思いますが、そうした法令で定められた以外のものを控除する場合	―
1ヶ月単位の変形労働時間制に関する協定	1ヶ月以内の一定期間を平均し、1週間当たりの労働時間が法定労働時間を超えない範囲内において、特定の日又は週に法定労働時間を超えて労働させる場合	○ (注1)
フレックスタイム制に関する協定	1ヶ月以内の一定の期間の総労働時間を定めておき、その範囲内で各日の始業および終業の時刻を労働者に自由に選択させる場合	―
1年単位の変形労働時間制に関する協定	1ヶ月を超え1年以内の期間を平均して週間当たりの労働時間が40時間を超えないことを条件として業務の繁簡に応じ労働時間を配分する場合	○
1週間単位の変形労働時間制に関する協定	日ごとの業務に著しい繁閑の差を生ずることが多い事業で、1日について10時間まで労働させる場合	○
時間外労働、休日労働に関する協定(36協定)	法定の労働時間を超えて労働(法定時間外労働)させる場合、または、法定の休日に労働(法定休日労働)させる場合	○
事業場外のみなし労働時間制に関する協定	労働者が労働時間の全部又は一部について事業場外で業務に従事した場合において、労働時間を算定し難いときに、当該業務の遂行に通常必要とされる時間労働したものとみなす場合	△ (注2)
裁量労働みなし労働時間制に関する協定	専門業務型裁量労働、企画業務型裁量労働に関するみなし労働時間を採用する場合	○
一斉休憩の適用除外に関する協定	全労働者に一斉に付与することが原則ですが、一斉休憩を与えない場合	―
年次有給休暇の計画付与に関する協定	年次有給休暇日数のうち、5日を超える部分に限り、会社が指定した時季に年次有給休暇を取得させる場合	―

(注1) 就業規則に定めた場合は届出不要
(注2) 協定で定める事業場外労働時間が法定労働時間(8時間)内の場合は届出不要

60 労働保険・社会保険の被保険者

●労働保険（労災保険・雇用保険）の加入

（1）加入義務

　労働者（常勤・パート・アルバイトなど名称・雇用形態を問わない）を1人でも雇っている事業場は、加入しなければならない。（強制適用）

※5人未満の労働者を雇用する個人経営の農林水産業の事業は対象外
※強制適用事業場以外であっても、要件を満たせば加入可能（任意適用）

（2）被保険者

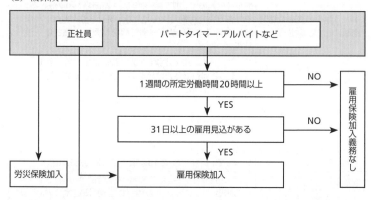

（3）労災保険の特別加入

　労働者でない方や労災給付の対象外となる働き方をする方が給付を受けられるようにする制度を労災保険の特別加入という。

種類	特別加入者の範囲	加入手続
第1種	中小事業主等	労働保険事務組合を通して加入
第2種	一人親方その他の自営業者	特別加入団体を通して加入
	特定作業従事者（特定農作業従事者など）	〃
第3種	海外派遣者	労働基準監督署に申請

●社会保険（健康保険・厚生年金保険）の加入

（1）加入義務

○法人の事業所

○常時5人以上の従業員を使用する個人事業所

　但し、常時5人以上の従業員を使用していても農林水産業、サービス業（旅館、飲食店、理容業など）、法務業（弁護士、税理士、社会保険労務士など）、宗教業（寺

社、教会など)は対象から除かれる。

○上記以外の事業所でも、次の要件を満たせば社会保険に加入できる。

従業員の半数以上が社会保険適用事業所になることに同意し、事業主が申請して厚生労働大臣の認可を受けた事業所

(2)被保険者

社会保険では、会社(事業所)単位で適用事業所となり、その事業所に常時使用される人は、国籍や性別、賃金の額などに関係なく、すべて被保険者となる(70歳以上75歳未満の人は健康保険のみ加入)。

「常時使用される人」とは雇用契約の有無などとは関係なく、適用事業所で働き、労働の対価として給料や賃金を受けるという使用関係が常用的であることをいう。

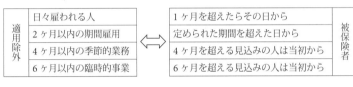

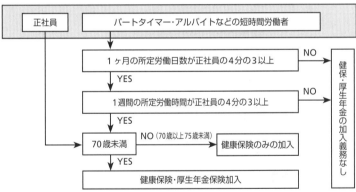

上記にかかわらず被保険者数が常時501人以上の企業は、以下の全ての要件を満たす労働者を、健康・厚生年金保険に加入させる義務がある。なお、被保険者数500人以下の場合であっても、従業員の過半数を代表する者の同意、または、従業員の1/2以上の同意により、任意で以下の労働者を適用対象とすることができる。

① 所定労働時間が週20時間以上
② 一年以上雇用されることが見込まれる
③ 月額の賃金が8万8千円(年収106万円)以上
④ 学生でない

●被扶養者となる人の範囲

生計維持関係のある三親等内の親族(Sec.137 親族関係と法定相続分の一覧参照)。配偶者、子、孫、父母、祖父母、曾祖父母、兄弟姉妹以外は同一世帯であることも条件となる。

●被扶養者の認定基準

生計維持関係(被保険者の収入で生活を維持している)を判断するための要件。

(1) 同居の場合

認定対象者の年収が130万円未満で、かつ被保険者の年収の半分未満。

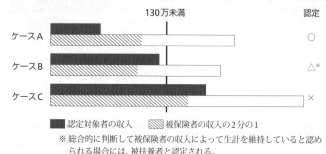

    ■ 認定対象者の収入   ▨ 被保険者の収入の2分の1

※ 総合的に判断して被保険者の収入によって生計を維持していると認められる場合には、被扶養者と認定される。

(2) 別居の場合

別居している場合は、年収が130万円未満で、かつ被保険者からの仕送り額より少ないこと。

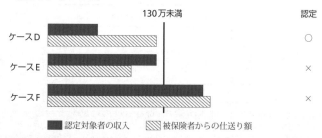

    ■ 認定対象者の収入   ▨ 被保険者からの仕送り額

(3) 60歳以上や障害者の場合

認定対象者が60歳以上または障害厚生年金を受けられる程度の障害者の場合は、認定基準の年収が「180万円未満」になる。

●被扶養者の年収

被扶養者の認定を受ける時点での収入を年間収入に換算した額。

年収は、認定時以前に得ていた収入ではなく、今後1年間に得るであろうすべての収入で判断され、給与、事業収入、地代・家賃などの財産収入、配当収入、公的年金、失業等給付、出産手当金などを含み、宝くじの当選金の様な一時的なものは除かれる。

※ 給与所得等の収入がある場合、月額108,333円以下。失業給付等は、基本手当日額が3,611円以下であれば、被扶養者の認定を受けられる。

●国民年金第3号被保険者

厚生年金保険被保険者（第2号被保険者）の被扶養配偶者で20歳以上60歳未満の人は、国民年金の第3号被保険者として年金制度に加入する。また、第3号被保険者は、妻に限定されていないため、要件に該当すれば夫であっても第3号被保険者になることができる。

●届出方法等

	健康保険の被扶養者	国民年金の第3号被保険者
届出書	健康保険被扶養者（異動）届（健保組合により独自様式の場合がある） ※ 同用紙：国民年金第3号被保険者関係届	
添付書類	・ 収入の確認できる書類（非課税証明書等） ・ 生計維持に関する証明書等（世帯全員の住民票等）	
提出期限	資格取得日または異動のあった日から5日以内	
提出先	健保組合 ※ 協会けんぽの場合は、事務センター	事務センター ※ 健保組合経由（協会けんぽ除く）

●社会保険（健康保険・厚生年金保険）の被保険者となる場合

被扶養者の要件を満たしている場合であっても、パートタイマー、アルバイトなどの短時間労働者が社会保険（健康保険・厚生年金保険）の加入要件を満たすときは、健康保険・厚生年金保険の被保険者となるため、健康保険の被扶養者および国民年金第3号被保険者となることはできない。

（ケーススタディ）

> Q: 男性社員の妻が退職し、健康保険について自分の扶養に入れたい。
> A: 1. 雇用保険の失業給付等を受給しない場合
>   昨年の収入が130万円を超えていても被扶養者にすることができる。
> 2. 雇用保険の失業給付等を受給する場合
>   (1) 失業給付等の日額（雇用保険受給資格者証の基本手当日額）が3,611円以下であれば、被扶養者の認定を受けられる。
>   (2) 日額が3,612円以上の場合、失業給付等を受給している間は被扶養者となれず、受給期間が終了した時点で被扶養者の認定を受けることになる。ただし、自己都合による離職で3ヶ月間の給付制限期間は被扶養者となることができる。

62 社会保険の保険料の計算・控除・納付方法の仕組み

1. 保険料率・保険料額

- 保険料額は、被保険者の標準報酬月額に健康保険、厚生年金保険の保険料率を乗じて得た金額を、被保険者と事業主が折半負担して事業主が毎月納付する。
- 40歳以上65歳未満の被保険者は、健康保険の一般保険料に介護保険料を上乗せした額を健康保険料として納める。
- 事業主は子ども・子育て拠出金についても納付する。

2. 協会けんぽの一般保険料率

- 協会けんぽの一般保険料率は、平成21年9月から都道府県単位の保険料率に移行。
- 令和3年3月分（4月納付分）よりの東京都の場合、2号に該当しない（40歳未満、65歳以上75歳未満）の被保険者の健康保険料率は9.84％、40歳以上65歳未満（2号）の被保険者は介護保険料（1.80％）が加わり11.64％となっている。

〈保険料額の計算例（45歳、標準報酬月額30万円の場合）〉

	健康保険	介護保険	厚生年金保険	子ども・子育て	合計
保険料率	9.84％	1.80％	18.3％	0.36％	
事業主負担分	14,760	2,700	27,450	1,080	45,990
被保険者負担分	14,760	2,700	27,450	—	44,910
合計	29,520	5,400	54,900	1,080	90,900

3. 厚生年金保険料率

毎年3.54/1000ずつ引き上げられ、平成29年9月以降は183/1000で固定となった。

4. 介護保険料

- 40歳以上65歳未満の人（介護2号）は、40歳の誕生日の前日の属する月から介護保険料を負担する。65歳以上75歳未満の人は年金から天引きされる。

5. 保険料の控除方法

- 事業主負担分と被保険者負担分を合わせて、事業主が翌月末日までに納付する。
- 被保険者の当月分の給与から前月分の被保険者負担分の保険料を控除する。
- 月の途中で退職する場合は、退職月の前月分まで保険料がかかる。
- 月末退職の場合は、退職月まで保険料がかかるので、退職月に支払われる給与で、前月と退職月の2ヶ月分を控除することができる。

- 保険料の端数計算

  被保険者負担分を給与から源泉控除する場合、端数は50銭以下の場合は切り捨て、51銭以上の場合は切り上げる。

6. 賞与にかかる保険料及び届出

- 資格取得月の賞与は保険料を徴収、資格喪失月の賞与は保険料を徴収しないが、資格喪失の前日までに支払われた賞与は、年度累計の対象となるため、賞与支払届が必要。
- 育児休業開始月、育児休業期間の賞与は保険料を徴収しないが、年度累計の対象となるため、賞与支払届が必要。育児休業終了月の賞与は保険料を徴収する。
- 支給賞与額から1,000円未満切り捨てた標準賞与額に健保と厚年の保険料率を掛ける。（上限）健保：1年度573万円、厚年・子ども・子育て拠出金：1ヶ月150万円
- 賞与の支給がなかった場合でも、「賞与不支給報告書」の届出が必要。
- 納入告知書により保険料を賞与支払月の翌月末までに納付する。

7. 保険料の納付

- 保険料は、資格取得月から喪失月の前月分まで月単位で納付する。
- 翌月20日頃に年金事務所から送付される「保険料納入告知書」により月末までに納付する。

8. 9月分の保険料

- 算定基礎届により決定された新しい標準報酬月額による9月分の保険料は、10月下旬に事業主に納入告知（内訳は「基本保険料算出内訳書」）される。納付期限は10月末で、被保険者負担分は10月払いの給与から控除する。

9. 産休期間中の保険料免除

- 事業主の申出により、産前・産後休業期間中の健康保険料（含む介護保険料）と厚生年金保険料（事業主と被保険者の両方）が免除される。

10.育児休業中の保険料

- 事業主の申出により、育児休業の開始日の属する月から、終了日の翌日の属する月の前月までの健康保険料（含む介護保険料）と厚生年金保険料（事業主と被保険者の両方）が免除される。

11.後期高齢者医療制度の保険料

- 健康保険の被保険者や被扶養者が75歳に達すると、資格を喪失し「長寿（後期高齢者）医療制度」に移行し、保険料が徴収される（当面は軽減措置あり）。

社会保険の保険料の計算・控除・納付方法の仕組み

第2章 人事・労務・社会保険

社会保険（報酬）・労働保険（賃金）の範囲

報酬・賃金の項目	社会保険（報酬）	労働保険（賃金）
基本給	○	○
通勤手当	○ (注3)	○
残業手当	○ (注3)	○
深夜手当	○ (注3)	○
家族手当	○ (注3)	○
教育手当	○	○
住宅手当	○	○
休業手当	○	○
宿・日直手当	○	○
役付手当	○	○
皆勤・精勤手当	○ (注3)	○
会社支給の私傷病手当	○	○
雇用保険料・社会保険料 （労働者負担分を事業主が負担した場合）	○	○
賞与・決算手当	△ (注1)(注3)	○
役員報酬	○	×
結婚祝金	×	×
死亡弔慰金	×	×
病気・災害見舞金	×	×
退職金	×	×
出張旅費（実費弁償）	×	×
休業補償費	×	×
傷病手当金等の公的保険給付	×	×
解雇予告手当	×	×
会社が全額負担する生命保険の掛金	×	×
住宅の貸与を受ける利益 （福利厚生施設として認められるもの）	×	×
食事・食券	○ (注3)	△ (注2)
社宅・独身寮	○ (注3)	△ (注2)
制服・作業衣	×	×
給与としての自社製品	○ (注3)	△ (注2)
通勤定期券	○ (注3)	○

報酬・賃金とされるものは○、されないものは×で表示。

（注1）規定上年4回以上支給される場合は報酬となり、年3回以内の場合は標準賞与となる。

（注2）規定の有無や給付実態により賃金かどうか判断される。

（注3）特定適用事業所に勤める短時間労働者の社会保険適用条件となる賃金月額からは除外される。

●労働保険の年度更新とは

　労働保険では、年度の当初に概算で保険料を納付しておき、年度終了後、賃金総額が確定したところで精算する。従って、事業主は、新年度の概算保険料を納付するための申告・納付と、前年度の保険料を精算するための確定保険料の申告・納付の手続きが必要となる（この手続きを年度更新という）。年度更新の手続きは毎年6月1日から7月10日までに行う。

●保険料の計算方法

　労働保険の保険料は、毎年4月1日から翌年3月31日までの1年間を単位として計算する。その額はすべての労働者に支払われる賃金の総額に、その事業所ごとに定められた保険料率を乗じて算定する。

　　一般保険料 ＝ 賃金総額 × 労働保険料率 （労災保険率 ＋ 雇用保険率）
　　　　　　(注1)　　　　(注2)　　　　　　　　　(注3)　　　　 (注4)

(注1) 事業主が労働者に支払う賃金を基礎として算定する通常の保険料
(注2) Sec.63の「労働保険（賃金）の範囲」参照
(注3) Sec.72参照
(注4) Sec.70参照　労災保険・雇用保険のいずれか一方のみの保険の場合もある。
　　※ 労災保険分は、事業主が全額負担。
　　※ 雇用保険分は、事業主負担率と被保険者負担率に分かれる。

●申告書の提出と保険料の納付の方法

(1) 申告書の提出と保険料の納付を同時にする場合

　納付書とともに申告書を銀行・郵便局の窓口へ提出→申告書は労働局へ送付される。

(2) (1)以外の場合

　○ 提出と同時に保険料を納めない場合、納付書の金額を書き損じた場合

　○ 納付額が0円の場合、保険料の還付がある場合　等

　管轄の労働基準監督署か労働局の申告書受理コーナーへ持参又は郵送で提出。郵送提出で、受付印のある申告書（事業主控）が必要な時は返信用封筒を同封する。

●労働保険の延納と納期

　継続事業所において、概算保険料額が40万円以上のものは3回に延納できる（労災保険または雇用保険のいずれか一方のみの事業は20万円以上）。

●各期の納付期限

　下記納付期限（納付日）が土日祝日の場合、翌平日となる。

各期	期限	
	通常納付期限	口座振替納付日
全期・第1期	7月10日	9月6日
第2期	10月31日	11月14日
第3期	1月31日	2月14日

65 社会保険料の定時決定（算定基礎届）

●算定基礎届

　被保険者が実際に受ける報酬と標準報酬月額が大きくズレないように、毎年1回、被保険者の報酬月額を届け出て標準報酬月額を決定する。

　これを「定時決定」といい、この時提出する届書が「算定基礎届」である。

　算定基礎届は4・5・6月の各月に、被保険者一人ひとりに支払われた報酬月額とその平均額を記入して、7月1日～10日に提出する。

　この算定基礎届で決定された標準報酬月額は、途中で著しい変動（随時改定・次セクション参照）がない限りその年の9月1日から翌年8月31日まで適用になる。

●算定基礎届の対象者

　算定基礎届の対象となるのは、原則として7月1日現在の被保険者全員（6月1日以降に被保険者となった人は除く）。

必要な人	5月31日以前に入社（資格取得）した被保険者で、7月1日現在、在職中の人
	7月1日以降に退職（資格喪失日：7月2日以降）する人
	欠勤中または休職中（育児休業・介護休業を含む）の人
	健康保険法第118条第1項に該当する人（刑務所に収容された人など）
必要でない人	6月1日以降に入社（資格取得）した被保険者
	6月30日以前に退職（資格喪失日：7月1日以前）した人
	7月に月額変更届・育児休業等終了時変更届を提出する人
	8月に月額変更届・育児休業等終了時変更届を提出する予定の人
	9月に月額変更届・育児休業等終了時変更届を提出する予定の人

※都道府県によっては、8月・9月の月額変更届等提出者にも算定基礎届を提出する場合がある。

●報酬月額の算定方法

①4・5・6月のうち、報酬の支払基礎日数が17日未満の月があれば、その月については報酬月額の計算対象から除く。

②報酬の範囲に入らないものを除外し、現物で支給されたものについては標準価額等によって金銭に換算し、報酬月額を計算する。

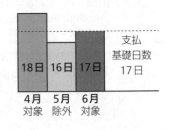

●短時間就労者にかかる標準報酬月額の算定

支払基礎日数	標準報酬月額の算定方法
4・5・6月の3ヶ月とも17日以上	3ヶ月の報酬月額の平均額
1ヶ月でも17日以上	17日以上の月の報酬月額の平均額
4・5・6月の3ヶ月とも15日以上17日未満	3ヶ月の報酬月額の平均額
1ヶ月または2ヶ月は15日以上17日未満（1ヶ月でも17日以上ある場合を除く）	15日以上17日未満の月の報酬月額の平均額
4・5・6月の3ヶ月とも15日未満	従前の標準報酬月額で決定

●保険者算定

4〜6月の報酬額をもとに算出した標準報酬月額が過去1年間(前年7月〜翌年6月)の月平均報酬額によって算出された標準報酬月額と2等級以上の差があり、当該差が業務の性質上、例年発生することが見込まれるときは、申し出により過去1年間の月平均報酬額によって算定する。

●年金事務所による調査

保険料の支払や事務が正確に行われているかを調査する目的で、指定日に年金事務所に出向いて実施される。調査には「定時決定(算定)時調査」「総合調査」等がある。

(調査時の持参書類は原則以下の物となります)

①労働者名簿及び雇用契約書(パート等を含む全従業員分)、②就業規則及び給与規定、③賃金台帳、④出勤簿、⑤源泉所得税領収証書、⑥社会保険決定通知書、⑦その他指定された物

(定時決定時調査は原則③④⑤)

社会保険料の定時決定(算定基礎届)

66 社会保険料の随時改定（月額変更届）

昇給などによって報酬が大幅に変わった被保険者については、次の定時決定を待たずに標準報酬月額の改定が行われる。これを「随時改定」といい、このとき提出する書類が「月額変更届」である。

下記3つの条件にすべて該当する被保険者につき随時改定が行われる。

①昇給や降給、給与体系の変更などで固定的賃金に変動があったとき
②固定的賃金の変動があった月以降の継続した3ヶ月の報酬の平均額と現在の標準報酬月額と2等級以上の差があるとき
③固定的賃金の変動月以降の継続した3ヶ月の各月の支払基礎日数が17日以上あるとき

●固定賃金の変動

次のようなケースを指す。

①昇（降）給
②日給から月給への変更など
③日給や時給の単価変更
④諸手当の新規支給や額の変更
⑤会社都合による休業にともない休業補償をする場合

固定的賃金	・基本給(月給・週給・日給)
	・家族手当　　　・基礎単価
	・住宅手当　　　・歩合率
	・勤務地手当　　・通勤手当
非固定的賃金	・残業手当　　　・精勤手当
	・能率手当　　　・宿直手当
	・日直手当　　　・皆勤手当

●変動月以後引き続く3ヶ月

昇給や降給等により固定的賃金が変動した月が3ヶ月続き、いずれの月も支払基礎日数が17日以上ある場合に、随時改定が行われる。変動月以後引き続く3ヶ月間のうち1ヶ月でも17日未満の月があれば、随時改定は行われない。

●変動月から4ヶ月目に改定

随時改定に該当した被保険者の標準報酬月額は、変動月から4ヶ月目に改定される。例えば、5・6・7月で条件に該当すれば、8月に改定される。

●昇給した場合の月額変更届の要否判定早見表

（単位：千円）

等級		現在の標準報酬月額	3ヶ月の報酬	
健保	厚年		合計額	平均額
以下の等級は省略				
10	6	134	438	146
11	7	142	465	155
12	8	150	495	165
13	9	160	525	175
14	10	170	555	185
15	11	180	585	195
16	12	190	630	210
17	13	200	690	230
18	14	220	750	250
19	15	240	810	270
20	16	260	870	290
21	17	280	930	310
22	18	300	990	330
23	19	320	1,050	350
24	20	340	1,110	370
25	21	360	1,185	395
26	22	380	1,275	425
27	23	410	1,365	455
28	24	440	1,455	485
29	25	470	1,545	515
30	26	500	1,635	545
31	27	530	1,725	575
32	28	560	1,815	605
33	29	590	1,905	635
34	30	620	1,995	665
35	31	650	2,085	695
以上の等級は省略				

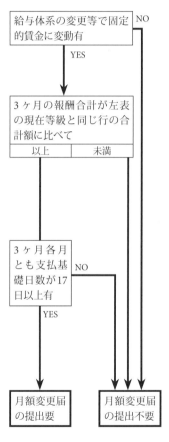

例：現在の等級が健保20　標準報酬月額260（千円）を適用している社員のこの3ヶ月の合計額が870（千円）以上であれば、月額変更届の提出を要する。

67 賞与に対する社会保険料の控除額の計算

●賞与に対する社会保険料の控除額の計算

社会保険料の計算は、標準賞与額（実際の賞与額の1,000円未満切捨て）に保険料率を乗じて算出。

標準賞与の上限額、健康保険料は年573万円まで、厚生年金保険料は1回につき150万円（同月内に2回以上支給される時は合算で適用）。

【社会保険料の控除額の計算（東京都の場合）】

43歳のため健康保険料は介護保険有り、計算値の端数処理は50銭以下切り捨て、51銭以上切り上げ。

基準となる金額は、総額654,300円 → 654,000円（千円未満切り捨て）

(1) 健康保険料　　　＝ 654,000円 × 11.64% × 1/2 ＝ 38,062.8 → 38,063円
　　（東京都）　　　（40歳未満　9.84%　　　　　32,176.8 → 32,177円）

(2) 厚生年金　　　＝ 654,000円 × 18.3% × 1/2 ＝ 59,841円

(3) 雇用保険料　　＝ 654,300円 × 0.30%　　　　＝ 1,962.9 → 1,963円

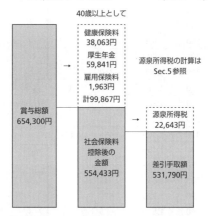

40歳以上として

健康保険料 38,063円
厚生年金 59,841円
雇用保険料 1,963円
計99,867円

源泉所得税の計算はSec.5参照

賞与総額 654,300円

社会保険料控除後の金額 554,433円

源泉所得税 22,643円

差引手取額 531,790円

●資格取得月・喪失月の賞与に対する保険料

資格取得月の賞与 → 保険料納付は必要
資格喪失月の賞与 → 保険料納付は不要

保険料納付の対象となるのは喪失月の前月までに支払われた賞与となる。ただし、喪失は退職日の翌日となるため、月末に退職した場合は喪失月が1ヶ月ずれ込むことになり、退職月の賞与に対する保険料の納付が必要となる。

68 国民健康保険料の計算

　国民健康保険の保険料（国民健康保険税）は、所得割・均等割・平等割・資産割の4つの中から、各市区町村が法令で規定されている組み合わせを決定し、一世帯当たりの年間保険料（税）を算出する。

　組み合わせ及び各項目の金額・率は、各市区町村が個々に定める。そのため、住んでいる市区町村によって保険料は大きく異なる。

●所得割額（税額基準）＋均等割額の例（東京標準保険料率[※1]）［令和3年度　以下同］

区分	計算対象	医療分	後期高齢者支援金分	介護分
所得割額	所得金額	7.13%	2.55%	2.62%
均等割額	一人当り	41,928 円	14,642 円	19,155 円

●所得割額（税額基準）＋均等割額の例（川崎市）

区分	計算対象	医療分	後期高齢者支援金分	介護分
所得割額	所得金額	6.44%	2.56%	2.62%
均等割額	一人当り	33,530 円	12,993 円	16,060 円
最高限度額（年額）		630,000 円	190,000 円	170,000 円

●所得割額（所得金額基準）＋均等割額＋平等割額の例（千葉市）

区分	計算対象	医療分	後期高齢者支援金分	介護分
所得割額	所得金額	6.84%	2.72%	2.20%
均等割額	一人当り	18,840 円	7,080 円	9,600 円
平等割額	一世帯当り	23,040 円	8,760 円	7,200 円
最高限度額（年額）		630,000 円	190,000 円	170,000 円

●資産割額がある例（東京都大島町）

区分	計算対象	医療分	後期高齢者支援金分	介護分
所得割額	所得金額	5.4%	1.6%	1.3%
均等割額	一人当り	19,500 円	7,200 円	8,000 円
平等割額	一世帯当り	19,000 円	4,300 円	5,200 円
資産割額	一世帯当り	28%	7%	6%
最高限度額（年額）		630,000 円	190,000 円	170,000 円

※1　標準保険料率は、法令で定められた全国統一のルールに基づき各都道府県が算定した理論上の値。
　　　各市区町村は所得、世帯の状況、保険料（税）水準等を総合的に勘案した上で実際の保険料（税）率を決定する。

69 年齢による社会保険料、給与天引の要否

雇用保険料、社会保険料は年齢により給与天引きの要否が異なる。またそれに付随する手続きにも注意が必要となる。

	保険料天引要…○		保険料天引不要…×	
年齢	健康保険	厚生年金	介護保険	雇用保険
40歳未満	○	○	×	○
40歳以上60歳未満			第2号被保険者 ○ (健康保険加入の場合)	
60歳以上65歳未満	下記に該当する人は「同日得喪」する(同日付での「資格喪失」と「資格取得」を行うこと)。・60歳以上の人が退職し、1日も空くことなく同一の事業所に再雇用される場合		保険料は加入する健康保険(または国民健康保険)と一緒に納める。	「高年齢雇用継続給付」を申請する場合「60歳到達時賃金月額」を合わせて登録申請する。
65歳以上70歳未満		被保険者が65歳になったら、60歳未満の被扶養配偶者(国民年金第3号被保険者)は国民年金第1号被保険者に。居住地の市区町村で変更手続必要。	第1号被保険者 × 受給する年金から天引される。 年金が月額15,000円未満の場合は直接市区町村へ納付する。	
70歳以上75歳未満	高齢受給者証の交付=収入により一部負担金が軽減	× 70歳誕生日の前日時点で標準報酬月額相当額が変わる場合や、新規雇用の場合は、「70歳到達届」を提出する ※ただし、年金受給期間を満たしていない場合は、満たすまで任意加入できる。(高齢任意加入)		
75歳以上	× 後期高齢者医療制度が適用=所得により一部負担金が軽減 被扶養者(例えば親)が75歳以上になった場合は被扶養者異動届を提出する。			

●雇用保険料率表

（令和3年4月1日現在）

事業の種類	保険率	事業主負担率	被保険者負担率
一般の事業	9/1000	6/1000	3/1000
農林水産／清酒製造の事業	11/1000	7/1000	4/1000
建設の事業	12/1000	8/1000	

●雇用保険から支給される失業給付の日数

（1）65歳未満で離職された方

（ア）定年・自己都合・懲戒解雇等により離職した方（下記（イ）（2）（3）以外の方）

被保険者であった期間／離職時等の年齢	1年未満	1年以上10年未満	10年以上20年未満	20年以上
全年齢共通	－	90日	120日	150日

（イ）倒産・解雇等より離職を余儀なくされた方（特定受給資格者）
　　　契約更新希望がありながら、雇い止めとなった方（特定理由離職者）

被保険者であった期間／離職時等の年齢	6カ月以上1年未満	1年以上5年未満	5年以上10年未満	10年以上20年未満	20年以上
30歳未満	90日	90日	120日	180日	－
30歳以上35歳未満		120日	180日	210日	240日
35歳以上45歳未満		150日		240日	270日
45歳以上60歳未満		180日	240日	270日	330日
60歳以上65歳未満		150日	180日	210日	240日

（2）65歳以上で離職された方（下記日数分を限度として一時金で支給）

被保険者であった期間	6カ月以上1年未満	1年以上
高年齢求職者給付金の額	30日分	50日分

（3）障害者等の就職困難者

被保険者であった期間／離職時等の年齢	6カ月以上1年未満	1年以上
45歳未満	150日	300日
45歳以上65歳未満		360日

71 業務災害と通勤災害

●業務災害とは

業務災害とは、業務上の事由による負傷、疾病、障害又は死亡等をいう。

業務災害かどうかは「業務起因性」と「業務遂行性」の有無で判断される。

「業務起因性」……業務と傷病との間に相当因果関係が認められること

「業務遂行性」……労働者が労働契約に基づき事業主の支配下にあること

●通勤災害とは

労働者が「就業に関し」、「住居」と「就業の場所」との間を「合理的な経路および方法」で往復する際に被った負傷、疾病、障害又は死亡をいう。

ただし、「業務の性質」を有するものを除く。

●複数事業労働者への労災保険給付

副業・兼業している労働者やその遺族等の方への労災保険給付は、全ての就業先の賃金額を合算した額を基礎として保険給付額を決定する。

一つの事業場で労災認定できない場合であっても、事業主が同一でない複数の事業場の業務上の負荷(労働時間やストレス等)を総合的に評価して労災認定できる場合は保険給付が受けられる。

通勤災害として認められるもの、認められないもの

認められる	認められない
通勤途上、駅の階段で転倒し、負傷	通勤途上、持病の心臓発作で死亡
多少遅刻して、会社へ向かう途中の災害	終業後、長時間のサークル活動をして帰宅する途中で被った災害
単身赴任者が家族の住む家から勤務先へ向かう途中の災害	旅行先から直接出社する途中の災害
アパートの部屋を出て、階段で転倒し負傷した場合	自宅玄関前の階段(敷地内)で転倒し負傷した場合
普段、電車で通勤しているところを、車で通勤走行中の事故	泥酔運転による帰宅途中の事故
通勤経路が複数ある場合で、いずれも合理的経路とみなされる場合	合理的理由もなく、遠回りの経路で帰宅した場合
営業職の人が得意先から直接帰宅する途中の災害	外回り業務の途中で遭遇した災害(業務災害となる)

●業務(通勤)災害・保険給付の手続き

給付の種類	請求書の様式	提出先
通院・入院したとき	療養補償給付及び複数事業労働者療養給付たる療養の給付請求書(5号) 療養給付たる療養の給付請求書　通勤災害用(16号の3)	受診先医療機関等
病院を変更したとき	療養補償給付及び複数事業労働者療養給付たる療養の給付を受ける指定病院等(変更)届(6号) 療養給付たる療養の給付を受ける指定病院等(変更)届　通勤災害用(16号の4)	
労災指定病院以外で受診した場合	療養補償給付及び複数事業労働者療養給付たる療養の費用請求書　業務災害用・複数業務要因災害用(7号) 療養給付たる療養の給付請求書　通勤災害用(16号の5)	労働基準監督署
仕事を休んだとき	休業補償給付支給請求書　複数事業労働者休業給付支給請求書　業務災害用・複数業務要因災害用(8号) 休業給付支給請求書　通勤災害用(16号の6)	
障害が残ったとき	傷害補償給付　複数事業労働者障害給付　支給申請書　業務災害・複数業務要因災害用(10号) 障害給付支給請求書　通勤災害用(16号の7)	
死亡したとき	遺族補償年金 複数事業労働者遺族年金 支給請求書　業務災害・複数業務要因災害用(12号) 遺族年金支給請求書　通勤災害用(16号の8)	
	遺族補償一時金 複数事業労働者遺族一時金支給請求書　業務災害・複数業務要因災害用(15号) 遺族一時金支給請求書　通勤災害用(16号の9)	
葬祭をしたとき	葬祭料 複数事業労働者葬祭給付請求書　業務災害・複数業務要因災害用(16号の2) 葬祭給付請求書　通勤災害用(16号の10)	

業務災害と通勤災害

72 労災保険率表

●労災保険率表（平成30年4月1日改定）

事業の種類の分類	事業の種類の番号	事業の種類	労災保険率（×1/1,000）
林業	02 又は 03	林業	60
漁業	11	海面漁業（定置網漁業又は海面魚類養殖業を除く）	18
	12	定置網漁業又は海面魚類養殖業	38
鉱業	21	金属鉱業、非金属鉱業（石灰石鉱業又はドロマイト鉱業を除く）又は石炭鉱業	88
	23	石灰石鉱業又はドロマイト鉱業	16
	24	原油又は天然ガス鉱業	2.5
	25	採石業	49
	26	その他の鉱業	26
建設事業	31	水力発電施設、ずい道など新設事業	62
	32	道路新設事業	11
	33	舗装工事業	9
	34	鉄道又は軌道新設事業	9
	35	建築事業（既設建築物設備工事業を除く）	9.5
	38	既設建築物設備工事業	12
	36	機械装置の組立て又は据付けの事業	6.5
	37	その他の建設事業	15
製造業	41	食料品製造業	6
	42	繊維工業又は繊維製品製造業	4
	44	木材又は木製品製造業	14
	45	パルプ又は紙製造業	6.5
	46	印刷又は製本業	3.5
	47	化学工業	4.5
	48	ガラス又はセメント製造業	6
	66	コンクリート製造業	13
	62	陶磁器製品製造業	18
	49	その他の窯業又は土石製品製造業	26
	50	金属精錬業（非鉄金属精錬業を除く）	6.5
	51	非鉄金属精錬業	7
	52	金属材料品製造業（鋳物業を除く）	5.5
	53	鋳物業	16

事業の 種類の分類	事業の 種類の番号	事業の種類	労災保険率 (×1/1,000)
	54	金属製品製造業又は金属加工業(洋食器、刃物、手工具又は一般金物製造業及びめっき業を除く)	10
	63	洋食器、刃物、手工具又は一般金物製造業(めっき業を除く)	6.5
	55	めっき業	7
	56	機械器具製造業(電気機械器具製造業、輸送用機械器具製造業、船舶製造又は修理業及び計量器、光学機械、時計など製造業を除く)	5
	57	電気機械器具製造業	2.5
	58	輸送用機械器具製造業(船舶製造又は修理業を除く)	4
	59	船舶製造又は修理業	23
	60	計量器、光学機械、時計など製造業(電気機械器具製造業を除く)	2.5
	64	貴金属製品、装身具、皮革製品など製造業	3.5
	61	その他の製造業	6.5
運輸業	71	交通運輸事業	4
	72	貨物取扱事業(港湾貨物取扱事業及び港湾荷役業を除く)	9
	73	港湾貨物取扱事業(港湾荷役業を除く)	9
	74	港湾荷役業	13
電気、ガス、水道又は熱供給の事業	81	電気、ガス、水道又は熱供給の事業	3
その他の事業	95	農業又は海面漁業以外の漁業	13
	91	清掃、火葬又はと畜の事業	13
	93	ビルメンテナンス業	5.5
	96	倉庫業、警備業、消毒又は害虫駆除の事業又はゴルフ場の事業	6.5
	97	通信業、放送業、新聞業又は出版業	2.5
	98	卸売業・小売業、飲食店又は宿泊業	3
	99	金融業、保険業又は不動産業	2.5
	94	その他の各種事業	3

| | 90 | 船舶所有者の事業 | 47 |

●令和3年3月分(4月納付分)からの健康保険・厚生年金保険の保険料額表

健康保険料率　　　　　：令和3年3月分〜 適用　　（東京都・協会けんぽの場合）
介護保険料率　　　　　：令和3年3月分〜 適用
厚生年金保険料率　　　：令和2年9月分〜 適用
子ども・子育て拠出金率：令和2年4月分〜 適用

(単位:円)

標準報酬		報酬月額			健康保険料(東京都)		厚生年金保険料
					右以外の者	40歳から64歳	70歳までの者
					9.84%	11.64%	18.3%
等級	月額				労働者負担額(使用者は同額を別途負担)		
		円以上		円未満			
1	58,000		〜	63,000	2,853.6	3,375.6	
2	68,000	63,000	〜	73,000	3,345.6	3,957.6	
3	78,000	73,000	〜	83,000	3,837.6	4,539.6	
4(1)	88,000	83,000	〜	93,000	4,329.6	5,121.6	8,052.00
5(2)	98,000	93,000	〜	101,000	4,821.6	5,703.6	8,967.00
6(3)	104,000	101,000	〜	107,000	5,116.8	6,052.8	9,516.00
7(4)	110,000	107,000	〜	114,000	5,412.0	6,402.0	10,065.00
8(5)	118,000	114,000	〜	122,000	5,805.6	6,867.6	10,797.00
9(6)	126,000	122,000	〜	130,000	6,199.2	7,333.2	11,529.00
10(7)	134,000	130,000	〜	138,000	6,592.8	7,798.8	12,261.00
11(8)	142,000	138,000	〜	146,000	6,986.4	8,264.4	12,993.00
12(9)	150,000	146,000	〜	155,000	7,380.0	8,730.0	13,725.00
13(10)	160,000	155,000	〜	165,000	7,872.0	9,312.0	14,640.00
14(11)	170,000	165,000	〜	175,000	8,364.0	9,894.0	15,555.00
15(12)	180,000	175,000	〜	185,000	8,856.0	10,476.0	16,470.00
16(13)	190,000	185,000	〜	195,000	9,348.0	11,058.0	17,385.00
17(14)	200,000	195,000	〜	210,000	9,840.0	11,640.0	18,300.00
18(15)	220,000	210,000	〜	230,000	10,824.0	12,804.0	20,130.00
19(16)	240,000	230,000	〜	250,000	11,808.0	13,968.0	21,960.00
20(17)	260,000	250,000	〜	270,000	12,792.0	15,132.0	23,790.00
21(18)	280,000	270,000	〜	290,000	13,776.0	16,296.0	25,620.00
22(19)	300,000	290,000	〜	310,000	14,760.0	17,460.0	27,450.00
23(20)	320,000	310,000	〜	330,000	15,744.0	18,624.0	29,280.00
24(21)	340,000	330,000	〜	350,000	16,728.0	19,788.0	31,110.00
25(22)	360,000	350,000	〜	370,000	17,712.0	20,952.0	32,940.00
26(23)	380,000	370,000	〜	395,000	18,696.0	22,116.0	34,770.00
27(24)	410,000	395,000	〜	425,000	20,172.0	23,862.0	37,515.00
28(25)	440,000	425,000	〜	455,000	21,648.0	25,608.0	40,260.00
29(26)	470,000	455,000	〜	485,000	23,124.0	27,354.0	43,005.00
30(27)	500,000	485,000	〜	515,000	24,600.0	29,100.0	45,750.00
31(28)	530,000	515,000	〜	545,000	26,076.0	30,846.0	48,495.00
32(29)	560,000	545,000	〜	575,000	27,552.0	32,592.0	51,240.00
33(30)	590,000	575,000	〜	605,000	29,028.0	34,338.0	53,985.00
34(31)	620,000	605,000	〜	635,000	30,504.0	36,084.0	56,730.00

| 標準報酬 | | 報酬月額 | | | 健康保険料(東京都) | | 厚生年金保険料 |
等級	月額				右以外の者 9.84%	40歳から64歳 11.64%	70歳までの者 18.3%
					労働者負担額 (使用者は同額を別途負担)		
35(32)	650,000	635,000	～	665,000	31,980.0	37,830.0	59,475.00
36	680,000	665,000	～	695,000	33,456.0	39,576.0	
37	710,000	695,000	～	730,000	34,932.0	41,322.0	
38	750,000	730,000	～	770,000	36,900.0	43,650.0	
39	790,000	770,000	～	810,000	38,868.0	45,978.0	
40	830,000	810,000	～	855,000	40,836.0	48,306.0	
41	880,000	855,000	～	905,000	43,296.0	51,216.0	
42	930,000	905,000	～	955,000	45,756.0	54,126.0	
43	980,000	955,000	～	1,005,000	48,216.0	57,036.0	
44	1,030,000	1,005,000	～	1,055,000	50,676.0	59,946.0	
45	1,090,000	1,055,000	～	1,115,000	53,628.0	63,438.0	
46	1,150,000	1,115,000	～	1,175,000	56,580.0	66,930.0	
47	1,210,000	1,175,000	～	1,235,000	59,532.0	70,422.0	
48	1,270,000	1,235,000	～	1,295,000	62,484.0	73,914.0	
49	1,330,000	1,295,000	～	1,355,000	65,436.0	77,406.0	
50	1,390,000	1,355,000	～		68,388.0	80,898.0	

使用者は全国一律に子ども・子育て拠出金率(0.36%)が加わる。

●都道府県単位保険料率(令和2年3月から)

保険料率	都道府県名	保険料率	都道府県名
10.68%	佐賀県	9.98%	福井県
10.45%	北海道	9.97%	鳥取県
10.36%	鹿児島県	9.96%	青森県
10.30%	大分県	9.95%	沖縄県
10.29%	大阪府、徳島県、熊本県	9.91%	愛知県
10.28%	香川県	9.87%	栃木県
10.26%	長崎県	9.84%	東京都
10.24%	兵庫県	9.83%	岐阜県、宮崎県
10.22%	愛媛県、山口県、福岡県	9.81%	三重県
10.18%	岡山県	9.80%	埼玉県
10.17%	高知県	9.78%	滋賀県
10.16%	秋田県	9.79%	千葉県、山梨県
10.11%	石川県、和歌山県	9.74%	岩手県、茨城県
10.06%	京都府	9.72%	静岡県
10.04%	広島県	9.71%	長野県
10.03%	山形県、島根県	9.66%	群馬県
10.01%	宮城県	9.64%	福島県
10.00%	奈良県	9.59%	富山県
9.99%	神奈川県	9.50%	新潟県

介護保険第2号被保険者(40歳から64歳)は全国一律に介護保険の保険料率(1.80%)が加わる。

＊ 都道府県毎の健康保険料額表

https://www.kyoukaikenpo.or.jp/g7/cat330/sb3150/
r03/r3ryougakuhyou3gatukara/

74 業種別安全衛生管理体制

●安全衛生管理体制とは

事業者は労働災害の防止のための危害防止基準の確立、責任体制の明確化及び自主的活動を講じることで、職場における労働者の安全と健康を確保し、快適な職場環境を形成しなければならない。

そのための安全衛生管理体制を整えることは労働安全衛生法により事業者の義務となっている。

また、安全衛生管理体制を整えていない事業者に対しては是正勧告が行われ、悪質な場合は50万円以下の罰金が課せられる。

●業種別安全衛生管理体制(300人以下規模)

	製造業(化学、鉄鋼、造船、輸送、木材)	製造業(紙、電気、ガス、水道)	鉱業、建設、運送、林業、清掃	卸小売(商品・家具・燃料)・通信・旅館・ゴルフ場	それ以外
安全衛生委員会(安全と衛生について対策を立て、事業者に意見をいう)の設置	50人以上	100人以上	50人以上	100人以上	必要なし
衛生委員会(衛生について対策を立て、事業者に意見をいう)の設置	50人以上				
総括安全衛生管理者(安全管理者、衛生管理者の統括)の選任	300人以上		100人以上	300人以上	1000人以上
安全管理者(安全に関する技術的事項を管理)の選任	50人以上				必要なし
衛生管理者(衛生に関する技術的事項を管理)の選任	50人以上				
産業医(労働者の健康管理等につき事業者に勧告)の選任	50人以上				
安全衛生推進者(安全衛生に関する業務)の選任	10人以上50人未満				必要なし
衛生推進者(衛生に関する業務)の選任	必要なし				10人以上50人未満

75 地域別最低賃金

最低賃金の対象となる賃金は、毎月支払われる基本的な賃金に限定されます。なお、賃金が時間額以外の基準(日額、月額、その他)で定められる場合は、日額、月額等を時間額に換算して比較することとなる。

支給形態	計算式
時間給	時間給≧最低賃金額
日給	日給÷1日の所定労働時間 ≧最低賃金額
月給	(月給×12ヶ月)÷年間所定労働 時間≧最低賃金額

また、次に掲げる賃金は対象にならない。

① 臨時に支払われる賃金(結婚手当てなど)
② 1ヶ月を超える期間ごとに支払われる賃金(賞与など)
③ 時間外労働、休日労働及び、深夜労働に対して支払われる賃金(割増賃金など)
④ 精皆勤手当、通勤手当、家族手当

●発効年月日　令和元年10月1日～10月6日

都道府県名	最低賃金時間額	前年金額	引上げ額	引上げ率
北海道	889	861	28	3.26%
青森	822	793	29	3.66%
岩手	821	793	28	3.54%
宮城	853	825	28	3.40%
秋田	822	792	30	3.79%
山形	822	793	29	3.66%
福島	828	800	28	3.50%
茨城	879	851	28	3.30%
栃木	882	854	28	3.28%
群馬	865	837	28	3.35%
埼玉	956	928	28	3.02%
千葉	953	925	28	3.03%
東京	1041	1013	28	2.77%
神奈川	1040	1012	28	2.77%
新潟	859	831	28	3.37%
富山	877	849	28	3.30%
石川	861	833	28	3.37%
福井	858	830	28	3.38%
山梨	866	838	28	3.35%
長野	877	849	28	3.30%
岐阜	880	852	28	3.29%
静岡	913	885	28	3.17%
愛知	955	927	28	3.03%
三重	902	874	28	3.21%
滋賀	896	868	28	3.12%

都道府県名	最低賃金時間額	前年金額	引上げ額	引上げ率
京都	937	909	28	3.09%
大阪	992	964	28	2.91%
兵庫	928	900	28	3.12%
奈良	866	838	28	3.35%
和歌山	859	831	28	3.37%
鳥取	821	792	29	3.67%
島根	824	792	32	4.05%
岡山	862	834	28	3.36%
広島	899	871	28	3.22%
山口	857	829	28	3.38%
徳島	824	796	28	3.52%
香川	848	820	28	3.42%
愛媛	821	793	28	3.54%
高知	820	792	28	3.54%
福岡	870	842	28	3.33%
佐賀	821	792	29	3.67%
長崎	821	793	28	3.54%
熊本	821	793	28	3.54%
大分	822	792	30	3.79%
宮崎	821	793	28	3.54%
鹿児島	821	793	28	3.54%
沖縄	820	792	28	3.54%
全国加重平均額	930	902	28	3.11%

派遣労働者は派遣先地域の最低賃金適用

　　最低の額・率　　　　　最高の額・率

76 従業員の健康管理

●主な一般健康診断（実施が法的に義務付けられているもの）

	健康診断の種類	対象者	実施時期
一般健康診断	雇入時健康診断	新たに雇入れた常時雇用労働者	雇入れ時
	定期健康診断	すべての常時雇用労働者	年1回
	特定業務従事者の健康診断	深夜業等の一定の業務に常時従事する労働者	6ヶ月に1回
	海外派遣労働者の健康診断	海外勤務をする又は海外勤務後帰国した労働者	海外に6月以上派遣の際、帰国後業務につかせる際
	給食従業員の検便	食堂などにおける給食関係業務従事者	雇入れ、配置換えの際

●雇入れ時健康診断

健康診断項目

(1)既往症・業務歴の調査（喫煙歴・服薬歴の聴取）
(2)自覚症状及び他覚症状の有無の検査　(3)身長・体重・腹囲・視力及び聴覚の検査
(4)胸部X線検査及び喀痰検査　(5)血圧の測定　(6)貧血検査
(7)肝機能検査　(8)血中脂質検査　(9)血糖検査　(10)尿検査　(11)心電図検査

雇入れ時は、原則として診断項目の省略は認められる。

●定期健康診断の流れ

| 健康診断の実施 | 健康診断項目は「雇入れ時の診断項目」に準じて行うが、一定の基準で医師の判断に基づき省略することもできる。 |

↓

健康診断結果を記録し健康診断個人票を作成（5年間の保存）（違反した場合50万円以下の罰金）

↓

労働基準監督署への報告（常時50人以上の労働者を使用する事業者）

↓

健康診断結果を遅滞なく労働者に通知（違反した場合50万円以下の罰金）

↓

| 異常所見あり | 医師又は保健師による保健指導を行うよう努める |

↓

医師・歯科医師からの意見聴取（健康診断実施後3月以内）

↓

必要がある場合は、以下の措置を講じなければならない

↓

・就業場所の変更　・作業の転換　・労働時間の短縮　・深夜業務の回数の縮減
・衛生委員会等への報告　など

●その他

パートタイム労働者等短時間労働者の健康診断	①1年以上雇用される見込みがある者又は1年以上雇用されている者 ②1週間の所定労働時間が30時間以上又は同種の業務に従事する通常の労働者（正社員）の3／4以上の者 ・上記の①、②の要件を満たす場合は定期健康診断の対象者となる ・また、①の要件を満たし、1週間の所定労働時間が通常の労働者（正社員）の1／2以上である場合も対象者とすることが望ましい
派遣労働者の健康診断	派遣労働者の健康診断は派遣元が行い、有害業務にかかる特殊健康診断は派遣先が行う
費用負担	法で定める健康診断については、事業主の負担となる ただし、労働者自らが選択した医師等による健康診断は必ずしも事業主が負担する必要はない
健康診断受診時間の賃金	特殊健康診断（一定の有害業務に従事する者に実施）の受診時間には賃金支払義務があり、一般健康診断の受診時間には賃金支払義務はないが、支払うことが望ましいとされている ただし、労働者自らが選択した医師等による健康診断受診時間に賃金を支払う必要はない

●長時間労働者に対する医師の面接指導

脳・心臓疾患、メンタル不全等を防止するために医師による面接指導が義務付けられている（50人未満事業所は地域産業保健センターを活用）。

対象事業所	全事業所（平成20年4月以降50人未満事業所にも適用）
実施義務	1月当たりの時間外および休日労働時間が「80時間を超え、かつ披露の蓄積が認められる者」から申し出がある場合→義務

●ストレスチェック実施義務化のポイント

実施義務	労働者を使用する全事業所。ただし、労働者50人未満の事業場は当面の間努力義務
対象者	健康診断と異なり、労働者に受診義務なし
内容・頻度	1年に1回「職業性ストレス簡易調査票」を参考とした検査を実施
結果の通知	検査結果は、検査を行った医師等から直接本人に通知 本人の同意なく事業者に結果を提供することは禁止
面接指導	労働者から申し出があった場合、医師による面接指導を実施 申し出を理由とする事業者による不利益取り扱いは禁止
事後措置	事業者は面接指導の結果を記録し、5年間保存 面接指導の結果に基づき、医師の意見を聞き、就業上の必要措置を講じる
報告義務	50人以上の労働者を使用する事業者は、検査・面接指導の実施状況を労働基準監督署へ報告

●受動喫煙の防止

室内又はこれに準ずる環境下で労働者の受動喫煙を防止するため、事業者及び事業場の実情に応じ適切な措置を講じることが事業者の努力義務になる。

		育児休業	介護休業
対象労働者		・ 原則、全ての労働者(日々雇用を除く) ・ 有期契約労働者は雇用期間1年以上、か つ、子が1才6ヶ月(2歳までの休業の場合 は2歳)に達する日までの労働契約が満了 することが明らかでない者 ・ 以下の労働者は労使協定により除外可 ※①、※② 　③申出日から1年(1才6ヶ月まで休業の 場合は申出日から6ヶ月)以内に雇用関 係が終了する労働者	・ 原則、全ての労働者(日々雇用を除く) ・ 有期契約労働者は雇用期間1年以上、か つ、介護休業開始から93日を経過する 日から6ヶ月を経過する日までに労働 契約が満了することが明らかでない者 ・ 以下の労働者は労使協定により除外可 ※①、※② 　③申出日から93日以内に雇用関係が終 了する労働者
対象家族		・ 子 ・ 特別養子縁組の監護期間中の子 ・ 養子縁組里親に委託されている子 ・ その他これらに準ずる者	・ 配偶者(事実婚も含む) ・ 父母、子、配偶者の父母 ・ 祖父母、兄弟姉妹、孫 ・ 上記以外で会社が認めた者
回数		・ 子1人につき、原則1回(出生日から8週間 以内にした最初の休業は除く) ・ 配偶者の死亡等、特別の事情がある場合、 再申出可	・ 対象家族1人につき、3回を上限
期間		・ 原則、子が1才に達するまで ・ 両親ともに育児休業をする場合、子が1才 2ヶ月に達するまでの間に1年間 ・ 以下のいずれにも該当する場合は、子が 1才6ヶ月に達するまで休業可(平成29年 10月1日以降は最長2才まで延長可) 　①労働者又は配偶者が子の1才の誕生日の 前日に育児休業をしていること 　②次のいずれかの事情があること 　　(ア)希望しても保育所に入所できない場 合 　　(イ)労働者の配偶者であり、子の養育に 当たる予定であった親が、死亡、負 傷、疾病等の事情により養育するこ とが困難になった場合	・ 対象家族1人につき、通算93日まで ※要介護状態=負傷、疾病又は身体上若 しくは精神上の障害により、2週間以上 の期間にわたり、常時介護を必要とす る状態
所定外労働		・ 事業主は、3才未満の子を養育する労働者 (日々雇用を除く)が申し出た場合、事業の 正常な運営を妨げる場合を除き所定外労 働をさせてはならない ・ 以下の労働者は労使協定により除外可 ※①、※②	・ 事業主は要介護状態にある対象家族の 介護を行う労働者(日々雇用を除く)が 請求した場合、事業の正常な運営を妨 げる場合を除き所定外労働をさせては ならない ・ 以下の労働者は労使協定により除外可 ※①、※②

	育児休業	介護休業
看護・介護休暇	・ 小学校入学までの子を養育する労働者（日々雇用を除く）は、年5日（子が2人以上の場合10日）まで、病気やけがをした子の看護のために休暇を取得することができる ・ 半日単位又は時間単位での取得が可能 ・ 以下の労働者は労使協定により除外可 　① 雇用期間6ヶ月未満の労働者 　② 所定労働日数が週2日以下の労働者	・ 対象家族の介護を行う労働者（日々雇用を除く）は、年5日（2人以上の場合10日）まで、介護のために休暇を取得することができる ・ 半日単位又は時間単位での取得が可能 ・ 以下の労働者は労使協定により除外可 　① 雇用期間6ヶ月未満の労働者 　② 所定労働日数が週2日以下の労働者
短時間勤務等の措置	・ 事業主は、3才未満の子を養育する労働者（日々雇用・1日の所定労働時間が6時間以下の者を除く）について、短時間勤務制度を設けなければならない ・ 以下の労働者は労使協定により除外可 ※①、※② 　③ 業務の性質等に照らし、短時間勤務制度を講じることが困難と認められる業務に従事する労働者（代替措置が必要）	・ 事業主は、常時介護を必要とする状態にある対象家族の介護を行う労働者（日々雇用を除く）について、3年以上の期間で2回以上利用でき、次のいずれかの措置を講じなければならない 　（ア）所定労働時間の短縮措置 　（イ）フレックスタイム制 　（ウ）始・終業時刻の繰上げ、繰下げ 　（エ）労働者が利用する介護サービス費用の助成その他これに準ずる制度 ・ 以下の労働者は労使協定により除外可 ※①、※②
法定時間外労働	・ 事業主は、小学校就学前までの子を養育する労働者（日々雇用を除く）が申し出た場合、1ヶ月24時間、1年間150時間を超える時間外労働をさせてはならない ・ ただし、以下の労働者は対象とならない ※①、※② 　③ 日々雇用される労働者	・ 事業主は、要介護状態にある対象家族の介護を行う労働者（日々雇用を除く）が申し出た場合、1ヶ月24時間、1年間150時間を超える時間外労働をさせてはならない ・ ただし、以下の労働者は対象とならない ※①、※② 　③ 日々雇用される労働者
深夜業	・ 事業主は、小学校就学前までの子を養育する労働者（日々雇用を除く）が申し出た場合、午後10時から午前5時までの間、労働させてはならない ・ ただし、以下の労働者は対象とならない ※①、※② 　③ 16歳以上の同居者が保育できる場合等 　④ 日々雇用される労働者 　⑤ 所定労働時間の全部が深夜にある労働者	・ 事業主は、要介護状態にある対象家族の介護を行う労働者（日々雇用を除く）が申し出た場合、午後10時から午前5時までの間、労働させてはならない ・ ただし、以下の労働者は対象とならない ※①、※② 　③ 16歳以上の同居者が介護できる場合等 　④ 日々雇用される労働者 　⑤ 所定労働時間の全部が深夜にある労働者

※①＝雇用期間1年未満の労働者
※②＝所定労働日が週2日以下の労働者

出産（予定）日	1月		2月		3月		4月		5月		6月	
	産前休業開始日	育児休業開始日	産前休業開始日	育児休業開始日	産前休業開始日	育児休業開始日	産前休業開始日	育児休業開始日	産前休業開始日	育児休業開始日	産前休業開始日	育児休業開始日
1	11/21	2/27	12/22	3/29	1/20	4/27	2/20	5/28	3/21	6/27	4/21	7/28
2	11/22	2/28	12/23	3/30	1/21	4/28	2/21	5/29	3/22	6/28	4/22	7/29
3	11/23	2/29	12/24	3/31	1/22	4/29	2/22	5/30	3/23	6/29	4/23	7/30
4	11/24	3/1	12/25	4/1	1/23	4/30	2/23	5/31	3/24	6/30	4/24	7/31
5	11/25	3/2	12/26	4/2	1/24	5/1	2/24	6/1	3/25	7/1	4/25	8/1
6	11/26	3/3	12/27	4/3	1/25	5/2	2/25	6/2	3/26	7/2	4/26	8/2
7	11/27	3/4	12/28	4/4	1/26	5/3	2/26	6/3	3/27	7/3	4/27	8/3
8	11/28	3/5	12/29	4/5	1/27	5/4	2/27	6/4	3/28	7/4	4/28	8/4
9	11/29	3/6	12/30	4/6	1/28	5/5	2/28	6/5	3/29	7/5	4/29	8/5
10	11/30	3/7	12/31	4/7	1/29	5/6	2/29	6/6	3/30	7/6	4/30	8/6
11	12/1	3/8	1/1	4/8	1/30	5/7	3/1	6/7	3/31	7/7	5/1	8/7
12	12/2	3/9	1/2	4/9	1/31	5/8	3/2	6/8	4/1	7/8	5/2	8/8
13	12/3	3/10	1/3	4/10	2/1	5/9	3/3	6/9	4/2	7/9	5/3	8/9
14	12/4	3/11	1/4	4/11	2/2	5/10	3/4	6/10	4/3	7/10	5/4	8/10
15	12/5	3/12	1/5	4/12	2/3	5/11	3/5	6/11	4/4	7/11	5/5	8/11
16	12/6	3/13	1/6	4/13	2/4	5/12	3/6	6/12	4/5	7/12	5/6	8/12
17	12/7	3/14	1/7	4/14	2/5	5/13	3/7	6/13	4/6	7/13	5/7	8/13
18	12/8	3/15	1/8	4/15	2/6	5/14	3/8	6/14	4/7	7/14	5/8	8/14
19	12/9	3/16	1/9	4/16	2/7	5/15	3/9	6/15	4/8	7/15	5/9	8/15
20	12/10	3/17	1/10	4/17	2/8	5/16	3/10	6/16	4/9	7/16	5/10	8/16
21	12/11	3/18	1/11	4/18	2/9	5/17	3/11	6/17	4/10	7/17	5/11	8/17
22	12/12	3/19	1/12	4/19	2/10	5/18	3/12	6/18	4/11	7/18	5/12	8/18
23	12/13	3/20	1/13	4/20	2/11	5/19	3/13	6/19	4/12	7/19	5/13	8/19
24	12/14	3/21	1/14	4/21	2/12	5/20	3/14	6/20	4/13	7/20	5/14	8/20
25	12/15	3/22	1/15	4/22	2/13	5/21	3/15	6/21	4/14	7/21	5/15	8/21
26	12/16	3/23	1/16	4/23	2/14	5/22	3/16	6/22	4/15	7/22	5/16	8/22
27	12/17	3/24	1/17	4/24	2/15	5/23	3/17	6/23	4/16	7/23	5/17	8/23
28	12/18	3/25	1/18	4/25	2/16	5/24	3/18	6/24	4/17	7/24	5/18	8/24
29	12/19	3/26	1/19	4/26	2/17	5/25	3/19	6/25	4/18	7/25	5/19	8/25
30	12/20	3/27			2/18	5/26	3/20	6/26	4/19	7/26	5/20	8/26
31	12/21	3/28			2/19	5/27			4/20	7/27		

出産（予定）日	7月		8月		9月		10月		11月		12月	
	産前休業開始日	育児休業開始日	産前休業開始日	育児休業開始日	産前休業開始日	育児休業開始日	産前休業開始日	育児休業開始日	産前休業開始日	育児休業開始日	産前休業開始日	育児休業開始日
1	5/21	8/27	6/21	9/27	7/22	10/28	8/21	11/27	9/21	12/28	10/21	1/27
2	5/22	8/28	6/22	9/28	7/23	10/29	8/22	11/28	9/22	12/29	10/22	1/28
3	5/23	8/29	6/23	9/29	7/24	10/30	8/23	11/29	9/23	12/30	10/23	1/29
4	5/24	8/30	6/24	9/30	7/25	10/31	8/24	11/30	9/24	12/31	10/24	1/30
5	5/25	8/31	6/25	10/1	7/26	11/1	8/25	12/1	9/25	1/1	10/25	1/31
6	5/26	9/1	6/26	10/2	7/27	11/2	8/26	12/2	9/26	1/2	10/26	2/1
7	5/27	9/2	6/27	10/3	7/28	11/3	8/27	12/3	9/27	1/3	10/27	2/2
8	5/28	9/3	6/28	10/4	7/29	11/4	8/28	12/4	9/28	1/4	10/28	2/3
9	5/29	9/4	6/29	10/5	7/30	11/5	8/29	12/5	9/29	1/5	10/29	2/4
10	5/30	9/5	6/30	10/6	7/31	11/6	8/30	12/6	9/30	1/6	10/30	2/5
11	5/31	9/6	7/1	10/7	8/1	11/7	8/31	12/7	10/1	1/7	10/31	2/6
12	6/1	9/7	7/2	10/8	8/2	11/8	9/1	12/8	10/2	1/8	11/1	2/7
13	6/2	9/8	7/3	10/9	8/3	11/9	9/2	12/9	10/3	1/9	11/2	2/8
14	6/3	9/9	7/4	10/10	8/4	11/10	9/3	12/10	10/4	1/10	11/3	2/9
15	6/4	9/10	7/5	10/11	8/5	11/11	9/4	12/11	10/5	1/11	11/4	2/10
16	6/5	9/11	7/6	10/12	8/6	11/12	9/5	12/12	10/6	1/12	11/5	2/11
17	6/6	9/12	7/7	10/13	8/7	11/13	9/6	12/13	10/7	1/13	11/6	2/12
18	6/7	9/13	7/8	10/14	8/8	11/14	9/7	12/14	10/8	1/14	11/7	2/13
19	6/8	9/14	7/9	10/15	8/9	11/15	9/8	12/15	10/9	1/15	11/8	2/14
20	6/9	9/15	7/10	10/16	8/10	11/16	9/9	12/16	10/10	1/16	11/9	2/15
21	6/10	9/16	7/11	10/17	8/11	11/17	9/10	12/17	10/11	1/17	11/10	2/16
22	6/11	9/17	7/12	10/18	8/12	11/18	9/11	12/18	10/12	1/18	11/11	2/17
23	6/12	9/18	7/13	10/19	8/13	11/19	9/12	12/19	10/13	1/19	11/12	2/18
24	6/13	9/19	7/14	10/20	8/14	11/20	9/13	12/20	10/14	1/20	11/13	2/19
25	6/14	9/20	7/15	10/21	8/15	11/21	9/14	12/21	10/15	1/21	11/14	2/20
26	6/15	9/21	7/16	10/22	8/16	11/22	9/15	12/22	10/16	1/22	11/15	2/21
27	6/16	9/22	7/17	10/23	8/17	11/23	9/16	12/23	10/17	1/23	11/16	2/22
28	6/17	9/23	7/18	10/24	8/18	11/24	9/17	12/24	10/18	1/24	11/17	2/23
29	6/18	9/24	7/19	10/25	8/19	11/25	9/18	12/25	10/19	1/25	11/18	2/24
30	6/19	9/25	7/20	10/26	8/20	11/26	9/19	12/26	10/20	1/26	11/19	2/25
31	6/20	9/26	7/21	10/27			9/20	12/27			11/20	2/26

* 産後休業終了日は育児休業開始日の前日です

産前休業・育児休業開始日一覧表

79 パートタイム労働者の雇用管理のポイント

1.パートタイム労働者とは

短時間労働者 (パートタイム労働者)	1週間の所定労働時間が同一の事業所に雇用される通常の労働者の1週間の所定労働時間に比べて短い労働者

「パートタイマー」「アルバイト」「嘱託」「契約社員」「臨時社員」「準社員」など名称の如何にかかわらず、この条件に当てはまれば、「パートタイム労働者」としてこの法律の対象となる。

2.パートタイム労働法の概要

(1) 労働条件明示義務

パートタイム労働者を雇い入れた際には、労働条件を文書等で明示しなければいけない。

労働基準法での明示義務	「契約期間」「就業の場所と業務の内容」「始業・終業の時刻、所定時間外労働の有無、休日、休暇」「賃金」(書面交付が義務付け)
パート労働法での明示義務	「昇給の有無」「退職手当の有無」「賞与の有無」「相談窓口(相談担当者の氏名、役職、部署等)」(文書等での交付が義務付け)＊

＊「文書等」とは、書面の他、ファクシミリや電子メールを含む(パートタイム労働者が希望した場合)

(2) 事業主の説明義務

パートタイム労働者を雇い入れた際には、雇用管理の内容を説明する義務がある。また、パートタイム労働者から説明を求められたときは、待遇の決定について考慮した事項を説明する義務がある。

雇い入れ時の説明義務	「賃金の決定方法」「教育訓練」「福利厚生制度」「通常の労働者への転換を推進するための推進措置」「不合理な待遇の禁止」
説明を求められた際の説明義務	「労働条件の文書交付等」「就業規則の作成手続」「待遇の差別取扱い禁止」「賃金の決定方法」「教育訓練」「福利厚生制度」「通常の労働者への転換を推進するための措置」「不合理な待遇の禁止」

(3) 待遇の均衡確保

パートタイム労働者の待遇について通常の労働者との働き方の違いに応じて、均衡(バランス)を図るための措置を講じなければいけない。

「職務内容(仕事の内容と責任の程度)」「人材活用の仕組みや運用」という2つの要素を通常の労働者と比較して、「賃金」「教育訓練」「福利厚生制度」などの取扱いについて均衡(バランス)を取る必要がある。

例えば、通常の労働者と比べてパートタイム労働者の就業の実態が同じ場合には待遇について通常の労働者と異なった取扱いをしてはいけない。

（4）通常の労働者への転換を推進するための措置

パートタイム労働者を通常の労働者への転換を推進するために、次の措置を講じなければいけない。

1. 通常の労働者を募集する場合、その募集内容をすでに雇っているパートタイム労働者に周知する。
2. 通常の労働者のポストを社内公募する場合、すでに雇っているパートタイム労働者にも応募する機会を与える。
3. パートタイム労働者が通常の労働者へ転換するための試験制度を設けるなど、転換制度を導入する。
4. その他通常の労働者への転換を推進するために必要な能力取得のための教育訓練の機会を与える。

（5）相談対応

事業主はパートタイム労働者の相談に対応するために、相談担当者を決め対応できる体制を整備しなければいけない。

3. その他雇用管理のポイント

最低賃金	「最低賃金」の項目（参照Sec.75）
労働保険・社会保険	「労働保険・社会保険」の項目（参照Sec.60）
健康診断	1年以上の雇用継続が見込まれ（されている）、1週間の所定労働時間が通常の労働者の4分の3以上であれば健康診断を行わなければならない。
雇用契約の更新・終了	「解雇・雇止めに関するルール」の項目（参照Sec.57）
産前産後休業	産前6週間（多児妊娠の場合は14週間）、産後8週間の休業ができる。
育児休業	期間の定めのない場合は取得することができる。期間の定めのある場合は1年以上継続雇用され、かつ子が1歳6か月になるまでに契約期間が満了することが明らかでないことなどの条件を満たせば取得することができる。
年次有給休暇	6ヶ月間継続勤務した日とその後1年を経過するごとに表に掲げる日数（参照Sec.56）を与えなければならない。

80 外国人雇用の注意点

外国人を雇用する場合は、パスポートや在留カードで「在留資格」「在留期間」「資格外活動許可」などを確認する必要がある。

【基本用語】
- パスポート（旅券）：その国の国籍保有者に対して交付される。
- ビザ：外国人に対し、入国を認容する意向の国が発行する。目的別に付与される。
- 在留資格：申請し許可された資格で、その資格の範囲内で日本で活動ができる。
- 在留カード：新規上陸、在留期間更新等で中長期在留者（3ヶ月超の在留）と決定された方に交付される。

● 在留管理制度

(1) 在留カードの交付

入国した中長期在留者に発行される。交付対象者は在留カードを常に携帯することが求められる。

（カード表面）　　　　　　　　　　　　　　（カード裏面）

(2) 外国人住民の住民票

外国人住民の方も住民基本台帳法の対象のため、「住民票」が作成される。

(3) マイナンバーカードの交付

住民票を有する外国人にはマイナンバーが通知され、申請でマイナンバーカードが交付される。

● 在留資格の種類

就労が認められている在留資格	
就労活動が具体的に特定されるもの 教授、芸術、宗教、報道、高度専門職、経営・管理、法律・会計業務、医療、研究、教育、技術・人文知識・国際業務、企業内転勤、介護、興行、特定技能、技能実習、技能など	活動に制約が無く、就労活動について特定されないもの 特別永住者、永住者、日本人の配偶者等、定住者など
就労活動が認められていない在留資格	
文化活動、短期滞在、留学、家族滞在、研修　（ただし、資格外活動許可で就労可能となる場合あり）	

●留学生をアルバイトで雇うとき

「留学」の在留資格は、日本でアルバイト等の就労をすることは認められない。ただし、「資格外活動許可書」を入国管理局より受けた場合は、以下の就労時間の制限内で、アルバイト等の「報酬を受ける活動」をすることができる。留学生が就労時間を超えて働いた場合、留学生・事業主側ともに罰則あり。

資格	区分	通常の就労時間	長期休暇中
留学	大学等の正規学生	1週間につき28時間以内	1日8時間以内週40時間以内
	大学等の聴講生・研修生		
	専門学校等の学生		

●罰則例

留学生が資格外活動許可を得ずもっぱらアルバイトをしていた場合
- 留学生　→「資格外活動罪」不法就労、退去強制、300万円以下の罰金
- 会社、代表者、担当者(許可がないと知りながら雇っていた場合)
  　　→「不法就労助長罪」3年以下の懲役、300万円以下の罰金

●外国人の労働保険・社会保険と外国人雇用状況届出書

(1) 労災・雇用保険、健康・厚生年金保険は原則被保険者となる。
(2) 雇用保険の被保険者とならない外国人の雇用・離職の場合「外国人雇用状況届出書」をハローワークへ提出。
(3) 外国人労働者を常時10人以上雇用するときは、人事課長等を「外国人労働者雇用労務責任者」として選任。

●技能実習制度

技能実習制度とは、開発途上国等の労働者が日本の企業で実務を通じて技能を習得し、帰国後自国の経済・技術発展に役立ててもらう制度。技能実習期間は最大5年。

技能実習生に実務研修(OJT)を行う場合は、雇用契約に基づき労働保険・社会保険の加入が必要。労働基準法や最低賃金法などの労働関係諸法令が適用となる。

●特定技能制度

日本国内で十分に人材が確保できない14分野で、技能と日本語の水準が高い外国人人材を雇用する制度。雇用契約に基づき労働保険・社会保険の加入が必要。労働基準法や最低賃金法などの労働関係諸法令が適用となり、給与は日本人と同等(またはそれ以上)の水準を求められる。

＊ 厚生労働省「技能実習生の労働条件の確保・改善のために」

```
https://www.mhlw.go.jp/bunya/roudoukijun/
ginoujisyu-kakuho/dl/ginou.pdf
```

●請負・業務委託契約とその他の契約形態の考え方

請負・業務委託契約	仕事の完成に対して報酬を支払うことを約束する契約をいう。仕事の完成を目的とする業務というもので、工事請負や各種注文請書などがこれに該当する。 委託契約とは、委託者より特定の業務の処理を委託され、他人の指揮命令下に入らず、自己の道具を使い、委託者に特定の業務の処理を提供する契約をいい、弁護士への委任や、不動産媒介契約などがこれに該当する。
雇用契約	労働者として雇用し、その労働に対する対価として賃金を支払うという契約をいう。労働者には、正社員やアルバイト・パート、契約社員などがこれに該当する。
派遣契約	派遣とは、派遣元の社員を派遣先の指揮命令を受けて働かせることをいう。請負では発注者は、請負業者の社員に直接指揮命令をすることはできない。指揮命令、業務の遂行方法や勤務時間等の指示命令を誰が行うのかによって異なる。

●業務委託社員と労働者の比較

業務委託を受けた者(業務委託社員)は、正社員やアルバイト等と異なり、労働者ではないため、労働基準法、労働安全衛生法、最低賃金法等や社会保険(健康保険、介護保険、厚生年金保険、雇用保険、労災保険)の適用がない。

	業務委託社員	労働者
契約	業務委託契約	雇用契約
身分	個人事業主	労働者
法律適用範囲	適用なし	適用あり(労働基準法、労働関係法令)
健康保険	国民健康保険	健康保険(協会けんぽ等)
年金	国民年金	厚生年金保険
労災保険	なし(個人で加入する)	あり(会社で加入)
雇用保険	なし	あり
所得税	確定申告	源泉徴収
支給項目	外注費	給料
消費税	課税	非課税

■業務委託契約の留意点

形式的に個人と業務委託契約書を取り交わした場合でも、労働時間管理が行われたり、上司の指揮、命令下に労働していたりすると、業務受託者は業務委託者の労働者と判断され、労働基準法をはじめとする労働者保護法が適用される。実態として業務委託としての判断基準を満たしているかどうか確認・運営していくことが重要である。

また、労災事故が起きた場合、請負契約は発注者（自社）の社員ではないため、発注者（自社）の労災保険は適用されない。誰が治療費や休業補償を行うのかということで問題になり、自社の社員（労働者）であると判断された場合は、企業の責任で補償を行わなければならない。

■業務委託社員か労働者かの判断基準

業務委託社員か労働者かの判断は形式ではなく、次の項目の実態を総合的にみて判断される。なお、すべて「はい」と答える場合には、使用従属性がなく、業務委託社員と判断される。

Q1 仕事の依頼や業務従事の指示を断ることができる。

Q2 仕事を進める上で、具体的な内容や方法の指示はない。

Q3 進捗状況の報告義務や勤務時間の管理はない。

Q4 本人ではなく代わりの者に業務を行わせることができる。

Q5 報酬が、時間・日・月を単位とする労務ではなく、業務の成果に対して（出来高制）支払われている。

Q6 欠勤や遅刻に対して報酬を控除していない、超過時間に対して報酬や手当を支給していない

Q7 報酬の源泉徴収や各種保険の適用がない

Q8 仕事に必要な場所や機械、器具の負担はしていない。

Q9 他の会社の業務を行ってもよい。

■適正な業務委託とは

適正な業務委託社員と認められるためには、次の条件を全て満たす必要がある。

1. 自己の雇用する社員の労働力を自ら直接利用するものであること。
   - 業務の遂行に関する指示や管理を自ら行っている
   - 勤務時間や休日、休暇等の指示や管理を自ら行っている
   - 企業秩序の維持や確保のための指示や管理（服務規律の設定など）を自ら行っている

2. 請け負った業務を自己の業務として契約の相手方から独立して処理するものであること。
   - 業務に要する資金を自らの責任で全て調達、支弁している
   - 業務の処理について、法律上の事業主責任を全て負っている
   - 自己の有する専門的な技術、経験に基づいて業務を処理している（業務内容が単なる肉体労働ではない）

上記の項目を満たしていない項目があると、派遣契約と判断され派遣法の適用を受けたり、職業安定法違反として発注者も処罰の対象になり得る。

82 労働者派遣法／派遣労働者受入れの留意点

派遣労働者の一層の雇用の安定、保護等を図るため、労働者派遣法（労働者派遣事業の適正な運営の確保及び派遣労働者の保護等に関する法律）が施行されている。

●労働者派遣契約の期間制限（平成27年9月1日施行）

業務内容	派遣期間の制限
全職種（禁止業務等は除く）	**個人単位の期間制限** 派遣先の同一の組織単位（例：人事課、経理課など）における継続的な受入は3年が上限
	組織単位の期間制限 派遣先の同一の事業所における継続的な受入は3年が上限 過半数労働組合等の意見聴取の手続きを経てさらに3年間の延長可。その後も同様の手続きで延長可能。

※同一の派遣労働者が3年を超えて同じ組織で派遣労働はできないが、課を異動した場合など組織が変われば可能。また、同一事業場で3年を超えて労働者派遣を受ける場合は、同一派遣労働者は不可。（個人単位の期間制限に抵触するため）

●労働契約申し込みみなし制度（平成27年10月1日施行）

労働契約申し込みみなし制度とは
派遣先が、以下の行為（違法派遣）を受け入れている場合は、その状態が発生した時点で、派遣先が派遣労働者に対して、派遣元の労働条件と同じ条件で労働契約の申し込みをしたものとみなされる。

申し込みみなし制度の対象となる違法派遣とは
・ 禁止業務に従事させること ・ 無許可・無届の派遣元からの労働者派遣の役務の提供を受けること ・ 期間制限を超えて労働者派遣の役務の提供を受けること ・ 偽装派遣

●派遣先に課された義務（平成27年9月1日施行）

派遣労働者の直接雇用の推進（努力義務）
以下のすべての項目に該当する場合は、その派遣労働者を受け入れる努力義務がある。 ・ 組織単位ごとの同一業務に1年以上継続して受け入れている。 ・ 派遣元事業主からその派遣労働者を直接雇用するよう依頼があった。 ・ 派遣終了後に、引き続き同一の業務に従事させるために労働者を雇用する。

●派遣先に新たに課された義務（令和2年4月1日施行）

派遣元への情報提供義務の強化
派遣先事業主は、派遣元事業主に自社社員の賃金等の待遇に関する情報を提供しなければならないこととされる。情報提供をしない場合は、労働者派遣契約を締結することはできなくなる。

●派遣元に課された義務（平成27年9月1日施行）

雇用安定措置の実施（義務）

同一の組織単位に継続して3年間派遣される見込みがある場合、下記の雇用安定措置を講じる義務がある（1年以上3年未満の場合は努力義務）。

①派遣先への直接雇用の依頼
②新たな派遣先の提供（合理的なものに限る）
③派遣元での（派遣労働者以外としての）雇用
④その他安定した雇用の継続を図るための措置

※①の措置を講じた結果、派遣先での雇用に結びつかなかったときは、②〜④の措置を追加で講じる。

キャリアアップ措置（義務）

派遣元は、雇用している派遣労働者のキャリアアップを図る以下の措置を実施する義務がある。

・ 段階的かつ体系的な教育訓練
・ 希望者に対するキャリアコンサルティング

均衡待遇の推進（義務）

派遣元は、派遣労働者が希望する場合は、賃金の決定、教育訓練の実施、福利厚生の実施について、待遇の確保のために考慮した内容を説明する義務がある。

●派遣元に新たに課された義務（令和2年4月1日施行）

均等・近郊な待遇措置（義務）

派遣元事業主は、派遣労働者と派遣先事業所の通常の労働者とを比較して、均等・近郊な待遇を講じなければならないこととされた。

労働者への説明義務の強化

派遣元事業主の労働者への説明義務
・「雇用時」の労働者への説明事項
　①賃金額の見込み、②昇給・退職手当・賞与の有無、③協定対象派遣労働者 であるか否か、④苦情の処理に関する事項、⑤「不合理な待遇の禁止等」、「職務内容等を勘案した賃金の決定」に関する措置内容
・「労働者派遣時」の労働者への説明事項
　①契約期間、②就業場所と業務内容 、③始業・終業時刻、④労働時間、⑤退職事由とその手続き、⑥解雇の事由 、⑦休暇、⑧「不合理な待遇の禁止等」、「職務内容等を勘案した賃金の決定」に関する措置内容

労働者派遣法／派遣労働者受入れの留意点

●出向の種類

在籍出向	移籍出向（転籍）	派遣
出向元・出向先双方と出向労働者との間に労働契約関係がある場合をいい、出向元・出向先それぞれに対して労働契約関係の範囲内で労働基準法が適用されることになる。出向先での労働条件や出向先での身分等については、出向元・出向先・出向労働者の三者間で取り決める。	出向元との労働契約関係が終了し、出向先のみで労働契約関係がある場合をいいます。労働基準法の適用も出向先で適用される。	労働者と派遣労働契約（労働契約）を結んだ会社（派遣元）が労働者派遣契約（派遣契約）を結んでいる会社（派遣先）へ労働者を派遣し、労働者は派遣先の指揮命令を受けて働くという働き方。派遣先は労働者から労務の提供を受けたことに対し派遣元に派遣料金を支払い、派遣元は、派遣労働者が労務を提供したことに対し派遣労働者に賃金を支払う。

●出向関係の適用範囲（例示）

区分	在籍出向	移籍出向
同　意	包括的同意(注1)	個別的同意
賃　金	契約による出向元・出向先どちら負担でもよい	出向先が負担
賞　与	契約による出向元・出向先どちらの基準でもよい	出向先の基準により支給
退職金	－	出向先の基準により支給
労災保険	出向先で適用	
雇用保険	賃金支給している方で適用	出向先で適用
健康保険厚生年金	賃金支給している方で適用	出向先で適用
労働時間休憩・休日	出向先で適用	

区分	在籍出向	移籍出向
有給休暇	年休付与：出向元で付与 （勤続年数は出向元・出向先通算）	出向先で適用
解　雇	出向元の規定による	出向先で適用
退　職	出向元の規定による	出向先で適用

（注1）就業規則等に出向についての定めがあれば、その定めについて承諾の上で入社したことになるため、労働者は就業規則で定められている出向に同意しているとみなす根拠になります。

●派遣関係の適用範囲

区分	派遣元	派遣先
賃　金 （休業手当、非常時払制含む）	○ ※時間外、休日、深夜の割増賃金含む	－
労働契約	○	－
退職金	○	－
労災保険	○	－
雇用保険	○	－
健康保険 厚生年金	○	－
労働時間、休憩、休日	※変形労働時間の定めは「派遣元」	○
時間外及び休日の労働	※36協定の締結・届出は「派遣元」	○
有給休暇	○	－ 時季変更も不可
適用の除外	－	○
災害補償	○	－
就業規則	○	－
解　雇	○	－

84 働き方改革 年次有給休暇の年5日取得義務

●年次有給休暇の年5日取得義務

2019年4月から年5日の年休を労働者に取得させることが使用者の義務となる。「労働者自らの取得」「計画的付与（Sec.56参照）」「時季指定」のいずれかの方法による。

1. 対象者

年次有給休暇が10日以上付与される労働者が対象
※ パートアルバイトであっても10日以上付与されている者は対象となる

2. 年5日の時季指定義務

使用者は、労働者ごとに年次有給休暇を付与した日（基準日）から1年以内に5日について取得時季を指定して年次有給休暇を取得させなければならない。

2020/4/1 入社　　2020/10/1　　　　　　　　　　　　2020/9/30

付与日から1年間に5日年休を取得

10日付与（基準日）

3. 時季指定の方法

使用者は、時季指定に当たっては、労働者の意見を聴取しなければならない。
また、出来る限り労働者の希望に沿った取得時季になるように努める。ただし、既に5日以上の年次有給休暇を取得している労働者に対しては時季指定することはできない。

4. 年次有給休暇管理簿

使用者は、労働者ごとに年次有給休暇管理簿を作成し、3年間保存しなければならない。

5. 就業規則への規定

時季指定の対象となる労働者の範囲及び時季指定の方法等について、就業規則に記載しなければならない。

> 【規定例】 年次有給休暇が10日以上与えられた労働者に対しては、付与日から1年以内に、当該労働者の有する年次有給休暇日数のうち5日について、会社が労働者の意見を聴取し、その意見を尊重した上で、あらかじめ時季を指定して取得させる。ただし、年次有給休暇を取得した場合においては、当該取得した日数分を5日から控除するものとする。

6. 罰則

以下の通り違反した場合には罰則が科せられることがある。

違反条項	違反内容	罰則規定	罰則内容
労基法 第39条 第7項	年5日の年次有給休暇を取得させなかった場合^(※)	労基法 第120条	30万円以下の罰金
労基法 第89条	使用者による時季指定を行う場合において、就業規則に記載していない場合	労基法 第120条	30万円以下の罰金
労基法 第39条 （第7項除く）	労働者の請求する時季に所定の年次有給休暇を与えなかった場合^(※)	労基法第119条	6か月以下の懲役または30万円以下の罰金

※ 罰則による違反は、対象となる労働者1人につき1罪として取り扱われるが、労働基準監督署の監督指導においては、原則としてその是正に向けて丁寧に指導し、改善を図ってもらう。

●労働時間に関する制度

　1日8時間、週40時間を超える労働をさせる場合は、36協定を締結し届け出る必要がある。

●労働時間上限規制

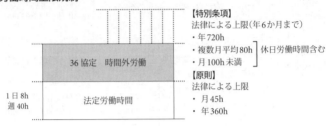

【特別条項】
法律による上限（年6か月まで）
・年720h
・複数月平均80h ┐休日労働時間含む
・月100h未満 ┘

【原則】
法律による上限
・月45h
・年360h

36協定　時間外労働

法定労働時間

1日8h
週40h

●特別条項を設ける場合

Step1 毎月の時間外労働、休日労働の時間数の把握

各労働者ごとに労働時間を把握し、1日8時間・週40時間を超える時間外労働および休日労働の時間数を把握する。

	4月	5月	6月	7月	8月	9月	10月	11月	12月	1月	2月	3月	合計
時間外労働	80	60	45	30	75	40	50	45	60	40	85	45	655
休日労働	0	16	8	0	8	0	0	0	16	0	0	0	
合計	80	76	53	30	83	40	50	45	76	40	85	45	

2ヶ月平均	57.5 h
3ヶ月平均	48.3 h
4ヶ月平均	47.5 h
5ヶ月平均	50.0 h
6ヶ月平均	55.0 h

Step2 月45時間を超えるのは年6月以内になっているか確認　　▩…45h超の月は年6月以内

特別条項を設ける場合に原則である月45時間を超えて設定が可能なのは、年6月以内とする。

Step3 年間の時間外労働が720時間未満であるか確認　　▭…年720h

特別条項付きであっても年間の時間外労働は720時間未満に抑える必要がある。

Step3 複数月の平均を80時間未満であるか確認　　⬚…平均80h

上記図のように2か月～6か月平均してそれぞれ80時間未満に抑える必要がある。
時間外労働・休日労働の合計時間数で集計する。

Step4 月100時間未満であるか確認　　▬…月100h未満

各月の時間外労働・休日労働の合計時間数が100時間未満であるかを確認する。

MEMO

86 労働問題に係わる民事裁判例

●過労自殺

電通事件 （最高裁判決 平成12年3月24日）

争点：過労自殺と使用者の損害賠償責任

地位：入社2年目、セールス・イベントの企画立案

- 使用者は労働者の疲労や心理的負担等が過度に蓄積、心身の健康を損なわないよう注意義務を負う。
- 業務上の指揮監督を行う上司も使用者の注意義務に従って権限を行使すべき。

●いじめ・ハラスメント

関西電力事件 （最高裁判決 平成7年9月5日）

争点：会社の不法行為の存否

地位：従業員

- 管理職らが監視や孤立化、職場八分を集団的に行った。
- 職場における自由な人間関係を形成する自由、名誉、プライバシーを侵害する行為は労働者の人格的利益を侵害するものとして不法行為の成立を認定。

マタニティハラスメント訴訟 （最高裁判決 平成26年10月23日）

争点：妊娠中の女性労働者の業務を軽易な業務へ転換したことを契機として降格することの可否

地位：病院勤務の理学療法士

- 理学療法士が妊娠に伴い軽易な業務への転換を希望したところ、軽易な業務への転換が認められたものの降格処分を受けた。
- 女性労働者につき妊娠中の軽易業務への転換を契機として降格される事業主の措置は原則として男女雇用機会均等法9条3項の禁止する取扱いに当たると判断。

●時間外手当の支払

年俸制と時間外手当の支払 （最高裁判決 平成29年7月7日）

争点：年俸制に時間外労働等の割増賃金を含める合意があれば、年俸の支払により時間外労働等の割増賃金に対する支払といえるか否か。

地位：病院に勤務する医師

- 年俸1,700万円には病院の時間外規定に基づき支払われるもの以外の時間外労働等に対する割増賃金を含める合意がなされていたものの、このうち時間外労働等に対する割増賃金に当たる部分は明らかにされていなかったものであるから、年俸の支払により、時間外労働及び深夜労働に対する割増賃金が支払われたということはできないと判断。

●就業規則の不利益変更

みちのく銀行事件 （最高裁判決　平成12年9月7日）

争点：高齢者の賃金減額の有効性
地位：行員

- 新たな就業規則の変更で、既得権を奪い、労働者に不利益な労働条件を一方的に課することは原則許されない。特に、賃金、退職金など実質的に不利益を及ぼす変更については、高度の必要性に基づいた合理的な理由が必要。
- 不利益の大きさ、変更の相当性が認められないことなどを理由に、多数派の同意を考慮しても、なお合理性は認められないと判断。

●事業場外労働に関するみなし労働時間制の適用可否

阪急トラベルサポート事件 （最高裁判決　平成26年1月24日）

争点：募集型企画旅行の添乗員に対するみなし労働時間制の適用可否
地位：募集型企画旅行における添乗員

- 添乗員が自ら決定できる事項の範囲及びその決定に係る選択の幅は限られていた。
- 会社は、添乗員に対し、あらかじめ定められた旅行日程に沿った旅程の管理等の業務を行うべきことを具体的に指示し、予定された旅行日程に途中で相応の変更を要する事態が生じた場合にはその時点で会社が個別の指示をし、旅行日程の終了後は内容の正確性を確認し得る添乗日報によって業務の遂行の状況等につき詳細な報告を受けていた。
- 「労働時間を算定し難いとき」に当たるとはいえないとして、みなし労働時間制の適用を否定。

●労働契約法20条の解釈（正社員と非正社員の待遇格差）

ハマキョウレックス事件・長澤運輸事件 （最高裁判決　平成30年6月1日）

争点：正社員へ支給している各種手当を有期雇用の労働者に支給しないことの適否
　　：正社員へ支給している各種手当を定年後に再雇用した有期労働者に支給しないことの適否
地位：有期労働契約により就労するトラック運転手（ハマキョウレックス事件）
　　：定年後に再雇用された有期労働者（長澤運輸事件）

- 賃金項目の趣旨や手当の性質等を個別にチェックし、手当の趣旨等が有期雇用にも無期雇用にも該当するのであれば、有期雇用への不支給は違法とする一方、手当の趣旨等が無期雇用にのみ該当する場合には、有期雇用に対し不支給とすることも許される（適法）。

87 労働基準監督署の調査

●労働基準監督署の４つの調査

1. 定期監督

原則定期的・計画的に実施される最も一般的な調査。原則として立ち入り調査は行われず、必要書類を持参のうえ事業所が労基署へ出向く。

2. 申告監督

労働者もしくは労働者であった者からの申告に基づいて実施される調査。

3. 災害時監督

一定規模以上の労働災害が発生した場合、その災害実態確認のため行う調査。

4. 再監督

過去に是正勧告を受けたが、指定期日までに「是正（改善）報告書」が提出されない場合や、事業所の対応が悪質である場合に再度行われる調査。

●定期監督・申告監督で提出を求められ、チェックされる主な書類

①会社組織図、②労働者名簿、③就業規則、④賃金台帳、⑤出勤簿・タイムカード・時間外・休日労働に記録、⑥時間外・休日労働に関する協定書、⑦変形労働時間制等を導入している場合の労使協定、⑧年次有給休暇管理簿、⑨労働条件通知書、⑩健康診断の実施結果、⑪安全委員会・衛生委員会等の設置・実施状況、⑫産業医の選任状況

●是正勧告書・指導表

ケース	交付文書
法律違反がある場合	是正勧告書
法律違反はないが、改善の必要がある場合	指導表
労働安全衛生法その他の違反があり、危険がある場合	施設設備の使用禁止等命令書

●是正勧告具体例

是正勧告ワースト1：36協定不備

1. 36協定が締結されていない。
2. 36協定は通常１年の期間を定めて締結するが、更新されない。
3. 協定の締結及び届出はあるものの、協定で定めた時間外労働の限度時間を超えて時間外労働をさせている。

労働基準監督署の調査

是正勧告ワースト2：残業代の未払い

1. 労働時間の記録がなく、「うちは残業が一切ない」としている。
2. 1日ごとの労働時間もしくは残業時間（に端数）を30分とか15分単位でカットしている。
3. 会社の指示により1ヶ月の残業時間を30時間ないし40時間までしか認めないとしている。
4. 時間外について自己申告制としているが、残業時間を過少申告している。
5. 「○○手当」に残業代を含めている。
6. 年俸へ残業代を含めている。
7. 割増賃金の計算方法に間違いがある。
8. 管理監督者の範囲が違う。
9. 管理監督者に深夜労働の割増賃金を支払っていない。
10. 振替休日で40時間超の場合2割5分の割増賃金を支払っていない

是正勧告ワースト3：就業規則が未作成・未届・不備

1. 就業規則を作成、届出していない。
2. 労働者代表の意見を聴かずに作成・届出している。
3. 労働者へ周知していない。

●是正勧告を受けたときの対応

　労基署の調査で法律違反が発見されると、行政指導である「是正勧告」を受けることになり、その際監督官から交付されるのが「是正勧告書」である。是正勧告を受けた会社は指定期日までに指摘事項を改善し、「是正（改善）報告書」を監督官に提出しなければならない。

●労基署の調査の際にやってはいけないこと

　・勤怠データの改ざん　・賃金台帳の改ざん　・調査前に従業員に対し「残業はない」などと強要すること　・指定された契約書（労働契約書や雇用契約書など）を隠すこと

　労働基準法第120条4条「労働基準監督官の臨検を拒み、妨げ、もしくは忌避し、その尋問に対して陳述をせず、もしくは帳簿書類の提出をせず、または虚偽の記載をした帳簿書類の提出をした者は、30万円以下の罰金に処する」

88 労使紛争解決の手段

労使紛争解決の手段は、裁判所で行われるものと裁判外で行われるものに大別されます。

労働問題への社会的な関心が高まる中、労使紛争を解決するための様々な制度が設けられている。

●裁判所で行われる主な解決手段

名称	解決機関	強制力※1	期日の回数又は解決期間
労働審判	裁判所	和解・確定した審判の内容に強制力あり	期日は最大3回
通常訴訟	裁判所	和解・確定判決の内容に強制力あり	平均的に1年から1年半

●裁判外で行われる主な解決手段

名称	対応機関	強制力※1	期日の回数又は解決期間
あっせん	労働委員会	強制力なし	期日1回から必要回数
あっせん	労働局	強制力なし	期日原則1回
あっせん	社労士会弁護士会	強制力なし	期日原則1回
社内紛争解決	社内苦情処理機関	社内における自主的な取り組み、解決内容に強制力なし	回数、期間に制限なし
団体交渉※2	労働組合	強制力なし	回数、期間に制限なし

※1 強制力の有無は、解決の内容が当事者により反故にされた場合に強制執行を掛けられるか否かを表す

※2 使用者と労働組合との直接交渉によるもので、制度として第三者の解決機関が関わるものではない

●解決手段の特徴

1. 裁判所で行われる解決手段と裁判外で行われる解決手段では強制力の有無に違いがある。
2. 裁判外で行われる解決手段では、より早期の柔軟な解決を目指す。
3. あっせんにおいては、当事者はあっせん室に交互に入れ替わり入室し、あっせん委員と話をするため当事者が顔を合わせることはない。
4. 通常訴訟を除き、どの解決手段も解決に至らなかった場合にはさらに他の解決手段を用いることができる。

●労働局のあっせんと労働審判の申立件数（厚生労働省統計、最高裁判所司法統計による）

	平成26年度	平成27年度	平成28年度	平成29年度
あっせん（労働局）	5,010件	4,775件	5,123件	5,021件
労働審判	3,416件	3,679件	3,414件	3,369件

89 在職老齢年金

●在職老齢年金の仕組み

在職老齢年金とは、年金受給権者が60歳以降も厚生年金被保険者で給与をもらっている場合、年金の一部または全部を支給停止にする制度。支給停止額は、基本月額と総報酬月額相当額の金額により変動する。

[用語の説明]

・「基本月額(年金月額)」

老齢厚生年金(年額)を12で割った額(加給年金は除く)

・「総報酬月額相当額」

月給(標準報酬月額)に、直近1年間の賞与を12で割った額を足した額

●60歳台前半の在職老齢年金(60歳～64歳)

・2022年3月まで
・2022年4月からは「65歳からの基準額」と同額

支給停止額(月額)の計算式

計算式①	(基本月額+総報酬月額相当額－28万円)×1/2
計算式②	(47万円+基本月額－28万円)×1/2＋(総報酬月額相当額－47万円)
計算式③	総報酬月額相当額×1/2
計算式④	(47万円×1/2)＋(総報酬月額相当額－47万円)

●60歳台後半の在職老齢年金(65歳～)

A.基本月額+総報酬月
　額相当額の合計

47万円以下	→	老齢厚生年金は全額支給される

47万円を超える	→	47万円を超えた額の1/2が支給停止される

90 老齢年金の支給開始年齢・支給額

●老齢年金の支給開始年齢

生年月日	支給開始年齢					
	60歳	61歳	62歳	63歳	64歳	65歳
男 昭和20.4.2 ～ 22.4.1 女 昭和25.4.2 ～ 27.4.1	報酬比例	報酬比例	報酬比例	報酬比例＋定額	報酬比例＋定額	老齢厚生年金／老齢基礎年金
男 昭和22.4.2 ～ 24.4.1 女 昭和27.4.2 ～ 29.4.1	報酬比例	報酬比例	報酬比例	報酬比例	報酬比例＋定額	老齢厚生年金／老齢基礎年金
男 昭和24.4.2 ～ 28.4.1 女 昭和29.4.2 ～ 33.4.1	報酬比例	報酬比例	報酬比例	報酬比例	報酬比例	老齢厚生年金／老齢基礎年金
男 昭和28.4.2 ～ 30.4.1 女 昭和33.4.2 ～ 35.4.1		報酬比例	報酬比例	報酬比例	報酬比例	老齢厚生年金／老齢基礎年金
男 昭和30.4.2 ～ 32.4.1 女 昭和35.4.2 ～ 37.4.1			報酬比例	報酬比例	報酬比例	老齢厚生年金／老齢基礎年金
男 昭和32.4.2 ～ 34.4.1 女 昭和37.4.2 ～ 39.4.1				報酬比例	報酬比例	老齢厚生年金／老齢基礎年金
男 昭和34.4.2 ～ 36.4.1 女 昭和39.4.2 ～ 41.4.1					報酬比例	老齢厚生年金／老齢基礎年金
男 昭和36.4.2以後 女 昭和41.4.2以後						老齢厚生年金／老齢基礎年金

凡例： ▰ 報酬比例部分　▱ 定額部分　▤ 老齢厚生年金　▨ 老齢基礎年金

●ねんきん定期便

　ねんきん定期便とは、毎年1回、誕生月に国民年金および厚生年金保険の加入者（被保険者）の方に対して、年金加入記録の確認と年金制度への理解を深めることを目的として送られてくるハガキもしくは封書の通知。

ねんきん定期便の見方
ねんきん定期便では、年齢や状況に応じて、これまでの年金加入期間、保険料の累計納付額、加入実績に応じた年金額、最近の月別加入状況、老齢年金の種類と見込み額等を確認することができる。

＊ 50歳未満の方

```
https://www.nenkin.go.jp/service/nenkinkiroku/
torikumi/teikibin/r3teikibin.files/01.pdf
```

＊ 50歳以上の方

```
https://www.nenkin.go.jp/service/nenkinkiroku/
torikumi/teikibin/r3teikibin.files/02.pdf
```

＊ 年金受給者であり現役被保険者の方

```
https://www.nenkin.go.jp/service/nenkinkiroku/
torikumi/teikibin/r3teikibin.files/03.pdf
```

MEMO

91 社会保障協定

1. 社会保険は派遣先国で加入が原則ですが、派遣先国と日本とで二重加入、保険料の掛捨てを防止するため、2国間で社会保障協定を締結し、年金制度の二重加入の防止および年金加入期間を通算することができる。
2. 派遣期間が5年以内は派遣元国の制度のみに加入、5年を超える場合は原則就労地国のみの加入となる。
3. 協定の対象となる社会保障制度は次の表のように協定相手国により異なり、対象となっていない制度については、それぞれ加入手続きが必要となる。

協定国	協定発行年月	適用調整の対象となる制度		年金加入期間の通算措置
		日本	相手国	
ドイツ	平成12年2月	年金制度	年金制度	あり
イギリス	平成13年2月	年金制度	年金制度	なし
韓国	平成17年4月	年金制度	年金制度	なし
アメリカ	平成17年10月	年金制度 医療保険制度	年金制度 医療保険制度	あり
ベルギー	平成19年1月	年金制度 医療保険制度	年金制度 医療保険制度 労災保険制度 雇用保険制度	あり
フランス	平成19年6月	年金制度 医療保険制度	年金制度 医療保険制度 労災保険制度	あり
カナダ	平成20年3月	年金制度	年金制度 (ケベック州年金制度を除く)	あり
オーストラリア	平成21年1月	年金制度	退職年金保障制度	あり
オランダ	平成21年3月	年金制度 医療保険制度	年金制度 医療保険制度 雇用保険制度	あり
チェコ	平成21年6月	年金制度 医療保険制度	年金制度 医療保険制度 雇用保険制度	あり
スペイン	平成22年12月	年金制度	年金制度	あり
アイルランド	平成22年12月	年金制度	年金制度	あり
ブラジル	平成24年3月	年金制度	年金制度	あり
スイス	平成24年3月	年金制度 医療保険制度	年金制度 医療保険制度	あり

| 協定国 | 協定発行年月 | 適用調整の対象となる制度 | | 年金加入期間の通算措置 |
		日本	相手国	
ハンガリー	平成26年1月	年金制度 医療保険制度	年金制度 医療保険制度 雇用保険制度	あり
インド	平成28年10月	年金制度	年金制度	あり
ルクセンブルク	平成29年8月	年金制度 医療保険制度	年金制度 医療保険制度 労災保険制度 雇用保険制度 介護保険制度 家族給付制度	あり
フィリピン	平成30年8月	年金制度	年金制度	あり
スロバキア	令和元年7月	年金制度	年金制度 医療保険制度 労災保険制度 雇用保険制度	あり
中国	令和元年9月	年金制度	年金制度	なし

社会保障協定

92 保険給付（労災保険）

●労災保険の給付（業務災害や通勤災害を原因とした療養等に給付）

こんなとき給付されます／保険給付の種類	保険給付の内容	特別支給金の内容	時効
傷病による療養／療養（補償）給付	必要な療養の給付または必要な療養の費用		2年
療養のため休業したとき／休業（補償）給付	休業4日目以降、休業1日につき給付基礎日額の60%相当額	休業4日目から、休業1日につき給付基礎日額の20%相当額	
療養開始から1年6ヶ月経過後に、傷病等級の1級から3級に該当したとき／傷病（補償）年金	障害等級に応じ給付基礎日額の313日分（1級）から245日分（3級）の年金	・障害等級に応じ114万円（1級）から100万円（3級）までの一時金 ・障害等級に応じボーナス特別支給金としての傷病特別年金	なし
傷病の治癒後障害が残ったとき／障害（補償）給付	・障害等級1級から7級は年金で支給 ・障害等級8級から14級は一時金で支給	・障害等級に応じ342万円（1級）から8万円（14級）までの一時金 ・1級から7級はボーナス特別支給金としての障害特別年金 ・8級から14級はボーナス特別支給金としての障害特別一時金	5年
1〜2級の障害・傷病年金受給者が介護を受けるとき／介護（補償）給付	介護費用として支出した額（上限・下限あり）		2年
労働者が死亡したとき／遺族（補償）給付	遺族の人数に応じて給付基礎日額の245日分から153日分の年金 年金を受け取る遺族がいないときは、給付基礎日額の1000日分の一時金	・一律300万円 ・遺族の数に応じボーナス特別支給金としての遺族特別年金 ・年金を受け取る遺族がいないときはボーナス特別支給金として遺族特別一時金	5年
葬祭を行うとき／葬祭料・葬祭給付	315,000円＋給付基礎日額の30日分		2年
健診で一定項目に異常があったとき／二次健康診断等給付	二次健康診断費用		

※給付基礎日額は、平均賃金で算出し、ボーナス特別支給金は直前1年間の賞与で算出。

93 保険給付（健康保険）

●健康保険の主な給付

こんなとき給付されます 保険給付の種類	保険給付の内容
本人（家族）が病気、ケガをしたとき 療養の給付	健康保険を扱っている病院で必要な医療を受けられる 自己負担割合は以下のとおり ①義務教育就学前　2割 ②義務教育就学以後70歳未満　3割 ③70歳～74歳　2割（昭和19年4月1日以前生まれの方は1割） （一定以上所得者は3割） 75歳以上は後期高齢者医療制度に加入（自己負担割合は③と同じ）
本人（家族）が医療費を立替払いしたとき 療養費・移送費	海外の病院などで診療を受けた場合や治療用装具を装着し一時全額立替払いしたときなどの給付（自己負担は上記と同じ割合）
本人（家族）の自己負担が高額になったとき 高額療養費	同一月に支払った自己負担額が一定の額（年齢、所得に応じて異なる）を超えたときの給付 70歳未満は事前に申請にすることで窓口の段階で自己負担限度額までの負担となる（限度額適用認定申請） 入院時だけでなく、外来診療にも適用される（平成24年4月1日以降） 70歳以上75歳未満は高齢受給者証の提示により窓口負担が自己負担限度額までとなる
同一世帯内の医療保険と介護保険の自己負担が高額になったとき 高額介護合算療養費	1年間（8月1日～7月31日）の医療保険と介護保険の自己負担分が一定の額（加入している医療保険制度、年齢、所得に応じて異なる）を超えたときの給付
本人が病気やケガで会社を休んだとき 傷病手当金	3日間の連続した休業の後、4日目以降の休業に対し標準報酬月額の3分の2に相当する額を最長1年6ヶ月支給
本人（家族）が出産したとき 出産一時金	妊娠85日以後の出産に対し、1児ごとに原則42万円を支給
本人が出産のため会社を休んだとき 出産手当金	休業1日につき標準報酬月額の3分の2を産前産後休業期間に応じて支給
本人（家族）が死亡したとき 埋葬料（費）	家族が埋葬を行った場合は5万円を支給 家族以外が埋葬を行った場合は5万円を限度に埋葬費を支給

94 保険給付（雇用保険）

●雇用保険の主な給付

こんなとき給付されます 給付金名	給付の内容	必要な書類等	申請の時期
労働者が失業したとき 基本手当	離職日以前2年間に被保険者期間が12ヶ月（解雇、倒産等は6ヶ月）以上ある人が、失業した時に支給（90日～360日分）（Sec.65参照）	雇用保険被保険者離職票－1・離職票－2雇用（失業）保険被保険者証・運転免許証等	離職の日の翌日から1年間（延長あり）
失業手当をもらっている人が職業訓練を受講したとき 技能習得手当	受講手当＝日額500円▽通所手当＝月額42,500円(実費)▽寄宿手当＝月額10,700円（家族と別居の場合）	技能習得手当・寄宿手当申請書	基本手当の受給中（最長2年間）
失業手当をもらっている人が病気やケガをしたとき 傷病手当	基本手当に代えて同額の給付	傷病手当支給申請書受給資格者証・失業認定申告書	働けなくなった翌日から1ヶ月以内
65歳以上の高年齢被保険者が失業したとき 高年齢求職者給付金	雇用保険加入期間1年未満＝基本手当の30日分▽1年以上＝基本手当の50日分（一時金）	雇用保険被保険者離職票－1・離職票－2雇用（失業）保険被保険者証・運転免許証等	離職の日の翌日から1年間（延長なし）
失業した人が、早期に再就職したとき（常用雇用） 再就職手当	基本手当の支給残日数が3分の2以上ある場合 残日数×70％×基本手当日額 3分の1以上ある場合 残日数×60％×基本手当日額	再就職手当支給申請書▽採用証明書・受給資格者証	再就職日の翌日から1ヶ月以内
再就職手当を受けた人が離職前の賃金より低い賃金で6か月以上雇用されたとき 就業促進定着手当	低下した賃金（差額）の6か月分が一時金で支給（上限有）	就業促進定着手当支給申請書 雇用保険受給資格者証 就職日から6か月間の出勤簿 就職日から6か月間の賃金台帳	再就職した日から6か月経過した日の翌日以降2か月以内
失業した人が、早期に再就職したとき（常用雇用以外） 就業手当	上記と同条件の支給残日数で常用雇用でなく就業した場合 就業日×30％×基本手当日額	就業手当支給申請書 パート等の明細書・受給資格者証	失業認定日に申請（4週に1度）
失業した人が、早期に再就職したとき（就職困難者等） 常用就職支度手当	常用就職が困難な人が安定した職業に就き、再就職手当を受けられないとき 残日数×40％×基本手当日額	常用就職支度手当支給申請書 採用証明書・受給資格者証	就職日翌日から1ヶ月以内
資格取得等職業能力アップを目指すとき 一般教育訓練給付金	被保険者期間3年以上（初回は1年）の場合、受講費の20％（上限10万円）	教育訓練給付金支給申請書 教育訓練終了証明書 領収書	受講終了日翌日から1ヶ月以内
厚生労働大臣指定の専門実践訓練を受講するとき 専門実践教育訓練給付	被保険者期間10年以上（初回は2年）の場合、受講費の40％（上限年32万円） （さらにその資格で就職できた場合）受講費の70％（上限年48万円）	教育訓練給付金受給資格確認票 ジョブカード 住居所確認書類	受講開始日の1ヶ月前まで

こんなとき給付されます 給付金名	給付の内容	必要な書類等	申請の時期
45歳未満離職者が専門実践教育訓練を受講するとき 教育訓練支援給付金	訓練中に離職前賃金に基づき算出した額（基本手当の半額）	教育訓練給付金受給資格確認票 離職票 住居所確認書類	受講開始日の1ヶ月前まで
60歳以降賃金が低下した状態で働き続けるとき 高年齢雇用継続基本給付金（基本手当支給無）	賃金が75％未満となった場合、支払われた賃金の最大15％	高年齢雇用継続給付金支給申請書 六十歳到達時等賃金証明書・賃金台帳・出勤簿等	最初の支給対象月の初日から4ヶ月以内
60歳以降賃金が低下した状態で働き続けるとき 高年齢再就職給付金（基本手当支給有）	基本手当の支給残日数が100日以上あり賃金が75％未満になった場合、支払われた賃金の最大15％	高年齢再就職給付金支給申請書 賃金台帳・出勤簿等	最初の支給対象月の初日から4ヶ月以内
1歳未満の子を養育するため育児休業を取得したとき 育児休業給付金	育児休業開始から180日までは休業開始時賃金×67％を支給、181日目からは休業開始時賃×50％を支給（原則子供が1歳まで、ただし延長措置有）[注2] 父母ともに育児休業する場合、後から休業する方は子供が1歳2か月に達する日の前日までの育児休業に対して支給（最大1年）	育児休業基本給付金支給申請書 休業開始時賃金月額証明書・賃金台帳・出勤簿等	最初の支給対象月期間の初日から4ヶ月目の属する月の末日まで
家族を介護するために介護休業を取得したとき 介護休業給付金	介護休業開始時の賃金の67％が最大93日分 93日を3回まで分割して取得可能	介護休業給付金支給申請書 休業開始時賃金月額証明書・賃金台帳・出勤簿等	介護休業終了日の翌日から2ヶ月目の属する月の末日まで

注1　給付のための申請書・請求書の提出先はハローワーク

注2　保育園に入れない等の延長事由に該当する場合は、子が1歳6カ月に達する日まで、更に再申請により最長2歳まで支給期間が延長される

95 確定申告要否の代表的な例示

●確定申告をしなければならない人

1	所得の合計額が所得控除の合計額を超え、配当控除などをしても税額が出る人
2	給与の年間収入金額が2000万円を超える人
3	同族会社の役員などで、その同族会社から貸付金の利子や資産の賃借料などを受け取っている人
4	災害減免法により源泉徴収の猶予などを受けている人
5	在日の外国公館に勤務する人や家事使用人などで、給与の支払いを受ける際に所得税を源泉徴収されないこととなっている人
6	退職所得について正規の方法で税額計算をした場合に、その税額が源泉徴収された金額よりも多くなる人
7	居住用財産などの譲渡について控除などの特例を適用したい人（申告書の提出を適用要件とする特例の場合）

●確定申告をしなくてもよい人

1	給与の年間収入金額 2000万円以下 （甲欄：年調済み）	給与以外に所得のないサラリーマンで、確定申告による控除等の必要がない人
2		1ヶ所から給与の支払いを受けている人で、給与所得および退職所得以外の所得（不動産収入などの副収入の儲け）の金額の合計額が20万円以下の人
3		2ヶ所以上から給与の支払いを受けている人で、主たる給与以外の給与の収入金額と給与所得および退職所得以外の所得の金額の合計額が20万円以下の人
4	年金受給者で公的年金等の収入金額が400万円以下であり、かつ、公的年金等に係る雑所得以外の所得金額が20万円以下の人	
5	学生、専業主婦などで所得がない人	
6	所得が所得控除の額の合計金額以下で、源泉徴収税額もない人	

●一般的に確定申告をした方が有利な人

1	自宅をローンで購入または増改築して住宅借入金等控除を受ける人
2	負担した医療費が年間で10万円（所得200万円未満の場合はその5％）を超えた人
3	国または地方公共団体、その他一定の寄付金（ふるさと納税を含む）を2千円以上支払った人
4	災害、盗難もしくは横領によって損害を受けた人
5	年の途中で会社等を退職し、その後年内に就職せず年末調整が済んでいない人
6	年末調整後に結婚などで扶養家族等が増えた人
7	マイホーム、株式の売却損がある人
8	所得状況で申告義務はなくても、源泉徴収税額や予定納税額が還付となる人

96 青色申告の特典

一定の帳簿書類を作成し、その帳簿に基づいて正しい申告を行う法人、不動産・事業・山林所得のある個人については所得金額について有利な取扱いが受けられる青色申告の制度があります。

	所得税	法人税
要件	必要な帳簿を備え付けて全ての取引を正規の簿記の原則に従い記録すること。	
保存期間	7年	10年(注1)
届出	原則はその年の3月15日まで。1月16日以降新たに業務を開始した場合はその業務を開始した日から2ヶ月以内。 (注)相続による事業承継の場合、相続人は改めて届出が必要。届出期限は死亡日により異なる。	原則はその事業年度開始の日前日まで。新設法人の場合は次のいずれか早い日の前日まで。 ①設立の日から3ヶ月を経過した日 ②設立事業年度終了の日

	業務開始日	届出期限		設立日	事業年度終了日	届出期限
例1	1月10日	3月15日	例1	5月20日	翌年3月31日	8月19日
例2	5月20日	7月19日	例2	5月20日	6月30日	6月30日

	所得税	法人税
繰越損失	3年	10年(Sec.27参照)(注1)
共通の特例例示	中小企業者の少額減価償却資産の取得価額の損金算入の特例(Sec.15参照)	
	引当金、準備金、税額控除について特例あり	
所得税の特別控除	①55万円控除の要件(令和2年より) 　・期限内申告 　・複式簿記による記帳 　・貸借対照表も添付 　・不動産・事業を事業的規模で経営 　・電子帳簿保存、電子申告(e-Tax)による場合は65万円 ②10万円控除 　①以外の青色申告者で一定の帳簿を備え付けていること	
所得税の主な特例	①青色事業専従者給与の必要経費算入 ②小規模事業者の現金主義による所得計算	

(注1) H30/3/31以前開始事業年度において生じた欠損金額については9年、帳簿書類の保存期間も9年

第3章

青色申告の特典

225

●所得税の主な非課税所得一覧

所得税は、個人の暦年に生じたすべての所得に対して課税されますが、所得の中には政策上・社会的見地から所得税を課さないものがあります。これを非課税所得といいます。

非課税所得は申告の手続きをする必要がありません。所得税法、租税特別措置法、その他の法律の規定により非課税とされている主な所得は次のとおりです。

また、非課税所得の計算上の損失については、他の所得から控除することはできず、損益通算も不可となります。（所法9②）

	内容	根拠条文	参考
1	傷病賜金、遺族恩給、遺族年金等	所法9①三、令20	
2	給与所得者の通勤手当	所法9①五、令20の2	Sec.3参照
3	生活用動産の譲渡による所得	所法9①九、令25	
4	文化功労者年金、学術奨励金等	所法9①十三	
5	オリンピック特別賞	所法9①十四	
6	学資金等	所法9①十五	
7	相続または個人からの贈与による所得	所法9①十六	相続税についてはSec.108、贈与税についてはSec.114参照
8	損害保険の保険金、損害賠償金	所法9①十七、令30	
9	埋葬料、香典、災害見舞金等	所基通9-23	
10	労働基準法による遺族補償等	所基通9-1	
11	障害者等の少額預金の利子所得等	所法10、措法3の4	
12	介護保険の保険給付	介護保険法26	
13	健康保険の保険給付	健康保険法62、149	Sec.93参照
14	国民健康保険の保険給付	国民健康保険法68	
15	雇用保険の失業等給付	雇用保険法12	Sec.94参照

所得区分	例示	所得の内容	所得計算の概要
利子所得	預貯金の利子など	預貯金や公社債の利子並びに合同運用信託、公社債投資信託及び公募公社債等運用投資信託の収益の分配にかかる所得	収入金額
配当所得	株式配当など	株主や出資者が法人から受ける配当や公社債投資信託及び公募公社債等運用投資信託以外の投資信託及び特定目的信託の収益の分配などにかかる所得	収入金額−元本取得に要した借入金の利子
不動産所得	地代家賃など	土地や建物などの不動産の貸付け、地上権などの不動産に設定されている権利の貸付け、船舶や航空機の貸付けなどによる所得	総収入金額−必要経費
事業所得	商店、専門職など	商工業者、農漁業者、医師、弁護士、俳優、競馬騎手などのように、事業を営んでいる人のその事業から生ずる所得で、不動産所得、山林所得となるものを除く	総収入金額−必要経費
給与所得	給料、賞与など	サラリーマンなどが勤務先から受ける給料、賞与などの所得	収入金額−給与所得控除額
退職所得※	退職金など	退職により勤務先から受ける退職手当や一時恩給等の所得	(収入金額−退職所得控除額)×1/2
山林所得	林業など	山林を伐採して譲渡したり、立木のままで譲渡することによって生ずる所得で事業所得や雑所得となるものを除く	総収入金額−必要経費−山林所得の特別控除額(最高50万円)
譲渡所得	土地の売却など	土地、建物、ゴルフ会員権などの資産を譲渡することによって生ずる所得ただし、棚卸資産、山林、減価償却資産で一定のものを譲渡することによる所得は除く	譲渡収入−(取得費+譲渡費用)−特別控除額
一時所得	懸賞、保険金など	営利を目的とする継続的行為から生じた所得以外のもので、労務や役務の対価でもなく、さらに資産の譲渡による対価でもない一時的な性質の所得	(一時収入−収入を得るための費用−特別控除額50万円)×1/2
雑所得	年金、その他	上記の9種の所得のいずれにも該当しない所得 年金や恩給などの公的年金等 作家以外の人の原稿料や印税、講演料や放送謝金など	下記のイ+ロ イ．公的年金等 　公的年金等収入金額−公的年金等控除額 ロ．公的年金等以外 　総収入金額−必要経費

※ 退職所得金額の詳細については Sec.10参照

99 公的年金等控除額表

●公的年金等にかかる雑所得の速算表

65歳未満の方（昭和32年1月2日以後生まれの者）

公的年金収入	令和3年（2021年）からの公的年金等控除		
	公的年金以外の合計所得金額		
	1,000万円以下	1,000万円超 2,000万円以下	2,000万円超
130万円以下	60万円	50万円	40万円
130万円超 410万円以下	年金収入×25% ＋27.5万円	年金収入25% ＋17.5万円	年金収入25% ＋7.5万円
410万円超 770万円以下	年金収入×15% ＋68.5万円	年金収入×15% ＋58.5万円	年金収入15% ＋48.5万円
770万円超 1,000万円以下	年金収入×5% ＋145.5万円	年金収入×5% ＋135.5万円	年金収入×5% ＋125.5万円
1,000万円超	195.5万円	185.5万円	175.5万円

65歳以上の方（昭和32年1月1日以前生まれの者）

公的年金収入	令和3年（2021年）からの公的年金等控除		
	公的年金以外の合計所得金額		
	1,000万円以下	1,000万円超 2,000万円以下	2,000万円超
330万円以下	110万円	100万円	90万円
330万円超 410万円以下	年金収入×25% ＋27.5万円	年金収入×25% ＋17.5万円	年金収入×25% ＋7.5万円
410万円超 770万円以下	年金収入×15% ＋68.5万円	年金収入×15% ＋58.5万円	年金収入×15% ＋48.5万円
770万円超 1,000万円以下	年金収入×5% ＋145.5万円	年金収入×5% ＋135.5万円	年金収入×5% ＋125.5万円
1,000万円超	195.5万円	185.5万円	175.5万円

（注）　例えば令和3年に65歳以上の人で「公的年金等の収入金額の合計額」が350万円で、公的年金以外の合計所得金額が1200万円の場合には、公的年金等にかかる雑所得の金額は次のようになります。

$$3,500,000円－（3,500,000円×25\%＋175,000円）＝2,450,000円$$

●税額の精算方法

　公的年金等の所得は年末調整の対象になっていませんので、源泉徴収された税額があるときには、確定申告で精算することになります。

●確定申告をしたほうが有利な人

　年金受給者で収入が400万円以下などにより、確定申告をしなくてもよい人は、医療費控除等を受けたい場合など確定申告をしたほうが有利な場合もあります。

100 譲渡所得の概要

譲渡所得とは、土地、建物、ゴルフ会員権などの資産を譲渡することによって生ずる所得をいいます。

ただし、事業用の商品などの棚卸資産や山林の譲渡、使用可能期間が1年未満の減価償却資産や取得価額が10万円未満の減価償却資産（業務の性質上基本的に重要なものを除く。以下同じ）及び一括償却資産の必要経費算入の規定の適用を受けた減価償却資産などの譲渡による所得は、譲渡所得にはなりません。

●譲渡所得の区分と税率

譲渡した資産	名称	期間	課税	税率
下記以外の資産を譲渡したとき	総合短期譲渡所得	5年以下	総合課税	累進税率（他の所得と合算）
	総合長期譲渡所得	5年超(注1)		
土地や建物などを譲渡したとき	分離短期譲渡所得	5年以下	申告分離課税	所得税30.630%＋住民税9%
	分離長期譲渡所得	5年超(注2)		所得税15.315%＋住民税5%
株式などを譲渡したとき	株式等に関わる譲渡所得	―		

(注1) 所有期間：購入日から譲渡日までの期間で5年以下、5年超を判定
(注2) 保有期間：譲渡した年の1月1日現在で5年以下、5年超を判定

●土地建物等と株式等以外の資産を譲渡したとき（総合課税）

(1) 譲渡所得の金額の計算方法

　①短期譲渡所得と長期譲渡所得の区分

短期譲渡所得	所有期間が5年以下の資産を譲渡することにより生ずる所得（自己の研究成果である特許権などは所有期間に関係なく長期譲渡所得）
長期譲渡所得	所有期間が5年を超える資産を譲渡することにより生ずる所得

　②譲渡益の計算
　　短期譲渡損益＝短期譲渡所得の総収入金額－（取得費＋譲渡費用）
　　長期譲渡損益＝長期譲渡所得の総収入金額－（取得費＋譲渡費用）
　③内部通算
　　②の計算上損失がある場合には、それぞれの譲渡益の金額を限度として通算
　④生活に通常必要でない資産の災害による損失の控除
　　その年又は前年において生活に通常必要でない資産の災害、盗難又は横領による損失（前年に控除したものを除く）がある場合には③内部通算後の金額を限度として控除する（短期から先に控除）。
　⑤特別控除額
　　50万円（②－③－④の金額を限度、短期譲渡から先に控除）
　⑥譲渡所得金額 ＝ ②－③－④－⑤

(2) 税額の計算方法

　土地や建物などと株式等以外の資産を譲渡したことによる所得は、他の所得と合計して、総所得金額を求め、確定申告によって納める税金を計算します。

　なお、合計する金額は、短期譲渡所得は(1)で計算した全額ですが、長期譲渡所得の金額は、その2分の1に相当する金額です。

●非課税とされる譲渡

・生活用動産の譲渡による所得
・強制換価手続による譲渡
・国又は地方公共団体に対して財産の贈与又は遺贈をしたことによる所得
・公益法人に対して財産の贈与又は遺贈をしたことによる所得で国税庁長官の承認を受けたもの
・国等に対して重要文化財等を譲渡したことによる所得
・相続税の物納をしたことによる所得

●土地建物等の譲渡所得の税額早見表（分離課税）

(計算式)　課税譲渡所得金額＝譲渡価格－（取得費＋譲渡費用）－特別控除[注3]

(単位：千円)

課税譲渡所得金額	税額	
	長期(5年超)	短期(5年以下)
	所得税：15.315% 住民税： 5%	所得税：30.630% 住民税： 9%
1,000	203.15	396.30
3,000	609.45	1,188.90
5,000	1,015.75	1,981.50
8,000	1,625.20	3,170.40
10,000	2,031.50	3,963.00
20,000	4,063.00	7,926.00
50,000	10,157.50	19,815.00
70,000	14,220.50	27,741.00
100,000	20,315.00	39,630.00
400,000	81,260.00	158,520.00
600,000	121,890.00	237,780.00
1,000,000	203,150.00	396,300.00

例：30,000千円で購入をした土地を
　　85,000千円で売却、手数料など
　　5,000千円

↓

　　85,000千円－（30,000+5,000)千円
　　課税譲渡所得金額50,000千円

(特例の適用が無い場合)
　長期に該当する場合
　　税額は所得税、住民税合計で
　　10,157.50千円
　短期に該当する場合
　　税額は所得税、住民税合計で
　　19,815.00千円

(注3)特別控除についてはSec.101、102参照

●**国外転出をする場合の譲渡所得等の特例**

・ 平成27年7月1日以降に国外へ転出する場合、評価額1億円以上の有価証券等を所有している場合には、その転出の際にその有価証券等を譲渡したものとみなして含み益に所得税が課税されます(住民税はかかりません)。

・ 有価証券等とは有価証券のほか、匿名組合契約の出資持分、未決済デリバティブ等をいいます。

・ 国外転出の日前10年以内に、国内に住所又は居所を有していた期間の合計が5年超の者が対象となります。

・ 国外転出の日から5年以内に帰国した場合、国外転出時に所有していた有価証券等を引き続き所有しているときは、この課税の取消しを行うことができます(帰国から4ヶ月以内に更正の請求)。

譲渡所得の概要

コ ラ ム

相続した土地家屋・有価証券を売却したら

相続した土地家屋・有価証券を売却して譲渡所得が発生したら、売却の年の翌年2月16日から3月15日までの間に確定申告をします。

もし、相続税の支払いがあり、相続発生の日の翌日から3年10カ月までの間に売却した場合には、取得費加算の特例を受けることができます。

この特例は、相続により取得した土地、建物、株式などを、一定期間内に譲渡した場合に、相続税額のうち一定金額を譲渡資産の取得費に加算することができるというものです。

この特例を活用したい人は、売却のタイミングや価格など、こまやかに検討することをお勧めします。

特例の形態	特例が適用される譲渡の種類等	特例の概要など	控除／税率	関連法令
譲渡所得等の特別控除	収用交換等	右記の各金額を特別控除として譲渡益から控除する。	5,000万円	措法33の4
	特定土地区画整理事業等のために土地等を譲渡		2,000万円	措法34
	特定住宅地造成事業等のために土地等を譲渡		1,500万円	措法34の2
	農地保有の合理化等のために農地等を譲渡		800万円	措法34の3
買換（交換）による課税の特例	収用等にともない代替資産を取得	補償金などの額のうち、代替資産の取得価額を超える部分についてのみ課税される。		措法33〜33の3
	特定の事業用資産の買い換え等	買換：収入金額のうち買い換え資産の取得価額の80%（特定の場合70%又は75%）を超える部分についてのみ課税される。		措法37、37の4
		交換：交換の日の価額によって買い換えたものとみなす。		
	既成市街地等内にある土地等の中高層耐火建築物等の建設のための買い換え等	買換：収入金額のうち買換資産の取得価額を超える部分についてのみ課税される。		措法37の5
		交換：交換の日の価額によって買い換えたものとみなす。		
	特定の交換分合により土地等を取得	譲渡資産のうち清算金に対応する部分だけ課税される。		措法37の6
	固定資産の交換の場合	取得した交換差金のうち一定の部分のみに課税される。交換差金を取得しなかった場合、譲渡はなかったものとされる。		所58
税率の特例	優良住宅地の造成等のために土地等を譲渡した場合の長期譲渡所得の課税の特例	特別控除後の譲渡益2,000万円以下の部分	所得税 10.210% 住民税 4%	措法31の2
		2,000万円を超える部分	所得税 15.315% 住民税 5%	
	短期譲渡所得の課税の特例	国、地方公共団体等へ譲渡した場合の短期譲渡所得の税率の軽減	所得税 15.315% 住民税 5%	措法32(3)

特例の形態	特例が適用される譲渡の種類等	特例の概要など	控除／税率	関連法令
その他	取得費の特例	長期譲渡所得の概算取得費控除（収入金額の5％相当額）		措法31の4
		相続財産にかかる譲渡所得の課税の特例（相続税額の取得費加算：相続税の申告期限後3年以内の譲渡）(注)		措法39 措令25の16
	資産の譲渡代金が回収不能となった場合等	譲渡所得の金額から、回収（求償）不能となった金額を控除することができる。		所64 所令180

（注）空き家に係る譲渡所得の特別控除との重複適用不可

（居住用財産に関する特例はSec.102を参照）

●土地等の長期譲渡所得の1,000万円特別控除制度（措法35の2）

取得	平成21年1月1日〜平成22年12月31日の期間に国内の土地等を取得

↓

所有	所有期間が5年超 平成21年取得土地等は平成27年以降に譲渡 平成22年取得土地等は平成28年以降に譲渡

↓

譲渡	譲渡益がある場合 譲渡益から最高1,000万円の控除ができる

計算例

譲渡対価7,000万円－4,000万円（取得費）＝3,000万円（譲渡益）

譲渡益3,000万円－1,000万円（特別控除）＝2,000万円（譲渡所得）

特例の形態	特例の概要など	税額計算等	関連法令
3,000万円特別控除	次のいずれかの居住用財産を譲渡した場合、譲渡所得の計算上最高3,000万円を控除することができる ①居住用家屋 ②居住用家屋とその敷地 ③居住用家屋の敷地(一定の要件あり)(注)	収入金額−取得費−譲渡費用−3,000万円	措法35①〜②
空き家に係る譲渡所得の特別控除	次の要件を満たす被相続人の居住の用に供されていた家屋や土地等を相続した相続人がそれらを譲渡した場合、譲渡所得の計算上最高3,000万円を控除することができる ①昭和56年5月31日以前に建築された家屋(区分所有物を除き、耐震性のない場合は耐震リフォームをしたもの又は除却したものに限る)であること ②譲渡した家屋又は土地等は相続開始時から譲渡の時まで、居住、貸付、事業の用に供されたものでないこと ③被相続人の居住の用に供されていた家屋又は土地等で、相続開始の直前において被相続人以外に居住していた者がいないこと ④相続開始の時から3年を経過する日の属する年の12月31日までの譲渡であること ⑤平成28年4月1日から令和5年12月31日までの間に行った譲渡であること ⑥譲渡対価の額が1億円を超えないこと	収入金額−取得費−譲渡費用−3,000万円 (注)相続財産にかかる譲渡所得の課税の特例と選択適用	措法35③〜⑩
特定の居住用財産の買換えの場合の長期譲渡所得の課税の特例	一定の譲渡資産を譲渡し、一定の買い替え資産を取得し居住の用に供した場合、譲渡所得の計算上、課税を繰り延べることができる (譲渡資産) ①令和元年12月31日までに国内にある所有期間10年超の居住用財産を譲渡 ②居住期間が10年以上 ③譲渡価額が1億円以下	【譲渡資産の譲渡価額≦買換資産の取得価額の場合】 譲渡がなかったものとされる 【譲渡資産の譲渡価額＞買換資産の取得価額の場合】 超過部分につき譲渡があったものとされる	措法36の2

特例の形態	特例の概要など	税額計算等	関連法令
	（買換資産） ①国内にある自己の居住の用に供する居住用財産 ②原則として譲渡した年、その前年、その翌年に取得又は取得の見込みであること ③原則として取得日から譲渡した年の翌年末まで居住すること ④建物床面積：50㎡以上 　敷地面積：500㎡以下 ⑤既存建物の場合は築25年以内、その他一定の基準に適合したものに限る		
長期譲渡所得の課税の特例	国内にある所有期間10年超の居住用財産を譲渡した場合、譲渡所得の計算上適用される税率が軽減される	6,000万円までの部分 　所得税10.210％ 　住民税　4％	措法31の3
		6,000万円を超える部分 　所得税15.315％ 　住民税　5％	
居住用財産の買換え等の譲渡損失の繰越控除	居住用財産の譲渡損失があり買換資産を借入金で取得した時は、その譲渡損失の金額を他の所得との通算、及び翌年以後3年以内の繰越控除を認める。		措法41の5、措令26の7
特定居住用財産の譲渡損失の損益通算および繰越控除	特定居住用財産の譲渡損失があり一定要件の下で、その譲渡損失の金額を他の所得との通算、及び翌年以後3年以内の繰越控除を認める。		措法41の5の2、措令26の7の2

（その他の「譲渡所得の課税の特例」についてはSec.101参照）

(注) 居住用家屋の敷地としていた土地等のみの譲渡をする場合、この特例を適用するには次のイ、ロの全てを充たす必要がある。
　　イ　その土地等の譲渡契約が、居住用家屋を取壊した日から1年以内に締結され、かつ、その家屋に居住しなくなった日以後3年を経過する日の属する年の12月31日までに譲渡したものであること。
　　ロ　居住用家屋を取壊した後、譲渡契約を締結した日まで、貸付けその他業務の用に供していない土地等の譲渡であること。

●長期譲渡所得の課税の特例（軽減税率）と3,000万円の特別控除の特例は、重ねて受けることができます。

●配当控除

配当控除の対象となるもの	左記のうち除かれるもの
内国法人から支払を受ける配当	申告不要とした配当等　申告分離課税を選択したもの
	特定目的会社、投資法人からの配当　建設利息、基金利息
特定株式投資信託	―
特定証券投資信託の収益の分配	公社債投資信託　特定外貨建等証券投資信託

控除額の計算方法（特定証券投資信託に係るものを除く）

① 　配当所得の金額（配当控除の対象となるもの

② 　課税される所得金額－1,000万円（赤字の時は0円）

③ 　①－②（赤字の時は0円）

④ 　③×0.1[注1]＋（①－③）×0.05[注2]＝配当控除額

　　 （注）　証投信の収益分配（一定のものを除く）は、（注1）×0.05（注2）×0.025

●住宅に関するものはSec.104参照

●政党等寄付金特別控除

次の（1）と（2）のいずれか低い金額（100円未満切捨）

(1)　$\left(\boxed{\begin{array}{l}\text{「政党等寄付金の額」と「所得金額の合}\\\text{計額×40%」とのいずれか少ない金額}\end{array}} - 2\text{千円}^{\text{(注1)}} \right) \times 30\%$

(2)　その年分の所得税額 × 25%

　　（注1）　特定寄附金等の額がある場合には2千円からその特定寄付金等の額の合計額を控除した金額

●政党以外の寄附金に係る特別控除

認定NPO法人、一定の公益社団法人、公益財団法人、学校法人、社会福祉法人等に対するものが対象で寄附金控除(Sec.7参照)との選択

次の（1）と（2）のいずれか低い金額（100円未満切捨）

(1)　$\left(\boxed{\begin{array}{l}\text{「寄付金の額」と「所得金額の合計額×40%」との}\\\text{いずれか少ない金額}\end{array}} - 2\text{千円} \right) \times 40\%$

(2)　その年分の所得税額 × 25%

●その他の主な税額控除

中小企業者が機械等を取得した場合等の所得税額の特別控除

外国税額控除

災害減免法による減免税額

コラム

セルフメディケーション税制（医療費控除の特例）

　適切な健康管理の下で医療用医薬品からの代替を進める観点から、健康の維持増進及び疾病の予防への取組として一定の取組を行う個人が、平成29年1月1日〜令和8年12月31日までの間に、自己または自己と生計を一にする配偶者その他の親族に係る特定成分を含んだOTC医薬品の購入の対価を支払った場合において、その年中に支払った対価額の合計額が1万2千円を超えるときは、その超える部分の金額（上限：8万8千円）について、その年分の総所得金額等から控除する新制度です。

　セルフメディケーション税制（医療費控除の特例）による所得控除と、従来の医療費控除を同時に利用することはできません。

●一定の取組とは

　確定申告をする人が申告対象の1年間に、保険者（健康保険組合、市町村国保等）が実施する健康診査や、予防接種などを一つでも受けていることです。一定の取組の証明方法には、健診や予防接種を受けた結果、発行される領収書や結果通知書が必要になります。

●対象の薬品について

　医師によって処方される医療用医薬品から、薬局、ドラッグストアで購入できるOTC医薬品に転用された医薬品です。
レシートに対象商品である旨の記載がありますので、なくさないように保管しておきましょう。

●適用要件一覧表

	(1)	(2)	(3)	(4)	(5)
	住宅借入金等控除	特定の増改築	耐震改修特別控除	特定改修特別控除	設定住宅新築等特別控除
	住宅（認定住宅含む）・増改築	省エネ（+耐久性向上）・バリアフリー・多世代同居対応	耐震（+耐久性向上）	省エネ（+耐久性向上）・太陽光・バリアフリー、多世代同居対応	認定住宅（長期優良・低炭素）
ローン要件	ローン控除制度		投資減税制度		
	償還期間10年以上の一定の借入金	償還期間5年以上の一定の借入金（バリアフリーは死亡時一括償還も可）	「ローン」でも「自己資金」でも適用可能		
控除期間	10年〜13年 2年目以降は年末調整で控除可	5年	改修した年のみ	改修した年のみ	居住した年のみ
対象となる工事費	一般の増改築100万超	50万超	耐震基準適合工事	50万超	—
居住要件	2以上の居宅がある場合は主たる居宅のみ				
	6ヶ月以内に居住し12月まで継続	6ヶ月以内に居住し12月まで継続		改修後6ヶ月以内に居住	取得後6ヶ月以内に居住
面積制限	床面積50㎡以上・1/2以上居住専用（注1）	床面積50㎡以上・1/2以上居住専用		床面積50㎡以上・1/2以上居住専用	床面積50㎡以上・1/2以上居住専用
建物	一般：新築・中古20年以内（耐火25年以内）認定：新築のみ	—	昭和56年5月31日以前建築家屋	—	新築のみ 平成26年4月以降は低炭素住宅も可
特定居住者（バリアフリー対象者）	—	50歳以上・要支援要介護認定・障害者・高齢者と同居等		50歳以上・要支援要介護認定・障害者・高齢者と同居等	—
控除しきれない額	翌年の住民税から控除	—			翌年繰越可能
重複適用	居住年と前後2年の計5年以内に居住用財産譲渡特例を受けていない	居住年と前後2年の計5年以内に居住用財産譲渡特例を受けていない		前3年以内の重複適用不可	前2年以内に居住用特例、特別控除を適用していない
	(3)と併用可能 (5)と併用不可	(1)との選択適用	(1)と併用可能	(1)(2)と選択適用	(1)と選択適用
所得制限	この税額控除を受ける年分の所得金額が、3000万円以下であること（注1）		所得制限なし	この税額控除を受ける年分の所得金額が、3000万円以下であること	

	(1)	(2)	(3)	(4)	(5)
	住宅借入金等控除	特定の増改築	耐震改修特別控除	特定改修特別控除	設定住宅新築等特別控除
	住宅（認定住宅含む）・増改築	省エネ（＋耐久性向上）・バリアフリー、多世代同居対応	耐震（＋耐久性向上）	省エネ（＋耐久性向上）・太陽光・バリアフリー、多世代同居対応	認定住宅（長期優良・低炭素）
対象者	非居住者であっても、居住者同様の要件で適用可（平成28年4月〜）				
適用期限	令和3年12月31日				

（注1） この控除を受ける年の合計所得金額が1000万円以下の場合、面積制限は40㎡以上。

＊ マイホームの取得等と所得税の税額控除

```
http://www.nta.go.jp/taxes/shiraberu/taxanswer/
shotoku/1210.htm
```

（1）一般的な住宅借入金等特別控除（措法41条）

居住年月		消費税率	控除期間（注2）	年末借入残高限度額	税額控除額		控除限度額
平成19年〜平成23年については、下記を参照							

＊ 住宅借入金等特別控除

```
http://www.nta.go.jp/taxes/shiraberu/taxanswer/
shotoku/1213.htm
```

居住年月		消費税率	控除期間	年末借入残高限度額	税額控除額		控除限度額
平成24年		5%	10年	3,000万円（4,000万円）	1年目〜10年目	1.0%	30万円（40万円）
平成25年		5%	10年	2,000万円（3,000万円）	1年目〜10年目	1.0%	20万円（30万円）
平成26年	1月〜3月	5%	10年	2,000万円（3,000万円）	1年目〜10年目	1.0%	20万円（30万円）
平成26年4月〜令和元年9月		8〜10%	10年	4,000万円（注2）（5,000万円）	1年目〜10年目	1.0%	40万円（50万円）
令和元年10月〜令和4年12月		10%	13年	4,000万円	1年目〜10年目	1.0%	40万円
					11年目〜13年目	（注3）	26.66万円
				5,000万円	1年目〜10年目	1.0%	50万円
					11年目〜13年目	（注4）	33.33万円

認定住宅（次のもの）については、上記の表の（ ）書内のものを適用する。「認定長期優良住宅」、「認定低炭素住宅」

（注2） 消費税率が8%、10%で適用、消費税率が5%や個人間売買で消費税が課税されない場合は平成26年1〜3月と同額。

（注3） 次のいずれか少ない金額
　　　・住宅借入金等の年末残高等（4,000万円を限度）×1%
　　　・住宅取得等の対価又は費用の額（税抜）（4,000万円を限度）×2%÷3

（注4） 次のいずれか少ない金額
　　　・住宅借入金等の年末残高等（5,000万円を限度）×1%
　　　・住宅取得等の対価又は費用の額（税抜）（5,000万円を限度）×2%÷3

(2) 特定の増改築等（次のもの）に係る住宅借入金等特別控除（措法41条の3の2）

省エネ（＋耐久性向上）(a)、バリアフリー (b)、多世帯(c)

控除期間	年末借入残高限度額 うちa、b、cの工事分	控除率		各年の 控除限度額	5年間の 控除限度額
5年	1,000万円	a、b、c以外の工事	1%	12.5万	62.5万
	250万円(注5)	a、b、cの工事	2%		

(注5)　消費税率が8％又は10％でない場合は200万円限度（多世帯を除く）

(3) 住宅耐震改修特別控除（措法41条の19の2）

	改修年月	消費税率	特別控除額計算	控除限度額
耐震（＋耐久性向上） 改修工事	平成26年4月〜 令和3年12月31日	8〜10%	標準的な工事費用の額 ×10%	25万円(注6)

(注6)　消費税率が8％、10％でない場合は20万円限度

(4) 住宅特定改修特別税額控除（措法41条の19の3）

	改修年月	消費税率	特別控除額計算	控除限度額(注5)
省エネ（＋耐久性向上）改修工事	平成26年4月〜 令和3年12月31日	8〜10%	標準的な工事費用の額 ×10%	25万円 （35万円）(注7)
バリアフリー 改修工事	平成26年4月〜 令和3年12月31日	8〜10%		20万円(注8)
多世代同居対応 改修工事	平成28年4月1日〜 令和3年12月31日	8〜10%		25万円

(注7)　（　）内の金額は【太陽光発電装置】の設置費用を含む場合。消費税率が8％、10％でない場合は20万円限度（太陽光発電設置費用を含めば35万円）
(注8)　消費税率が8％、10％でない場合は15万円限度

(5) 限度住宅の新築等をした場合の所得税の特別控除（措法41条の19の4）

居住年月	消費税率	特別控除額計算	控除限度額
平成26年4月 〜令和3年12月31日	8〜10%	標準的な性能強化費用の額（最高650万円）(注9) ×10%	65万円

(注9)　消費税率が8％又は10％でない場合は500万円限度

●個人住民税における住宅借入金等特別税額控除

　所得税の住宅借入金等特別控除の適用をした方のうち、所得税から控除しきれなかった控除可能額がある場合には、下記限度額までの税額を個人住民税から控除する。

居住年月	消費税率	控除限度額
平成25年〜平成26年3月	5%	所得税の課税総所得金額等×5％（最高9.75万円）
平成26年4月 〜令和3年12月31日	8〜10%	所得税の課税総所得金額等×7％（最高13.65万円）

コラム

医療費控除ミニ知識

●生計を一にする家族の分も忘れずに！

・ 本人が支払った医療費だけではなく、生計を一にする親族について支払ったものも、申告者本人がその負担をしていれば対象になる
　例）配偶者控除の適用を受けていない共働きの夫婦
　　　収入のある扶養控除対象外の子供
　　　遠方にいる（生活費を仕送りしている）扶養親族

●医療費控除の対象となるもの、ならないもの（抜粋）

・ 健康診断や人間ドック等の費用
　原則………×　　　病気が発見され引き続き治療を受ける場合………○
・ 入院中の差額ベッド代
　原則………×　　　医師の指示がある場合………○
・ 視力回復レーザー手術（レーシック手術）の費用………○
・ あんま、マッサージ指圧師、はり師などによる施術費用
　原則………×　　　治療のために必要な場合………○
・ 歯列矯正費用
　不正咬合………○　　　美容・予防目的のもの………×
・ インプラント費用………○
・ 老人用のおむつ代
　原則………×　　　医師の発行した「おむつ使用証明書」の添付がある場合………○
・ インフルエンザワクチン………×
・ メガネ代や補聴器代など………×
・ 薬局で買ったもの
　風邪薬、湿布薬、胃腸薬等………○
　健康維持のためのサプリメント、健康ドリンク………×
・ 子どもの通院に付き添う親の交通費………○
・ 入院している子供のために付き添う親の交通費………×
・ 車で通院したときのガソリン代・駐車場代………×

105 上場株式等に関する税制

- 利子・配当と株式等の譲渡損失の損益通算が可能です。
- 上場株式等の譲渡損失について3年間の繰越控除が可能です。
- 特定口座に、利子・配当を受け入れることが可能です。
- 特定口座のうち源泉徴収口座については申告不要とすることができます。
- 個人の大口株主は、総合課税のみ適用（申告分離課税の適用不可）
- 平成28年以降、上場株式と非上場株式の譲渡損益の損益通算は不可

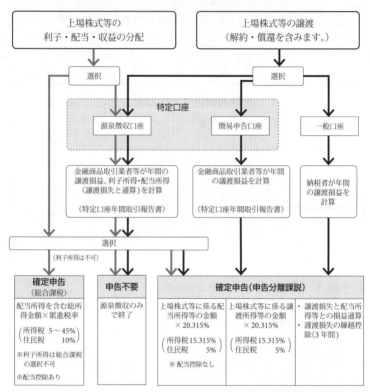

●上場株式等に係る配当所得等について、所得税と住民税で異なる課税方式をとる場合

　住民税で別途申告するための整備が行われます。なお、既に納税通知書が送達されている場合には、当該納税通知書に係る年度分の個人住民税について遡及して課税方式の変更を求めることはできません。住民税については所得控除により課税所得が少なくなってしまう人などを除いて、申告不要が有利となります。

NISA 少額投資非課税

NISA（少額投資非課税制度）とは、少額投資非課税口座で、上場株式や投資信託等を購入して得た配当金や売却益等が非課税となる制度です。

	つみたてNISA	NISA	新NISA	ジュニアNISA
投資可能期間	平成30年〜令和24年	平成26年〜令和5年	令和6年〜令和10年	平成28年4月〜令和5年
適用	積立NISAとNISAを、暦年ごとに選択		－	－
開設者（年齢制限）	居住者等（20歳以上）		居住者等（18歳以上）	居住者等（20歳未満）
非課税年間投資額	年40万円（未使用枠は翌年以後に繰越不可）	年120万円（未使用枠は翌年以後に繰越不可）	1階部分 20万円 2回部分 102万円	年80万円（未使用枠は翌年以後に繰越不可）
非課税期間	最長20年間	最長5年間	最長5年間	最長5年間 口座開設者が20歳到達まで非課税で保有可能
途中売却	途中売却可（売却枠の再利用不可）			
売却損	損失はないものとみなされ他の譲渡益や配当との損益通算や繰越控除はできない			
最大非課税金額	800万円	600万円	610万円	400万円
投資対象	一定の公募株式投資信託等	<新NISA以外> 上場株式、公募株式投資信託、ETF（上場投資信託）、REIT（不動産投資信託）など。国債、社債、公社債投資信託は対象外。 <新NISA> 1階部分 一定の公募等株式投資信託 2階部分 上場株式、公募株式投資信託等		
金融機関の変更	1年単位で変更可			変更不可
払い出し制限	なし			18歳まで制限あり
その他	累積投資（ロールオーバーなし）	非課税期間5年終了時に、新非課税口座へ移管（ロールオーバー）する際の上限が撤廃。含み益を含んだ金額で移管が可能。		

●申告の要否

申告書提出先：その年1月1日現在の住所地の自治体
申告期限　　：2月16日から3月15日

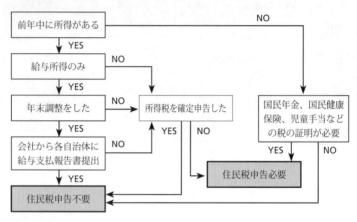

●税額と税率

	都道府県民税	市区町村民税
納税義務者	都道府県内に住所を有する個人 住所はないが一定の不動産を有する個人	市区町村内に住所を有する個人
均等割	1,000円（不動産のみ所有者は均等割のみ）	3,000円
	（共通）平成26年から令和5年までの間、それぞれ500円引き上げ1,500円と3,500円になります。	
所得割	前年所得×4%	前年所得×6%
利子割	支払いを受けるべき利子等の5%を源泉徴収	
配当割	一定の上場株式等にかかる配当等の額の5%を源泉徴収	
株式等譲渡所得割	源泉徴収口座内の株式等譲渡所得の5%を源泉徴収	

（地方税法23、24、294）

●住民税の納付方法

特別徴収	年金特別徴収	普通徴収
毎月の給与から天引き	年金から天引き	個人で納付
年12回(6月〜5月)	年6回(4、6、8、10、12、2月)	年4回(6、8、10、1月)
会社から各自治体へ納付 原則：毎月翌月10日まで 特例：10人未満の事業所 　　　半年分(6/10、12/10)	平成21年10月支給分から開始	納付書または口座引き落としにより、各自が納付

●納付先

均等割と所得割については、その年の1月1日現在の住所地の自治体に納付

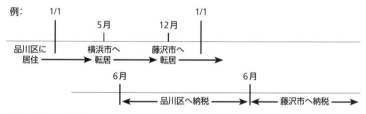

例：

●住民税と所得税の違い

	住民税	所得税
対象所得	前年の所得に課税されます	その年の所得に課税されます
所得控除	Sec.7 参照	
課税方法	賦課課税方式　各資料に基づき、自治体が計算し通知	申告納税方式　年末調整・確定申告で自ら計算・申告・納付

住民税申告の概要

108 相続税申告の概要

● 相続の開始

相続は、人の死亡によって開始します。失踪宣告を受けた者の失踪期間満了の時や危難が去った時も死亡したものとみなされ、相続開始となります。

相続税申告書の提出先は、被相続人死亡時の住所地を所轄する税務署です。

● 相続開始後のスケジュール

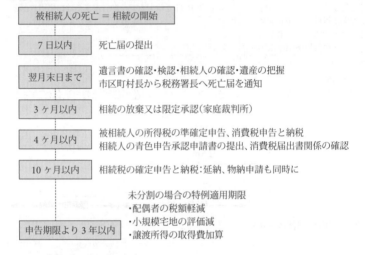

被相続人の死亡 ＝ 相続の開始

7日以内　　死亡届の提出

翌月末日まで　　遺言書の確認・検認・相続人の確認・遺産の把握
市区町村長から税務署長へ死亡届を通知

3ヶ月以内　　相続の放棄又は限定承認（家庭裁判所）

4ヶ月以内　　被相続人の所得税の準確定申告、消費税申告と納税
相続人の青色申告承認申請書の提出、消費税届出書関係の確認

10ヶ月以内　　相続税の確定申告と納税：延納、物納申請も同時に

未分割の場合の特例適用期限
・配偶者の税額軽減
・小規模宅地の評価減
・譲渡所得の取得費加算

申告期限より3年以内

● 相続税申告義務の要否

| A ≦ B　……　申告不要 | | A ＞ B　……　申告が必要 |

A ＝ 相続遺贈により取得した財産価額合計額
　　注1　相続時精算課税適用財産価額及び相続開始前3年以内の贈与財産価額を加算します
　　注2　債務及び葬式費用の額を控除します

B ＝ 遺産にかかる基礎控除額 ＝ 3,000万円 ＋（600万円 × 法定相続人の数）

● 法定相続人の数

「法定相続人の数」については、次のように取り扱われます。

（1）相続の放棄をした人はその放棄がなかったものとして計算します。
（2）養子の数は、実子がいる場合は1人、いない場合は2人までに制限されます。
（3）特別養子・連れ子養子・代襲相続人は、実子とみなされます。

●特例の適用と申告義務

　配偶者の税額軽減や小規模宅地等の評価減などの特例の適用を受ける場合には、相続税額がゼロとなった場合でも必ず相続税の申告書の提出が必要になります。

●税額控除等

(1) 相続税額の2割加算	親・子・配偶者・代襲相続人である孫、以外の人が相続等により財産を取得した場合には税額の2割を加算します。	
(2) 配偶者の税額軽減	未分割でない場合で、配偶者が相続した財産が法定相続分以下又は1億6000万円以下のときは相続税はかかりません。	
(3) 未成年者控除	相続人が20歳未満のとき税額から控除されます。20歳（令和4年4月1日以後は18歳未満の者が18歳に達するまで）に達するまでの年数×10万円	
(4) 障害者控除	相続人が障害者に該当するとき税額から控除されます。85歳に達するまでの年数×10万円（特別障害者は20万円）	
(5) 贈与税額控除	3年以内の贈与及び相続時精算課税を適用した贈与財産の価額を相続財産に加算した場合、その贈与により納付した贈与税額は控除されます。	
(6) 相次相続控除	被相続人が死亡前10年以内に相続により財産を取得した場合は一定の算式で計算した金額を控除できます。	

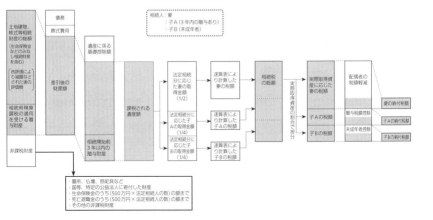

109 相続税額の計算

● 相続税額の速算表

法定相続分に応ずる取得金額	税率と控除額
1,000 万円 以下	10%
3,000 万円 以下	15% － 50 万円
5,000 万円 以下	20% － 200 万円
1 億円 以下	30% － 700 万円
2 億円 以下	40% － 1,700 万円
3 億円 以下	45% － 2,700 万円
6 億円 以下	50% － 4,200 万円
6 億円 超	55% － 7,200 万円

● 遺産にかかる基礎控除額の速算表

（3000万円＋600万円×法定相続人の数）

法定相続人の数	1 人	2 人	3 人	4 人	5 人	6 人
基礎控除額	3600 万円	4200 万円	4800 万円	5400 万円	6000 万円	6600 万円

● 計算例

法定相続人	配偶者＋子供2人
遺産総額	2 億3,000 万円
債務・葬式費用合計	1,500 万円
3 年内の贈与額	500 万円
課税遺産総額	2 億2,000 万円＝2 億3,000 万円－1,500 万円＋500 万円

課税価額の合計額		遺産に係る基礎控除額	課税遺産総額
2 億 2,000 万円		3,000 万円＋ （600 万円×3 人）＝4,800 万円	1 億 7,200 万円
法定相続人	法定相続分	法定相続分に応ずる取得価額	相続税の基礎となる税額
配偶者	1/2	8,600 万円	1,880 万円
子供	1/4	4,300 万円	660 万円
子供	1/4	4,300 万円	660 万円
合計		1 億 7,200 万円	3,200 万円

●相続税額早見表　概算

子供はすべて成人とします。相続を放棄した者はいなかったものとしています。

相続財産は法定相続分により取得するものとします。

税額控除は配偶者の税額軽減以外にはないものとします。

課税価格＝相続財産－債務葬式費用を指します。

(単位：百万円)

<table>
<tr><th colspan="2">子供の数</th><th colspan="2">1人</th><th colspan="2">2人</th><th colspan="2">3人</th><th colspan="2">4人</th><th colspan="2">5人</th></tr>
<tr><th colspan="2">配偶者</th><th>有</th><th>無</th><th>有</th><th>無</th><th>有</th><th>無</th><th>有</th><th>無</th><th>有</th><th>無</th></tr>
<tr><td rowspan="9">課税価格</td><td>1億円</td><td>3.9</td><td>12.2</td><td>3.2</td><td>7.7</td><td>2.6</td><td>6.3</td><td>2.3</td><td>4.9</td><td>1.9</td><td>4.0</td></tr>
<tr><td>2億円</td><td>16.7</td><td>48.6</td><td>13.5</td><td>33.4</td><td>12.2</td><td>24.6</td><td>11.3</td><td>21.2</td><td>10.3</td><td>18.5</td></tr>
<tr><td>3億円</td><td>34.6</td><td>91.8</td><td>28.6</td><td>69.2</td><td>25.4</td><td>54.6</td><td>23.5</td><td>45.8</td><td>22.4</td><td>38.0</td></tr>
<tr><td>4億円</td><td>54.6</td><td>140.0</td><td>46.1</td><td>109.2</td><td>41.6</td><td>89.8</td><td>38.5</td><td>75.8</td><td>36.6</td><td>67.0</td></tr>
<tr><td>5億円</td><td>76.1</td><td>190.0</td><td>65.6</td><td>152.1</td><td>59.6</td><td>129.8</td><td>55.0</td><td>110.4</td><td>52.0</td><td>97.0</td></tr>
<tr><td>10億円</td><td>197.5</td><td>458.2</td><td>178.1</td><td>395.0</td><td>166.4</td><td>350.0</td><td>156.5</td><td>317.7</td><td>148.3</td><td>291.0</td></tr>
<tr><td>20億円</td><td>466.5</td><td>1,008.2</td><td>434.4</td><td>932.9</td><td>411.8</td><td>857.6</td><td>395.0</td><td>805.0</td><td>380.8</td><td>760.0</td></tr>
<tr><td>30億円</td><td>741.5</td><td>1,558.2</td><td>703.8</td><td>1,482.9</td><td>674.3</td><td>1,407.6</td><td>651.8</td><td>1,332.3</td><td>630.0</td><td>1,260.0</td></tr>
</table>

・ 表の見方

　　課税価格3億円。相続人が配偶者と子供3人の場合の概算税額は2,540万円です。

　　課税価格10億円。相続人が子供2人の場合の概算税額は3億9,500万円です。

┌─────┐
│コ ラ ム│
└─────┘

相続税が2割増しになる人

- 親・子・配偶者・代襲相続人である孫以外の人が対象になります。
- 例えば、孫養子・兄弟姉妹・甥姪・その他親戚、友人・知人などは、通常の相続税に2割増しした税額を納付します。

┌─────┐
│コ ラ ム│
└─────┘

相続放棄をした場合の生命保険金

　契約者兼被保険者を被相続人とし、死亡保険金受取人が相続人である場合、死亡した被保険者が多額の借金を抱えているため相続人が相続放棄（民法939条）をする場合があります。この場合であっても相続放棄をした元相続人は死亡保険金を保険会社から受け取ることができるでしょうか？

　判例は、保険金請求権は保険金受取人の固有財産に属するものであり相続財産には属しないと判示しておりますので、相続放棄をした場合であっても死亡保険金受取人である元相続人は保険会社から死亡保険金を受け取ることができます。

110

相続税申告に必要な資料一覧表

	資料等	請求先等	必要部数	✓
被相続人関係書類	被相続人の原戸籍謄本	区・市役所	3	☐
	被相続人の戸籍(除籍)謄本	区・市役所	3	☐
	被相続人の父の戸籍(除籍)謄本	区・市役所	3	☐
	死亡診断書	病院	1	☐
	被相続人の経歴書	遺族・相続人	1	☐
	被相続人の遺言書・死因贈与契約書の写し	自宅・公証人役場	1	☐
	被相続人の過去5年間の所得税確定申告書の写し	自宅	1	☐
	被相続人が申告した財産・債務の明細書のコピー	自宅	1	☐
	相続時精算課税適用者がいる場合は戸籍の附票の写し	区・市役所	1	☐
相続人関係	相続人全員の戸籍謄本又は抄本	区・市役所	3	☐
	相続人全員の住民票	区・市役所	3	☐
	相続人全員の印鑑証明書	区・市役所	3	☐
	相続人の経歴書及び家族構成等	遺族・相続人		☐
	相続欠格・廃除の有無、相続放棄の手続の有無	遺族・相続人	2	☐
	未成年者については特別代理人の戸籍謄本と住民票	区・市役所	3	☐
	相続時精算課税適用者がいる場合は戸籍の附票の写し	区・市役所	1	☐
	相続人全員のマイナンバーカード等、身分証明書の写し	区・市役所等	1	☐
	遺産分割協議書	自宅		☐
不動産	土地の地目(宅地、山林、農地等)の確認			☐
	土地・建物の登記簿謄本	法務局	2	☐
	権利書の写し	自宅	1	☐
	地形図・建物の見取図	遺族・相続人	1	☐
	路線価図及び路線価・借地権割合・借家権割合	税務署		☐
	土地・建物の固定資産税評価額証明書	区・市役所	2	☐
	土地の利用状況	遺族・相続人	1	☐
	建物の利用状況	遺族・相続人	1	☐
	土地の賃貸借契約書コピー	自宅	1	☐
	建物の賃貸借契約書コピー	自宅	1	☐
	山林等の縄延の確認	謄本と実測図		☐
	未登記土地・建物及び先代名義の不動産等の確認	遺族・相続人		☐
	相続直前の不動産の売買契約の確認	自宅		☐
	被相続人は過去に土地を譲渡したことがありますか	遺族・相続人		☐
	小規模宅地の評価特例制度の選択			☐
	相続税の納税猶予制度の適用			☐
事業用財産	事業所得の決算書コピー	自宅又は店	1	☐
	固定資産台帳	自宅又は店	1	☐
	棚卸表又は月次の売上金額と仕入金額	自宅又は店	1	☐
	得意先元帳・仕入先元帳・手形記入帳	自宅又は店	1	☐
	総勘定元帳	自宅又は店	1	☐
有価証券	自宅保管有価証券のコピー	自宅又は店	1	☐
	保護預けの有価証券の残高証明書	証券会社	2	☐
	取引証券会社の顧客元帳のコピー	証券会社	2	☐
	上場株式のコピーまたは保護預り証	自宅又は証券会社	2	☐

	資料等	請求先等	必要部数	✓
有価証券	新株引受権、配当期待権	会社四季報		☐
	気配相場のある株式のコピー又は保護預り証	自宅又は証券会社	2	☐
	取引相場のない株式(相続開始前3年間の決算書、法人税の申告書・内訳書)	自宅又は会社	1	☐
	国債・地方債・社債・割引債等の債券の確認	自宅又は証券会社		☐
	貸付信託・公社債投資信託等の受益証券	自宅又は証券会社	1	☐
	相続開始の直前に購入した有価証券の確認	遺族・相続人	1	☐
	※上記の各有価証券については、被相続人名義のほか、相続人名義・無記名のすべてを用意			☐
預貯金等	預貯金の残高証明書	銀行・郵便局等	1	☐
	普通預金通帳コピー	自宅	1	☐
	金銭信託の残高証明書	信託銀行	1	☐
その他の財産	家財道具一覧表	自宅	1	☐
	書画・骨董・刀剣等の明細書・鑑定評価証明書	自宅・古美術商	1	☐
	貴金属・宝石・七宝等の明細書	自宅・貸金庫	1	☐
	未収金明細書・貸付金明細書	自宅・契約書	1	☐
	電話加入権証書のコピー	自宅	1	☐
	ゴルフ・レジャー会員権証書等のコピー	自宅・会社	1	☐
	自動車の車検証のコピー	自宅	1	☐
	被相続人の趣味に係る物	自宅	1	☐
	保険金の支払通知書のコピー	自宅	1	☐
	保険証券・郵便年金証書(権利課税対象分)	自宅	1	☐
	死亡退職金等・弔慰金の支払い通知書コピー	勤務会社	1	☐
	郵便年金証書のコピー	自宅	1	☐
	個人年金証書のコピー	自宅	1	☐
	信託財産の受益権証書のコピー	信託銀行	1	☐
	満期返戻金のある損害保険契約証書のコピー	自宅	1	☐
	同族会社との貸借関係	会社・自宅	1	☐
	その他(立木・果樹・漁船・著作権等)	自宅他	1	☐
債務等	借入金残高証明書	銀行・関係会社	1	☐
	賃貸借契約書等の契約書のコピー	自宅	1	☐
	国税・地方税の領収証・通知書のコピー	自宅	1	☐
	医療費の領収証のコピー	自宅・病院	1	☐
	資産の取得に係る未払金・ローン等	自宅	1	☐
	葬儀費用の明細書・領収証	自宅	1	☐
生前贈与	相続人等に対する生前贈与			
	1.贈与の確認	本人		☐
	2.受贈者の氏名、贈与年月日	本人		☐
	3.贈与財産の種類・数量・評価額等			☐
	4.贈与税の申告の有無			☐
	5.贈与税の配偶者控除の適用の有無	自宅		☐
	6.贈与税申告書コピー			☐

相続税申告に必要な資料一覧表

111

相続財産評価の概要一覧表

●相続税の財産評価の概要（財産評価基本通達）

財産の種類	区分	評価方法など
1. 土地	(1) 路線価方式	路線価×補正率・加算率×地積
	(2) 倍率方式	固定資産税評価額×倍率
	(3) 借地	(1)又は(2)の評価額×借地権割合
	(4) 貸地	(1)又は(2)の評価額×(1－借地権割合)
	(5) 貸家建付地	(1)又は(2)の評価額×(1－借地権割合×借家権割合)
2. 建物	(1) 自用家屋	固定資産税評価額×1.0
	(2) 貸　家	自用家屋の価額×(1－借家権割合)
3. 上場株式	(1)～(4)のうち最も低い金額	(1)相続開始の日の最終価格
		(2)相続開始の月の最終価格の月平均額
		(3)その前月の最終価格の月平均額
		(4)その前々月の最終価格の月平均額
4. 取引相場のない株式	(1)～(3)は原則的評価 (4)は特例的評価	(1)純資産評価方式
		(2)類似業種比準価格
		(3) (1)と(2)の併用方式
		(4)配当還元方式
5. 生命保険金		受取金額－非課税枠(500万円×法定相続人の数)
6. 退職手当金		受給金額－非課税枠(500万円×法定相続人の数)
	※弔慰金の非課税枠	業務上の死亡の場合　死亡時普通給与の3年分相当額
		業務上以外の死亡の場合　死亡時普通給与の6ヶ月分相当額
7. 生命保険契約に関する権利	保険事故が未発生で被相続人が保険料負担	解約返戻金相当額 × $\dfrac{被相続人が負担した保険料}{払込保険料の総額}$
8. その他	(1) 定期預貯金	元金＋解約利子の手取額
	(2) 利付公社債	発行価額(上場されているものは最終価格と平均値の低い方)＋既経過利子の手取額
	(3) 割引公社債	課税時期の最終価格(上場公社債)又は「発行価額＋既経過償還差益の額」(その他)
	(4) 貸付信託	元金＋既経過収益の手取額－買取割引料

財産の種類	区分	評価方法など
	(5) 証券投資信託	上場されているものは3の上場株式の評価に準じ、それ以外は解約請求金額
	(6) ゴルフ会員権	取引相場 × 0.7
	(7) 書画・骨董品	専門家による鑑定価額
	(8) 電話加入権	相続開始日の取引価額又は評価倍率表掲載標準価格

●地積規模の大きな宅地

適用要件	地積要件	三大都市圏：500㎡以上の宅地 それ以外の地域：1,000㎡以上の宅地
	地域要件	普通商業・併用住宅地区及び普通住宅地区。よって、次のものは適用外となる。 市街化調整区域（開発行為ができる区域を除く）と工業専用区域
	容積率要件	東京都特別区：300%未満 その他の地域：400%未満 ※容積率は建築基準法第52条第1項に規定する容積率
評価方法		（算式） 評価額＝路線価方式又は倍率方式による評価額×規模格差補正率 規模格差補正率は次の方法により計算する。 $$規模格差補正率 = \frac{(A)×(B)+(C)}{地積規模の大きな宅地の地積(A)} × 0.8$$

		三大都市圏		三大都市圏以外	
		（B）	（C）	（B）	（C）
500㎡以上	1,000㎡未満	0.95	25	―	―
1,000㎡以上	3,000㎡未満	0.90	75	0.90	100
3,000㎡以上	5,000㎡未満	0.85	225	0.85	250
5,000㎡以上		0.80	475	0.80	500

* 地積規模の大きな宅地の評価

```
https://www.nta.go.jp/taxes/shiraberu/
taxanswer/hyoka/4609.htm
```

●種類株式の評価方法

種類株式の類型		評 価 方 法
配当優先の無議決権株式	（原則）	議決権の有無を考慮せずに評価
	（例外）	相続税納税義務者の選択により、原則的評価方法により評価した価額から5％を評価減し、その評価減した分を議決権株式の評価額に加算する評価方法
	（注）	同族株主が相続により取得した株式に限るものとし、当該株式を取得した同族株主全員の同意が条件
社債類似株式		次の条件を満たす社債に類似した特色を有する種類株式は、社債に準じた評価（発行価額に基づく評価）を行う。 （条件） ①優先配当、②無議決権、③一定期間後に発行会社が発行価額で償還、④残余財産分配は発行価額を上限、⑤普通株式等への転換権なし
拒否権付株式		普通株式と同様の評価

●債務および葬式費用

遺産総額から差し引くことができる債務

被相続人が死亡したときにあった債務で確実と認められるもの
　　例：未払いの市民税・固定資産税、借入金、預り敷金
準確定申告にかかる所得税は死亡時に確定しているものではないが、債務として遺産総額から差し引くことができる

遺産総額から差し引くことができない債務

被相続人が生前購入したお墓の未払代金など非課税財産にかかる債務

相続財産から控除できる葬式費用となるもの

(1)　死体の捜索又は死体や遺骨の運搬にかかった費用
(2)　遺体や遺骨の回送にかかった費用
(3)　葬式、葬送、火葬、埋葬のためにかかった費用
(4)　お通夜等の出費で通常葬式などにかかせない費用
(5)　読経料、お布施、戒名料

相続財産から控除できる葬式費用に含まれないもの

(1)　香典返しのためにかかった費用
(2)　墓石や墓地の購入費用、墓地を借りるための費用、位牌
(3)　法事（初七日、四十九日）に関する費用

112 非上場株式の評価

非上場株式は上場されている株式のようにマーケットが存在しないため、市場価格がありません。国税庁は相続税申告のために財産評価基本通達を定めており、この通達の中で非上場株式の評価方法を定めています。その概要について解説します。

● 会社規模の判定

会社規模は純資産価額、従業員数、取引金額をもとに判定します。

ただし、従業員数70名以上の法人は大法人となります。

直前期末の総資産価額(帳簿価額)及び直前期末以前1年間における従業員数に応ずる区分				直前期末以前1年間の取引金額に応ずる区分			会社規模とLの割合(中会社)の区分
総資産価額(帳簿価額)			従業員数	取引金額			
卸売業	小売・サービス業	卸売業、小売・サービス業以外		卸売業	小売・サービス業	卸売業、小売・サービス業以外	
20億円以上	15億円以上	15億円以上	35人超	30億円以上	20億円以上	15億円以上	大会社
4億円以上20億円未満	5億円以上15億円未満	5億円以上15億円未満	35人超	7億円以上30億円未満	5億円以上20億円未満	4億円以上15億円未満	0.90（中会社）
2億円以上4億円未満	2.5億円以上5億円未満	2.5億円以上5億円未満	20人超35人以下	3.5億円以上7億円未満	2.5億円以上5億円未満	2億円以上4億円未満	0.75（中会社）
0.7億円以上2億円未満	0.4億円以上2.5億円未満	0.5億円以上2.5億円未満	5人超20人以下	2億円以上3.5億円未満	0.6億円以上2.5億円未満	0.8億円以上2億円未満	0.60（中会社）
0.7億円未満	0.4億円未満	0.5億円未満	5人以下	2億円未満	0.6億円未満	0.8億円未満	小会社

＊「会社規模とLの割合(中会社)の区分」欄は、「総資産価額(帳簿価額)」と「従業員数」とのいずれか下位の区分と「取引金額」の区分とのいずれか上位の区分により判定します。

● 会社規模に応じた評価方法

会社規模	同族株主等		同族株主等以外
大会社	(原則)	類似業種比準価額	配当還元方式
	(選択可)	純資産価額	
中会社	(原則)	類似業種比準価額×L＋純資産価額×(1－L)	
	(選択可)	純資産価額	
小会社	(原則)	純資産価額	
	(選択可)	類似業種比準価額×0.5＋純資産価額×0.5	

113 小規模宅地等の減額特例の概要

●特例の概要

　遺産の中に居住用や事業用に使用されていた宅地等がある場合、一定の要件を満たす場合にはその宅地等の評価額を減額する特例です。

●特例の対象となる宅地等

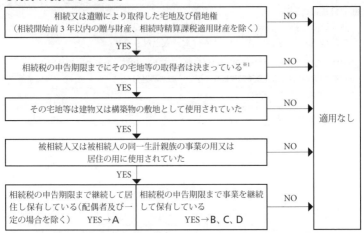

※1 申告期限から3年以内に分割された場合など一定の要件に該当する場合には、所定の手続を行うことで適用可。

※2 平成30年4月1日以降相続開始の場合、相続開始前3年以内に新たに貸付事業の用に供されたものは対象外。ただし、相続開始前3年を超えて事業的規模で貸付を行っている場合は適用あり。経過措置として、令和3年3月31日までの相続開始の場合で平成30年3月31日以前に貸付を行っているものについては適用あり。

小規模宅地等の区分		上限面積	減額割合
A	特定居住用宅地等	330 ㎡	80%
B	特定事業用宅地等	400 ㎡	80%
C	特定同族会社事業用宅地等	400 ㎡	80%
D	貸付事業用宅地等 ※2	200 ㎡	50%

　複数の宅地等を取得した場合、上限面積の調整計算が必要です。

① 貸付事業用宅地等の取得がない場合

$$\left.\begin{array}{l} \text{BとCの合計適用面積（ア）} \leqq 400 \text{ ㎡} \\ \text{Aの適用面積（イ）} \leqq 330 \text{ ㎡} \end{array}\right\} \text{あわせて最大730㎡}$$

② 貸付事業用宅地等を取得している場合

　（ア）× 200/400 ＋（イ）× 200/330 ＋ Dの適用面積 ≦ 200 ㎡

114 贈与税の計算と相続時精算課税制度

●贈与税のしくみ

贈与税は、個人から財産の贈与を受けた場合に、贈与を受けた人が負担する税金で、暦年課税制度と相続時精算課税制度の二種類があります。

●贈与税がかからない場合

1. 法人からの贈与財産（所得税の課税対象となる）
2. 扶養義務者からの生活費や教育費（通常必要と認められるもの）
3. 香典、祝いまたは見舞のための金品で社会通念上相当なもの
4. 一定の要件を満たす住宅取得資金
5. 一定の要件を満たす教育資金の一括贈与（詳細は Sec.118 を参照）
6. 一定の要件を満たす結婚、子育て資金の一括贈与（詳細は Sec.118 を参照）

●暦年課税制度

暦年課税の贈与税の計算は、まず、その年の1月1日から12月31日までの1年間に贈与によりもらった財産の価額を合計します。

続いて、その合計額から基礎控除額を差し引きます。

次に、その残りの金額に税率を乗じて税額を計算します。

> 贈与を受けた財産の合計額－基礎控除額110万円＝**課税価格**

●贈与税の速算表（暦年課税制度）

課税価格	一般贈与財産^(注1)		特例贈与財産^(注2)	
	税率	控除額	税率	控除額
200 万円以下	10%	―	10%	―
300 万円以下	15%	10 万円	15%	10 万円
400 万円以下	20%	25 万円		
600 万円以下	30%	65 万円	20%	30 万円
1,000 万円以下	40%	125 万円	30%	90 万円
1,500 万円以下	45%	175 万円	40%	190 万円
3,000 万円以下	50%	250 万円	45%	265 万円
4,500 万円以下	55%	400 万円	50%	415 万円
4,500 万円　超			55%	640 万円

（注1）一般贈与とは、特例贈与に該当しないものをいいます。
　（例）兄弟間の贈与、夫婦間の贈与、親から子への贈与で子が未成年者の場合、第三者からの贈与
（注2）特例贈与とは、直系尊属（祖父母や父母など）から、贈与を受けた年の1月1日現在で20歳以上の直系卑属（子・孫など）への贈与をいいます。
　（例）祖父から孫への贈与、父から子への贈与など（夫の父からの贈与等は該当しません）

・**計算例** 年間700万円の贈与を受けた場合

〈20歳以上の者が直系尊属から贈与を受けた場合〉

(700万円−110万円)×20%−30万円＝88万円

〈一般の贈与者からの場合〉

(700万円−110万円)×30%−65万円＝112万円

●贈与税額と負担税率の早見表(暦年課税制度)

〈20歳以上の者が直系尊属から贈与を受けた場合(特例贈与財産の場合)〉 (単位：万円)

贈与額A	110	200	300	400	500	1,000	2,000	3,000	5,000	7,500	10,000
税額B	0	9	19	34	49	177	586	1,035	2,049	3,424	4,799
B/A率	0%	5%	6%	8%	10%	18%	29%	35%	41%	46%	48%

〈一般の贈与者からの場合(一般贈与財産の場合)〉 (単位：万円)

贈与額A	110	200	300	400	500	1,000	2,000	3,000	5,000	7,500	10,000
税額B	0	9	19	33	53	231	695	1,195	2,289	3,664	5,039
B/A率	0%	5%	6%	8%	11%	23%	35%	40%	46%	49%	50%

●相続時精算課税制度

平成15年1月1日以後に受ける贈与については相続時精算課税を選択することができます。この制度の贈与税額は、特別控除額2,500万円を超えた部分に一律20%の税率をかけた金額となります。

(注1) 特別控除額＝2,500万円−前年までに使用した特別控除額

●暦年課税制度と相続時精算課税制度の比較

住宅取得等資金非課税特例の詳細については、Sec.116を参照。

項目		暦年課税制度	相続時精算課税制度		住宅取得等資金非課税特例
贈与者		親族、第三者など制限なし	一度選択適用するとその贈与者からの贈与は暦年贈与には戻れない		直系尊属 （父母、祖父母・・・） （年齢制限なし）
			一般	住宅取得等資金	
			その年の1月1日現在60歳以上の父母又は祖父母	父母又は祖父母（年齢制限なし）	
受贈者		意思表明の可能な人 （年齢制限なし）	その年の1月1日現在20歳以上の直系卑属である推定相続人（子、代襲相続人、養子）及び孫		その年の1月1日現在20歳以上の直系卑属で合計所得金額が2,000万円以下の者^(注1)
控除額 （非課税）		各年ごとに基礎控除： 年110万円	特別控除額2,500万円 ・複数年で使用が可 ・父母・養父母・祖父母のそれぞれから複数適用可		取得等対価に含まれる消費税が10%の場合	左記以外^(注2)
					3,000万円 ～1,000万円	1,200万円 ～500万円
税　率		特例贈与 一般贈与10%～55%の累進税率	特別控除を超えた部分に対して20%の税率		超えた部分は、暦年課税、相続時精算課税いずれかで課税
適用手続		贈与を受けた年の翌年3月15日までに申告（基礎控除以下なら不要）	選択開始年の翌年3月15日までに選択届出書、贈与税の期限内申告		贈与を受けた年の翌年3月15日までに申告
相続時	相続財産への加算	相続開始前3年以内の贈与は贈与時の価額で加算する（基礎控除以下でも加算）	贈与時の価額で加算する		※相続財産への加算なし
	贈与税額の精算	控除しきれない贈与税は還付されない	控除しきれない贈与税相当額は還付される		
適用期限			令和3年12月31日		令和3年12月31日

(注1) 令和3年1月1日以後の贈与については特例あり。sec.116参照
(注2) 消費税率8%の適用を受けて住宅を取得、個人から消費税のかからない住宅を取得の場合

115 贈与税の配偶者控除

(1) 制度の概要

婚姻期間が20年以上の夫婦の間で、居住用不動産または居住用不動産を取得するための金銭の贈与が行われた場合、基礎控除110万円のほかに最高2,000万円まで配偶者控除できる（贈与税がかからない）特例

(2) 適用要件

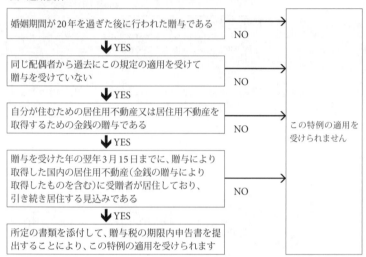

婚姻期間が20年を過ぎた後に行われた贈与である

↓YES NO→

同じ配偶者から過去にこの規定の適用を受けて贈与を受けていない

↓YES NO→

自分が住むための居住用不動産又は居住用不動産を取得するための金銭の贈与である

↓YES NO→

贈与を受けた年の翌年3月15日までに、贈与により取得した国内の居住用不動産（金銭の贈与により取得したものを含む）に受贈者が居住しており、引き続き居住する見込みである

↓YES NO→

この特例の適用を受けられません

所定の書類を添付して、贈与税の期限内申告書を提出することにより、この特例の適用を受けられます

(3) 添付書類

①受贈日から10日経過した日以後に作成された受贈者の戸籍謄本または抄本
②受贈日から10日経過した日以後に作成された受贈者の戸籍の附票の写し
③登記事項証明書などで受贈者が控除の対象となった居住用不動産を取得したことを証する書類

(4) 計算例

居住用不動産（相続税評価額2,500万円）を婚姻期間22年の妻に贈与した場合の贈与税額

$$(2,500万円 - \underset{配偶者控除}{2,000万円} - \underset{基礎控除}{110万円}) \times 20\% - 25万円 = \underset{贈与税額}{53万円}$$

●相続時精算課税選択の特例

(1)制度の概要

　令和3年12月31日までの間に、父母または祖父母(贈与者)から住宅取得等資金の贈与を受けた20歳以上(贈与を受けた年の1月1日現在)の推定相続人である子(孫を含む)が、一定の条件を満たすときは、贈与者の年齢が60歳未満であっても相続時精算課税を選択することができます。

(2)適用判定

　下記「適用要件」参照

●住宅取得等資金の贈与税の非課税

(1)制度の概要

　平成27年1月1日から令和3年12月31日までの間に、父母や祖父母などの直系尊属から住宅取得等資金の贈与を受けた20歳以上(贈与を受けた年の1月1日現在)で合計所得2,000万円以下の受贈者が、一定の要件を満たす場合に、住宅取得等資金のうち一定の金額について贈与税が非課税となる制度

(2)適用判定

　下記「適用要件」参照

(3)非課税限度額

非課税限度額(注1)

1　下記2以外の場合(注2)

住宅用の家屋の新築等に係る契約の締結日	省エネ等住宅(注3)	左記以外の住宅
平成27年12月31日まで	1,500万円	1,000万円
平成28年1月から令和2年3月まで	1,200万円	700万円
令和2年4月から令和3年3月まで	1,000万円	500万円
令和3年4月から令和3年12月まで	1,000万円	500万円

2　住宅用の家屋の新築等に係る対価等の額に含まれる消費税等の税率が10%である場合

住宅用の家屋の新築等に係る契約の締結日	省エネ等住宅(注3)	左記以外の住宅
平成31年4月から令和2年3月まで	3,000万円	2,500万円
令和2年4月から令和3年3月まで	1,500万円	1,000万円
令和3年4月から令和3年12月まで	1,500万円	1,000万円

(注1)　東日本大震災の被災者に適用される非課税限度額は以下のとおり。平成31年4月から令和2年3月までに契約を行い、かつ消費税率10%が適用される者:省エネ等住宅:3,000万円、左記以外の住宅:2,500万円・上記以外の者:省エネ等住宅:1,500万円、左記以外の住宅:1,000万円

(注2) 消費税率8％の適用を受けて住宅を取得した者のほか、個人から消費税がかからない住宅を取得した者

(注3) 省エネ等住宅は、一定の省エネ等基準、耐震基準、高齢者等配慮対策基準を満たした住宅をいいます。一定の基準等については、次のURL（国税庁）をご参照ください。

* 直系尊属から住宅取得等資金の贈与を受けた場合

```
https://www.nta.go.jp/taxes/shiraberu/taxanswer/
sozoku/4508.htm
```

● 適用要件
住宅取得等資金［相続時精算課税贈与］［住宅取得等資金非課税特例］

項目	相続時精算課税住宅取得等資金	住宅取得等資金非課税特例
前提		過去に旧非課税制度の適用を受けたことがないこと
贈与者	父母又は祖父母 （年齢制限なし）	直系尊属 （父母、祖父母・・・）（年齢制限なし）
受贈者	その年1月1日現在20歳以上の直系卑属である推定相続人（子、代襲相続人、養子）及び孫	その年1月1日現在20歳以上の直系卑属で合計所得2,000万円以下の者
住所	次のいずれかに該当 ・ 贈与時において、受贈者の住所は日本国内にある ・ 贈与時において受贈者が住所を有しないものの日本国籍を有しており、かつ、受贈者又は贈与者が贈与の日前5年以内に日本国内に住所を有していた ・ 贈与時において、受贈者日本国内に住所も日本国籍も有しないが、贈与者が日本国内に住所を有している	
使途ほか	・ 贈与を受けた住宅取得等資金の全額を、日本国内にある住宅用家屋の新築、取得、増改築等、又は要耐震改修住宅用家屋（取得日までに一定の申請が必要）の取得に充てる^(注1) ・ 贈与年の翌年3月15日までにその家屋に居住、もしくは遅滞なく居住する見込みであり、又は一定の耐震証明がされる ・ 受贈者の特別関係者（配偶者、親族など）からの取得、新築、増改築等ではない	
		・ 令和3年12月31日までに、贈与により住宅取得等資金を取得するだけではなく、住宅用の家屋の新築等に係る契約を同日までに締結している
面積	新築若しくは取得又は増改築等した住宅用家屋の登記簿上の床面積が50㎡以上240㎡以下で、かつ、その家屋の床面積の2分の1以上が居住用^(注2)	
		床面積は240㎡以下である（東日本大震災の被災者は、この制限はありません）

項目	相続時精算課税住宅取得等資金	住宅取得等資金非課税特例
築年数	取得した住宅用家屋は、次のいずれかに該当(ただし、耐震基準を満たすものは建築年数の制限なし) ・ 建築後使用されたことがない ・ 中古マンション等の耐火建築物の場合、築25年以内である ・ 中古の耐火建築物以外の建物の場合、築20年以内である	
増改築等	増改築等は受贈者が所有し居住している家屋に対して行ったもので、工事費用は100万円以上(居住用部分の工事費が2分の1以上)である	
摘要手続	選択開始年の翌年3月15日までに選択届出書、贈与税の期限内申告(注3,4)	贈与税の期限内申告(注3,4)
適用期限	令和3年12月31日まで	

(注1) 住宅用家屋の新築、取得、増改築等とともにする土地等の取得、新築に先行して行われる敷地となる土地等の取得を含みます。

(注2) 令和3年1月1日以後は、贈与を受ける年分の合計所得金額が1,000万円以下の受贈者については床面積が40㎡以上240㎡以下であるもの。

(注3) 贈与税の申告期間は、贈与の翌年2月1日から3月15日

(注4) 申告時に必要な添付書類の例示
　　　・登記事項証明書
　　　・請負契約書、売買契約書
　　　・受贈者の住民票の写し　ほか

┌─コ│ラ│ム─

死亡退職金と弔慰金の取り扱い

	死亡退職金	弔慰金
相続税	みなし相続財産として課税対象500万円×法定相続人の数までは非課税限度額となる	非課税(注1)
法人税	損金算入	損金算入
支払調書	退職手当金等受給者別支払調書(同合計表)を作成。支払のあった月の翌月の15日までに所轄税務署へ提出	なし

弔慰金は通常課税されませんが、下記の場合、相続税が課税されます。

(注1) ①実質上退職金と認められる部分
　　　 ②上記以外の金額のうち次の金額を超える部分
　　　　　●業務上の死亡の場合:死亡時の普通給与の3年分
　　　　　●業務上の死亡以外の場合:死亡時の普通給与の半年分

117 土地の価格

売買価格 ※	売主と買主が合意した価格 需給バランスにより決定します。 売買が頻繁に行われる地域では、売買価格は相場に収斂していきます。 但し、取引ごとに特別な事情が存在することや、土地の規模や形状等に影響を受けることに注意が必要です。
地価公示価格	一般の土地の取引価格の指標として、適正な地価形成のために国土交通省が毎年発表する価格。公共事業用地の取得価格の算定等の規準ともされています。標準地として選定された地点の価格が公示されます。 ＊ 国土交通省「土地総合情報システム」 **https://www.land.mlit.go.jp/webland/** （売買の取引価格検索も可能）
地価調査価格	都道府県から毎年発表される7月1日現在の更地の価格。地価公示制度の補完的な役割を担っています。 ＊ 国土交通省「土地総合情報システム」（同上）
路線価	相続税や贈与税の算定基準となるもの。 ＊ 財産評価基準書（路線価図等） **https://www.rosenka.nta.go.jp/**
固定資産評価額	固定資産税、都市計画税、不動産取得税、登録免許税の算定基準、及び相続税倍率方式地域における基礎価格算定基準となる価格。

※国土交通省「土地総合情報システム」の「不動産取引価格検索」にて、実際の不動産取引価格の
　一部を閲覧できます。

価格の種類別比較

	売買価格	公示価格	基準価格	路線価	固定資産評価額
価格査定元	売主/買主	国土交通省	都道府県	国税庁	市町村
価格基準日	合意時	1月1日	7月1日	1月1日	評価替え前年の1月1日
基準年	―	毎年	毎年	毎年	3年毎（時点修正あり）
発表日	―	3月下旬	9月下旬	7月初旬	市町村により異なる
地点数	―	約26,000	約21,540	路線価による	土地の筆ごと
価格の根拠	需給バランス	取引事例や収益性等によって評価	取引事例や収益性等によって評価	公示価格等×0.8を基準とする	公示価格等×0.7を基準とする
発表方法	―	官報など ホームページ	公報など ホームページ	路線価図 ホームページ	路線価は縦覧、個別は郵送により通知

教育資金、結婚・子育て資金一括贈与に係る贈与税の非課税措置

●制度の概要と比較

	教育資金非課税	結婚・子育て資金非課税	相続税法21条の3による非課税
贈与者	直系尊属、年齢要件なし		扶養義務者
受贈者	30歳未満の子や孫	18歳以上50歳未満の子や孫	被扶養親族
受贈者の所得要件	なし(平成31年4月1日以後に取得するものは、前年の合計所得金額が1,000万円超の者を除く)		教育費、生活費
非課税限度額	受贈者1人につき1,500万円(学校等以外の塾などは500万円)	受贈者1人につき1,000万円(結婚資金は300万円)	通常必要と認められるもの
手続きの流れ	金融機関に子・孫名義の口座を開設し(資金管理契約)、資金を一括拠出		
	金融機関が税務署に非課税申告書を提出		
	払い出しは、資金に充てたことを確認できる書類を金融機関に提出		
	金融機関が領収書等をチェックし書類を保管		
資金管理契約の「終了事由」と「終了時の課税関係」	1 受贈者が30歳に達した場合※1	1 受贈者が50歳に達した場合	
	2 受贈者が死亡した場合		
	3 信託財産等の価額がゼロとなった場合において終了の合意があった場合		
	1、3の場合 → 残額(使い残しや、残額がゼロでも非課税対象以外に使用したもの)があれば終了時の年分で贈与税を課税		
	2の場合 → 贈与税は非課税		
資金管理契約終了前に贈与者が死亡した場合	拠出時期が令和3年4月1日以降の残額について相続税課税あり、孫等の受贈者の場合2割加算あり※2。当該管理残額以外に相続税の課税対象となる取得財産がない場合には、相続開始前3年以内に贈与があった場合の贈与加算は適用しない。		
適用期間	平成25年4月1日から令和5年3月31日まで	平成27年4月1日から令和5年3月31日まで	

※1 令和元年7月1日以後、受贈者が、①学校等に在学している場合、②教育訓練給付金の支給対象となる教育訓練を受講している場合を除く。

※2 教育資金非課税について死亡前3年以内に取得したものに対応する部分は加算される。ただし、受贈者が、①23歳未満、②学校等に在学している場合、③教育訓練給付金の支給対象となる教育訓練を受講している場合を除く。

* 直系尊属から教育資金及び結婚・子育て資金の一括贈与を受けた場合の非課税制度の主な相違点

```
https://www.nta.go.jp/taxes/shiraberu/taxanswer/
zoyo/4512.htm
```

●教育資金

1. 学校等に対して直接支払われるもの(非課税限度1,500万円)

認められる費用 ○	対象外 ×
(1) 入学金、授業料、入園料、保育料、施設設備費	
(2) 入学(園)のための試験に係る検定料	受験の際の交通費

認められる費用　○	対象外　×
(3) 在学証明、成績証明その他学生等の記録に係る手数料及びこれに類する手数料	
(4) 学用品費、修学旅行費、学校給食費など学校等における教育に伴って必要な費用	

2. 学校等以外に対して直接支払われ、社会通念上相当と認められるもの（非課税限度500万円

認められる費用　○	対象外　×
(1) 教育（学習塾、家庭教師、そろばん、キャンプ体験など）に関する役務の提供の対価 (2) 施設の使用料 (3) スポーツ（水泳、野球など）又は文化芸術に関する活動（ピアノ、絵画、バレエなど）その他教養の向上のための活動に係る指導への対価 (4) (1)の役務提供又は(3)の指導で使用する物品の購入に要する金銭であって、その役務提供又は指導を行う者に直接支払われるもの	塾のテキストを書店で購入、野球のグローブを専門店で購入
(5) 1(4)に充てるための金銭であって、学校等が必要と認めたもの (6) 通学定期券代 (7) 留学渡航費、学校等に入学・転入学・編入学するために必要となった転居の際の交通費	塾や習い事の定期券代

(注) 令和元年7月1日以後に支払われる(1)〜(4)のうち受贈者が23歳に達した日の翌日以後に支払われたものについては、教育訓練給付金の支給対象となる教育訓練を受講するための費用に限ります。

文部科学省ホームページ（www.mext.go.jp）にも教育資金及び学校等の範囲に関する情報が掲載されています。

「学校等」とは

- 学校教育法上の幼稚園、小・中学校、高等学校、中等教育学校、特別支援学校、高等専門学校、大学、大学院、専修学校、各種学校
- 外国の教育施設〔外国にあるもの〕その国の学校教育制度に位置づけられている学校、日本人学校、私立在外教育施設〔国内にあるもの〕インターナショナルスクール（国際的な認証機関に認証されたもの）、外国人学校（文部科学大臣が高校相当として指定したもの）、外国大学の日本校、国際連合大学
- 認定こども園又は保育所 など

●結婚・子育て資金

1. 結婚（非課税限度300万円）

項目	認められる費用　○	対象外　×
(イ)婚礼受贈者の婚姻の日の1年前の日以後に支払われる婚姻に係る婚礼（結婚披露を含む。）のために要する費用	挙式や披露宴開催に必要な費用（会場費、衣装代、飲食代、引き出物代、写真・映像代、演出代、装飾代、招待状などのペーパーアイテム、人件費など）	婚活費用、結納費用、婚約・結婚指輪代、エステ代、挙式等に出席するための交通費や宿泊費、新婚旅行代

項目	認められる費用 ○	対象外 ×
(ロ)受贈者又はその配偶者の居住の用に供する家屋の賃貸借契約(受贈者が締結するものに限る。)であって、婚姻の日の1年前の日からその婚姻の日以後1年を経過する日までの期間に締結されるものに基づきその締結の日以後3年を経過する日までに支払われる費用	結婚を機に新たに物件を賃借する際に必要な費用で賃料、更新後の賃料、敷金、共益費、礼金・保証金等、仲介手数料、契約更新料	受贈者以外が契約した賃貸物件の賃料等、駐車場のみを借りる場合の駐車場代、地代、光熱費、家具・家電等の設備購入費
(ハ)受贈者が、受贈者及びその配偶者の居住の用に供するための家屋に転居(婚姻の日の1年前の日からその婚姻の日以後1年を経過する日までの期間にする転居に限る。)をするための費用	結婚を機に新たな物件に転居するための引越費用	配偶者転居の費用、転居に伴う不要品の処分費用、レンタカーで自ら行った引越、友人に頼んだ引越

2.子育て(非課税限度1,000万円)

項目	認められる費用 ○	対象外 ×
(イ)受贈者又はその配偶者の不妊治療のために要する費用又は妊娠中に要する費用	人工授精、体外受精、顕微授精、処方箋に基づく医薬品代[※1]この他一般的な不妊治療にかかる費用	治療のための交通費、宿泊費処方箋に基づかない医薬品代
	母子健康法に基づく妊婦健診費用	検診のための交通費、宿泊費妊娠に起因した疾患の治療と明らかにいえないもの処方箋に基づかない医薬品代
(ロ)受贈者又はその配偶者の出産の日以後1年を経過する日までに支払われるその出産に係る分べん費その他の費用	分娩費(正常・流産・死産を問わず)、入院費、新生児管理保育料、検査・薬剤料、処置・手当料、参加医療補償制度掛金、入院中の食事代等	出産する病院等に行くための交通費、宿泊費出産に起因した疾患の治療と明らかにいえないもの処方箋に基づかない医薬品代
	デイケア型の訪問の心身ケア・育児サポート、宿泊型の心身・母体・乳児ケア、育児指導、カウンセリング等	産後ケアのための交通費、宿泊費
(ハ)受贈者の小学校就学前の子の医療のために要する費用	治療費、予防接種、乳幼児健診に要する費用、処方箋に基づく医薬品代	処方箋に基づかない~医薬品代、交通費、宿泊費
(ニ)幼稚園、保育所等を設置する者に支払う受贈者の子に係る保育料その他の費用	(小学校就学前の子に限定)入園料、ベビーシッター費用を含む保育料、施設設備費、入園試験の検定料、在園証明手数料、行事参加費用、食提供費用、施設利用料、事業に伴う本人負担金、その他育児に伴って必要な費用	行事参加費用における保護者分

(※1) 薬局に支払う不妊治療に係る医薬品代については、平成28年4月1日以降に支払われたもののみが対象。

●法人版事業承継税制の概要（相続税・贈与税）

　後継者が、先代経営者から非上場株式等を相続又は贈与により取得した場合で一定の要件を満たす場合には、都道府県知事の認定を受けることにより相続税・贈与税の納税が猶予される制度です。

　また、平成30年度税制改正で大幅に拡充された10年間限定（令和9年12月31日まで）の特例措置が設けられました。この特例の適用を受けるためには、以下の2点を満たす必要があります。

（1）平成30年4月1日〜令和5年3月31日に、都道府県庁に「特例承継計画」を提出し、確認を受けること。

（2）平成30年1月1日〜令和9年12月31日に、贈与・相続（遺贈を含む）により非上場株式等を取得すること。

　なお、平成29年12月31日以前に贈与・相続等により株式を取得した場合、この特例の認定を受けること、又は一般の認定から特例の認定へ切り替えることは原則としてできません。

	一般	特例措置
対象となる株式数	2/3を上限	全株式
猶予割合（相続税）	80%	100%
対象となる相続・贈与等	一人の先代経営者から一人の後継者への親族間の相続・贈与等	親族以外を含む複数の株主から、代表者である後継者（最大3人）への相続・贈与等
雇用維持要件	5年間平均で8割を維持（満たせなかった場合は、猶予額を全額納付）	実質的に撤廃（満たせなかった場合でも、猶予継続可能）
後継者が自主廃業や株式を売却した場合	再計算なし（猶予額を全額納付）	廃業・売却時の株価を基に納税額を再計算

＊国税庁　事業承継税制特集

```
https://www.nta.go.jp/publication/pamph/jigyo-shokei/
index.htm
```

＊中小企業庁　財務サポート　「事業承継」

```
http://www.chusho.meti.go.jp/zaimu/shoukei/index.html
```

120 設立後の手続き

●新しく会社を設立し、従業員を採用した場合

(1)労働基準監督署へ提出する書類

従業員(パート、アルバイト含む)を一人でも雇い入れる場合に必要となります。(2)の公共職業安定所(ハローワーク)での手続きの際に労働保険保険関係成立届の控えが必要となるため、労働基準監督署への手続きを先に済ませる必要があります。

提出書類の名称	添付書類	提出期限
◎労働保険 保険関係 成立届	・登記簿謄本(コピー) ・賃貸借契約書 ⇒登記簿謄本の住所と事業所の住所が 　異なる場合	保険関係が成立し てから10日以内
◎労働保険 概算保険 料申告書	なし	保険関係が成立し てから50日以内
○適用事業報告書	なし	遅滞なく

(2)公共職業安定所(ハローワーク)へ提出する書類

提出書類の名称	添付書類	提出期限
◎雇用保険 適用事業所設置届	・登記簿謄本(コピー) ・労働保険保険関係成立届(控)	雇入れ日から10日 以内
◎雇用保険被保険者 資格取得届	・法人設立届出書(控) ・労働者名簿 ・賃金台帳 ・出勤簿またはタイムカード	

(3)日本年金機構(管轄の年金事務所)へ提出する書類

提出書類の名称	添付書類	提出期限
◎健康保険・厚生年金 保険新規適用届	・登記簿謄本(履歴事項全部証明書) ・労働者名簿	
◎健康保険・厚生年金 保険被保険者資格 取得届	・賃金台帳 ・出勤簿またはタイムカード	会社設立日から5日 以内
○健康保険・厚生年金 保険保険料口座振 替納付申出書 ⇒口座振替を希望す る場合のみ必要	・賃貸借契約書 ⇒登記簿謄本の住所と事業所の住所が 　異なる場合	

提出書類の名称	添付書類	提出期限
○健康保険被扶養者異動届 ⇒被扶養者がいる場合のみ必要	被扶養者の収入状況がわかる書類（添付書類が異なりますので、確認が必要）	異動があった日から5日以内
○国民年金第3号被保険者資格取得届書 ⇒被扶養者が第3号被保険者になる場合のみ必要 ※「健康保険被扶養者届書」の3枚目	同上	事由が発生してから14日以内

●設立に伴う主な税務届出書　法人編（消費税の届出はSec.36参照）

税目	届出書・申請書	内容	提出期限	提出先
法人税	法人設立届出書	内国法人である普通法人等を設立した場合	法人の設立等の日以後2月以内	納税地の所轄税務署
	青色申告の承認申請書	青色申告書を提出することにつき承認を受けようとする場合	設立等の日以後3月を経過した日と設立等の日の属する事業年度終了の日のいずれか早い日の前日まで	
	棚卸資産の評価方法、減価償却資産の償却方法の届出書	棚卸資産の評価・減価償却資産の償却につき評価方法を選定する場合（届出書を提出しない場合には法定評価方法・償却方法が適用される）	設立第1期の確定申告書の提出期限まで	
源泉所得税	給与支払事務所等の開設届出書	国内において給与等の支払事務を取扱う事務所等を開設した場合	事務所等を開設した日から1カ月以内	

税目	届出書・申請書	内容	提出期限	提出先
源泉所得税	源泉所得税の納期の特例の承認に関する申請書	支払いを受ける者が常時10人未満である源泉徴収義務者が、徴収した源泉税につきその納付期限を7月10日（1月から6月）、翌年1月10日（7月から12月）とする場合。	1.随時・・・提出した日の翌月分から適用される 2.納期の特例の承認を受けている者……12月20日　までに提出すれば、7〜12月分の納期限が翌年1月20日となる	納税地の所轄税務署
法人住民税法人事業税	法人設立・設置届出書	法人を設立したり、都内に新たに事務所等を設けた場合	開始・設置の日から15日以内（東京都）2か月以内（神奈川県）30日以内（横浜市） 提出期限については、各団体で異なる。	主たる事務所等所在の都・県税事務所 区・市役所

申告期限延長

税目	届出書・申請書	内容	提出期限	提出先
法人税	申告期限の延長の特例の申請書	申告期限を事業年度終了の日から3ヶ月に延長する場合	事業年度終了の日	納税地の所轄税務署
法人住民税	法人税にかかる確定申告書の提出期限の延長の処分等の届出書	法人税で確定申告書の提出期限が延長された場合	届出事由が生じた事業年度終了の日から22日以内	主たる事務所等所在の都・県税事務所 区・市役所
法人事業税	申告書の提出期限の承認申請書	事業税について事業年度終了の日から3カ月に延長する場合	事業年度終了の日	主たる事務所等所在の都・県税事務所

注　消費税に申告書の提出期限延長はなし

国外財産調書制度と財産債務調書の比較

●国財産調書制度と財産債務調書制度の比較

	国外財産調書	財産債務調書
提出義務	永住者^(注1)で、その年12月31日において、その価額の合計額が5,000万円を超える国外財産を有するもの	所得税の確定申告義務がある者で、その年分の総所得金額および山林所得金額の合計額^(注2)が2千万円を超え、かつ、その年12月31日において、その価額の合計額が3億円以上の財産又はその価額の合計額1億円以上の国外転出特例対象財産^(注3)を有するもの
提出先	納税地の所轄税務署長	
提出期限	その年の翌年3月15日まで	
記載事項	氏名・住所（又は居所）及び個人番号財産の種類・用途・数量・価額、債務の金額など	
価額	その年12月31日における「時価」または「見積価額」邦貨換算額は、同日における「外国為替の売買相場」による	
関係	両調書を提出する者が、国外財産調書に記載した国外財産に関する事項の財産債務調書への記載は要しない（価額のみの記載で足りる）	
措置	・調書の提出がある場合……過少申告加算税等5%軽減 ・調書の提出がない場合……過少申告加算税等5%加重	
罰則	偽りの記載をした場合、正当な理由なく提出期限内に提出しなかった場合……1年以下の懲役または50万円以下の罰金	特になし

（注1）永住者とは、日本国内に住所があるか又は現在まで引き続いて1年以上居所がある個人のうち、日本国籍を有するものもしくは過去10年間に日本国内に住所または居所を有する期間の合計が5年超であるもの

（注2）申告分離課税の所得がある場合には、それらの特別控除後の所得金額の合計額を加算した金額。ただし、純損失もしくは雑損失の繰越控除または租税特別措置法上の損失の繰越控除を受けている場合はその適用後の金額

（注3）有価証券等並びに未決済信用取引等及び未決済デリバティブ取引にかかる権利

●**改正の概要**

(1)相続国外財産の相続直後の国外財産調書等への記載の柔軟化

　相続開始分の国外財産調書には、その相続等により取得した国外財産(以下「相続国外財産」という)を記載しないで提出することができるようになりました。

　この場合、相続国外財産の価額を除いて提出義務の判定がなされます。

　同様の措置が財産債務調書にも設けられます。

(2)国外財産調書の提出がない場合等の加算税等の加重措置の見直し

　①加重措置の適用対象に、相続国外財産にかかる相続税に関し修正申告等があった場合が加わります。

	軽減措置	加重措置
所得税	あり	あり
相続税	あり	なし→あり

改正点

　②次のいずれかに該当する場合は加重措置は適用されません。

　　イ 相続国外財産を有する者の責めに帰すべき事由がなく提出期限内に国外財産調書の提出がない場合

　　ロ 相続国外財産を有する者の責めに帰すべき事由がなく国外財産調書に記載すべき相続国外財産についての記載がない場合(記載不備を含む)

(3)加算税等の特例の適用の判定の基礎となる国外財産調書等の見直し

　相続国外財産にかかる相続税に関し修正申告等があった場合の加算税等の特例の適用の判定の基礎となる国外財産調書について、以下の通り見直されました。

　①下記のいずれかに相続国外財産の記載がある場合: 軽減措置適用

　②下記のすべてに相続国外財産の記載がない場合: 加重措置適用

　　イ 被相続人の相続開始年の前年分の国外財産調書

　　ロ 相続人の相続開始年の年分の国外財産調書

　　ハ 相続人の相続開始年の翌年分の国外財産調書

(4)国外財産調書に記載すべき国外財産に関する書類の提示等がない場合の加算税の軽減措置および加重措置の特例の創設

　国税庁等の職員から国外財産調書に記載すべき国外財産の取得等にかかる書類の提示・提出を求められた場合、当該職員の指定日までにその提示等をしなかったとき(その者の責めに帰すべき事由がない場合を除く)における加算税について、下の表の通りとなります。

		軽減措置	加重措置
書類の提示等を…	した場合	5%(-5%)	15%(＋5%)
	しなかった場合	10%	20%(＋10%)

(注)改正前は書類の提示等の有無にかかわらず　　　部分のみの取り扱いとされていました。

(5)適用時期

　(1):2020年分以後の国外財産調書および財産債務調書に適用されます。

　(2)～(4):2020年分以後の所得税、2020年4月1日以後に開始する相続にかかる相続税について適用されます。

●許認可等とは

　法人・個人問わず新規事業を行う際、業種によっては許認可等が必要になる場合があります。許可、認可の他に届出、登録、免許、認証などがあります。

●許認可等が必要な事業一覧表【抜粋】

　法人格を有していないと行えない事業もありますので、注意が必要です。また、許認可等が必要な事業は多種多様であり、要件、書類の記載方法や添付書類、提出先はそれぞれ異なります。申請の際は必ず事前に確認して下さい。

事業種類	区分	許可・届出名称等	提出先
建設業	許可	建設業許可	国土交通大臣（管轄都道府県を経由）または都道府県知事
宅建業	免許	宅地建物取引業免許	
旅行業	登録	旅行業登録	
旅行代理業	登録	旅行業者代理業登録	
介護事業	認可	介護保険事業者指定	都道府県知事
産業廃棄物処理業	許可	産業廃棄物収集運搬業許可	
		産業廃棄物処分業許可	
タクシー業	許可	一般乗用旅客自動車運送事業許可	国土交通大臣、地方運輸局長、管轄陸運支局長
バス事業	許可	一般乗合旅客自動車運送事業許可	
	許可	一般貸切旅客自動車運送事業許可	
	許可	特定旅客自動車運送事業許可	
倉庫業	登録	倉庫業登録	
測量業	登録	測量業登録	
人材派遣業	許可	一般労働者派遣事業許可	厚生労働大臣（管轄労働局長を経由）
運送業	許可	一般貨物自動車運送事業経営許可	地方運輸局長
	届出	貨物軽自動車運送事業経営届出	
自動車整備業	認証	自動車分解整備事業認証	

事業種類	区分	許可・届出名称等	提出先
中古品販売業	許可	古物商許可	都道府県公安委員会（管轄警察署を経由）
風俗営業	許可	風俗営業許可	
探偵業	届出	探偵業の届出	
飲食業	許可	食品関係営業許可(飲食店営業許可等)	都道府県知事、保健所を設置する市の市長、特別区の区長(管轄保健所を経由)
旅館業	許可	旅館業営業許可	
診療所	許可	診療所開設許可(医療法人の場合)	
	届出	診療所開設届(医師個人の場合)	
歯科診療所	許可	歯科診療所開設許可(医療法人の場合)	
	届出	歯科診療所開設届(歯科医師個人の場合)	
美容業	届出	美容所開設届出	
理容業	届出	理容所開設届出	
あん摩・鍼・灸業/柔道整復業	届出	施術所開設届	
医薬品販売業	許可	薬局開設許可	
	許可	店舗販売業許可	
酒類販売業	免許	一般酒類小売業免許	管轄税務署長
	免許	通信販売酒類小売業免許	
	免許	酒類卸売業免許	

●許認可の更新

　各種許認可には有効期限があるものもあり、その期限までに更新の手続きをしなければなりません。更新を怠ると無許可・無認可になり、事業の継続ができなくなる場合もあります。各種許認可等の更新時期はそれぞれ異なりますので、各提出先に確認して下さい。

275

●株主総会とは

　株主総会とは、株式会社(特例有限会社を含む)において全株主を構成員とする会議(最高意思決定機関)です。

●開催時期

株主総会の種類	開催時期
定時株主総会	毎事業年度終了後一定の時期に必ず開催しなければならないもの
臨時株主総会	上記のほか、必要に応じて開催するもの

●決議することができる事項

取締役会設置・非設置の別	決議することができる事項
取締役会設置会社	会社法に規定する事項および定款で定めた事項
取締役会非設置会社	当該株式会社に関する一切の事項

●招集手続

　株主全員の同意が得られるときは、招集の手続をすることなく株主総会を開催することができますが、株主全員の同意が得られないときは、原則として、株主総会の日の2週間(2週間未満とする例外あり)前までに、株主に対して株主総会の招集通知を発しなければなりません。

●議決権

　株主は、株主総会において、その有する株式1株(単元株式数を定款で定めている場合には、1単元の株式)につき1個の議決権を有します。ただし、相互保有株式[注1]、自己株式[注2]については、議決権を有しません。

注1　株式会社及び子会社によって、議決権の総数の4分の1以上を保有されている株式(例えば、A社がB社の議決権総数の4分の1以上の株式を保有している場合、B社が保有するA社の株式のことをいいます)。
注2　自己株式とは、株式会社が保有する自社の株式のことをいいます。

●決議の種類

種類	決議事項	決議要件
普通決議	・計算書類の承認 ・役員の報酬等 ・剰余金の配当 ・欠損填補のための減資 ・利益準備金、その他利益剰余金の資本組入れ	定款に別段の定めがある場合を除き、議決権を行使することができる株主の議決権の過半数を有する株主が出席し、出席した当該株主の議決権の過半数をもって行う。

種類	決議事項	決議要件
普通決議 （役員選任）	・取締役、会計参与、監査役の選任 ・取締役（累積投票により選任されたものを除く）、会計参与の解任	議決権を行使することができる株主の議決権の過半数（3分の1以上の割合を定款で定めた場合にあっては、その割合以上）を有する株主が出席し、出席した当該株主の議決権の過半数（これを上回る割合を定款で定めた場合にあっては、その割合以上）をもって行う。
特別決議	・定款に記載された事項（商号、目的、本店等）の変更 ・募集株式の事項の決定 ・資本金の額の減少 ・累積投票により選任された取締役の解任 ・監査役の解任 ・役員等の会社に対する損害賠償責任の一部免除 ・解散 ・解散した会社の継続 ・合併	（株式会社の場合） 議決権を行使することができる株主の議決権の過半数（3分の1以上の割合を定款で定めた場合にあっては、その割合以上）を有する株主が出席し、出席した当該株主の議決権の3分の2（これを上回る割合を定款で定めた場合にあっては、その割合）以上に当たる多数をもって行う。
		（特例有限会社の場合） 総株主の半数以上（これを上回る割合を定款で定めた場合にあっては、その割合以上）であって、当該株主の議決権の4分の3（これを上回る割合を定款で定めた場合にあっては、その割合）以上に当たる多数をもって行う。
		当該決議の要件に加えて、一定の数以上の株主の賛成を要する旨その他の要件を定款で定めることを妨げない。
	・全部の株式を譲渡制限とする定款の変更	議決権を行使することができる株主の半数以上（これを上回る割合を定款で定めた場合にあっては、その割合以上）であって、当該株主の議決権の3分の2（これを上回る割合を定款で定めた場合にあっては、その割合）以上に当たる多数をもって行う。

●株主総会議事録

　株主総会の議事については、議事録を作成し、その議事録を10年間本店に備え置かなければなりません。

　役員の記名押印については、会社法上、記名押印の義務がありませんが、定款で押印義務を設けている場合は、記名押印が必要です。また、役員の選任議案の場合、商業登記手続上、記名押印が必要となる場合があります。

●株主総会の決議の省略

　取締役又は株主が株主総会の目的である事項について提案をした場合において、当該提案につき株主の全員が書面又は電磁的記録により同意の意思表示をしたときは、当該提案を可決する旨の株主総会の決議があったものとみなされます。したがって、この場合は株主総会を開催する必要がありません。

● 競業取引

■ 競業取引の承認決議

　取締役が自己又は第三者のために株式会社の事業の部類に属する取引をしようとするときには、株主総会(取締役会設置会社においては取締役会)において、当該取引につき重要な事実を開示し、その承認を受ける必要があります(会社法356条1項1号、365条1項)。

■ 競業取引にあたるとされた事例

・甲会社の代表取締役甲が乙会社の事実上の主宰者としてその経営を支配し、乙会社のために甲会社の営業の部類に属する取引をしたとき(大阪高裁平成2年7月18日判決)。
・警備業務を営むX社の取締役が、在任中にX社の受注業務の乗っ取りを計画し、新会社を設立して警備業の認定申請をし、X社の従業員のほとんどを引き抜いて、その計画を実行した場合、当該取締役は忠実義務及び競業取引の制限に違反する(前橋地裁平成7年3月14日判決)。

● 利益相反取引

■ 利益相反取引の承認決議

　取締役が、自己又は第三者のために株式会社と取引しようとするときや株式会社が取締役の債務を保証することその他取締役以外の者との間において株式会社と当該取締役との利益が相反する取引をしようとするときは、株主総会(取締役会設置会社においては取締役会)において、当該取引につき重要な事実を開示し、その承認を受ける必要があります(会社法356条1項2号・3号、365条1項)。

■ 利益相反取引の具体例

・取締役の債務を会社が保証すること
・A会社とB会社の代表取締役を兼ねていた者がA会社の第三者に対する債務についてB会社を代表して保証すること(最高裁昭和45年4月23日判決)

■ 利益相反取引に当たらないとされた例

・取締役の会社に対する無償贈与(大審院昭和13年9月28日判決)
・取締役が会社に対して無利息、無担保で金員を貸し付ける行為(最高裁昭和38年12月16日判決)

125 商行為などに関わる時効

●権利が消滅する時効（民法）

項目	根拠条文	年限	起算日
債権	民166条1項1号	5年	債権者が権利を行使できることを知った時
	民166条1項2号	10年	権利を行使できる時
瑕疵担保請求権	民566条	1年	買主が不適合を知った時(注1)
不法行為による損害賠償請求権	民724条1号	3年(注2)	被害者が損害及び加害者を知った時
	民724条2号	20年	不法行為があった時
財産分与請求権	民768条2項	2年	離婚した時

(注1) 目的物の引渡しから10年経過した時も消滅（最判H13-11-27）
(注2) 人の生命または身体を害する不法行為による損害賠償請求権は5年（民724条の2）

●取得を認める時効（民法）

項目	根拠条文	年限	起算日
所有権	民162条	20年(注3)	占有開始時
所有権以外の物権	民163条	10年	権利行使時

(注3) 占有開始時に自分の所有物であるものと信じ、かつそのことにつき過失がない場合は10年

●権利が消滅する時効（民法以外）

項目	根拠条文	年限	起算日
損害保険・生命保険の保険金給付請求権	保険95条	3年	権利を行使しうる時
自賠責保険の被害者請求権	自賠19条	3年	権利を行使しうる時
小切手債権の所持人の裏書人に対する請求権	小切手51条	6ヶ月	提示期間経過の翌日
約束手形債券の所持人の裏書人に対する請求権	手形70条	1年	手形の受戻をした日
還付金請求権	国通74条	5年	請求をすることが出来る日
失業給付請求権	雇保74条	2年	支払日
賃金・年次有給休暇請求権	労基115条	2年	権利を行使することができる日
退職手当請求権	労基115条	5年	支払日

※ ここに挙げた事項以外にも法律で時効が認められています。

第1章
第2章
第3章
第4章

商行為などに関わる時効

第4章　経理・人事便利帳　会社・法人の役員の任期及び登記期間

	役員等の種類	登記事項	任期	登記期間	登記懈怠・選任懈怠
株式会社（委員会設置会社を除く）	取締役	氏名	約2年間（株式譲渡制限規定のある会社に限り、定款によって約10年間まで伸長できる）（会社法332条）	登記事項に変更が生じたときは、2週間以内に、変更の登記をしなければならない。	登記をすることを怠ったとき、役員の選任の手続きを怠ったときなどは、過料の制裁がある。役員の任期満了時、役員の死亡時、役員の住所変更時に、登記を忘れやすいので注意が必要。
	代表取締役	氏名・住所			
	監査役	氏名	約4年間（株式譲渡制限規定のある会社に限り、定款によって約10年間まで伸長できる）（会社法336条1項）		
特例有限会社	取締役	氏名・住所	任期はない（定款で任期を定めることができる）		
	代表取締役	氏名			
	監査役	氏名・住所			
合同会社	業務執行社員	氏名	任期はない（定款で任期を定めることができる）		
	代表社員	氏名・住所			
一般社団法人	理事	氏名	約2年間		
	代表理事	氏名・住所			

※約2年間、約4年間、約10年間まで伸長できるとは、正確には下記のとおりです。

約2年間	選任後2年以内に終了する事業年度のうち最終のものに関する定時株主総会（社員総会）終結の時
約4年間	選任後4年以内に終了する事業年度のうち最終のものに関する定時株主総会終結の時
約10年間まで伸長できる	選任後10年以内に終了する事業年度のうち最終のものに関する定時株主総会終結の時まで伸長することができる

コ ラ ム

登記懈怠と選任懈怠

　株式会社の役員(取締役・代表取締役・監査役)には定款で定めた任期があります。

　一般的には「選任後○年以内に終了する事業年度のうち最終のものに関する定時株主総会終結の時まで」と定められていることが多く、当該役員の任期が満了する定時総会において再選または改選することになります。

　会社法の規定により、役員の再選・改選や任期途中での辞任・死亡などの変更が生じたときは、2週間以内に登記しなければならないことになっています。

　登記をしないままでいる期間が長期間(数か月)になると、「登記懈怠」として、法務局から裁判所を通じて過料が課せられることがあります。過料の額は登記懈怠の期間の長短によって決められることになっていますが、登記懈怠の期間が年単位である場合には数万円となることもあるようです。

　登記懈怠が、役員の選任など登記事項に変更があったにもかかわらず登記をしていないことであるのに対して、そもそも役員の任期が満了しているにもかかわらず再選・改選など選任をしていない場合すなわち定時株主総会を開催せずまたは開催しても役員の再選・改選など選任を行っていない場合を「選任懈怠」と呼びます。

　一般的に、選任懈怠の場合は登記懈怠よりも高額な過料が課されるといわれています。

　役員の任期を管理し適正に株主総会で選任を行い、すみやかに登記手続きを行うことが大切です。

●「職場におけるパワーハラスメント」の定義

同じ職場で働く者に対して、職務上の地位や人間関係などの職場内の優位性を背景に、業務の適正な範囲を超えて、精神的・身体的苦痛を与える又は職場環境を悪化させる行為。

①上司から部下に対するものに限定されず、職務上の地位や人間関係といった「職場内での優位性」を背景にする行為も該当する。

②業務上必要な指示や注意・指導が行われている場合は該当せず、「業務の適正な範囲」を超える行為が該当する。

●「職場におけるパワーハラスメント」の6類型

厚生労働省では、過去の裁判例を踏まえ、パワーハラスメントについて、次の6類型を典型例として整理・公表しています。

定義	具体的な行為	例
①身体的な攻撃	・ 暴行、傷害	・ 足で蹴られる。 ・ 丸めたポスターで頭を叩く。 ・ 胸ぐらを掴む、物を投げる。
②精神的な攻撃	・ 脅迫・名誉毀損・侮辱・ひどい暴言	・ 同僚の目の前で叱責される。 ・ 他の従業員も宛先に含めたメールで罵倒される。 ・ 「何しに会社来てんの？帰れ」と言われる。 ・ 必要以上に長い時間、繰り返し執拗に叱る。
③人間関係からの切り離し	・ 隔離・仲間外し・無視	・ 挨拶をしても無視され、会話をしてくれない。 ・ 1人だけ別室に席を移される。 ・ 強制的に自宅待機を命じられる。 ・ 送別会等に出席させない。
④過大な要求	・ 業務上明らかに不要なことや遂行不可能なことの強制、仕事の妨害。	・ 終業間際に過大な仕事を繰り返し押し付けられる。 ・ 休日出勤しても終わらない業務の強要。 ・ 新人で仕事のやり方もわからないのに他の人の仕事まで押し付けられて、同僚は皆先に帰ってしまう。
⑤過少な要求	・ 業務上の合理性なく、能力や経験とかけ離れた程度の低い仕事を命じたり、仕事を与えないこと	・ 営業職なのに買い物などの雑務を必要以上に強要される。 ・ 事務職なのに倉庫業務だけを命じられる。
⑥個の侵害	・ 私的なことに過度に立ち入ること。	・ 休みの理由を根掘り葉掘り聞く。 ・ 交際相手について執拗に問われる。 ・ 夫や妻に対する悪口を言われる。

128 職場におけるセクシャルハラスメント

職場におけるセクシャルハラスメントは、労働者個人の尊厳を不当に傷つける社会的に許されない行為であり、企業等にとっても職場秩序の乱れ・業務への支障につながり、最終的には社会的評価の低下にもつながる重大な問題になる恐れがあります。

●根拠法令

職場におけるセクシャルハラスメント対策について、男女雇用機会均等法（以下、均等法という）第11条に規定されています。

●均等法上の職場におけるセクシャルハラスメントとは

① 職場とは

職場とは、労働者が通常就業している場所の他、取引先の事務所、接待を含む打ち合わせするための飲食店、出張先、取材先、業務で使用する車中など、労働者が業務を遂行する場所全てが含まれます。

② 労働者とは

労働者とは、正規労働者、パートタイム労働者、契約社員など雇用形態にかかわらず、すべての労働者をいいます。また派遣労働者についても該当します。

③ セクシャルハラスメントとなりうる行為

性的な内容の発言

性的な事実関係を尋ねたり、性的な内容の情報を流布すること、性的な冗談やからかい、食事やデートへの執拗な誘いなども該当します。

性的な行動

性的な関係を強要したり、必要なく身体へ接触すること、職場にわいせつな図画を掲示すること間接的な行動なども含まれます。

●事業主が雇用管理上講ずべき措置

事業主が雇用管理上講ずべき措置として、厚生労働大臣の指針により、10項目が定められています。

10項目のポイントとして

① 事業主の方針の明確化及びその周知・啓発
② 相談に応じ、適切に対応するために必要な体制の整備
③ 職場におけるセクシャルハラスメントに係る事後の迅速かつ適切な対応
④ ①〜③までの措置と併せて講ずべき措置

です。

10項目の詳細については、厚生労働省都道府県労働局雇用均等室より発行されています、事業主向け資料をご覧ください。（＊以上の内容についても下記資料を参考に作成）

＊ セクシュアルハラスメント対策に取り組む事業主の方へ｜厚生労働省

```
http://www.mhlw.go.jp/stf/seisakunitsuite/
bunya/0000088194.html
```

第４章　経理・人事便利帳 ── 知的財産権の種類

知的財産権の種類		保護対象	登録機関	存続期間（原則）
特許権（特許法）	発明	自然法則を利用した技術的思想の創作のうち高度のもの	特許庁	出願から20年（一部25年に延長）
実用新案権（実用新案法）	考案	自然法則を利用した技術的思想の創作	特許庁	出願から10年
意匠権（意匠法）	意匠（デザイン）	物品の形状、模様若しくは色彩若しくはこれらの結合の形状、模様若しくは色彩若しくはこれらの結合（以下「形状等」という。）、建築物の形状等又は画像（機器の操作の用に供されるもの又は機器がその機能を発揮した結果として表示されるものに限り、画像の部分を含む。）であって、視覚を通じて美感を起こさせるもの	特許庁	登録から25年
著作権（著作権法）	著作物	思想又は感情を創作的に表現したものであって、文芸、学術、美術又は音楽の範囲に属するもの	特に登録することなく権利取得できる。（文化庁で登録制度あり）	創作の時から著作者の死後70年（法人は公表後70年）
回路配置利用権（半導体集積回路の回路配置に関する法律）	半導体集積回路配置	半導体集積回路における回路素子及びこれらを接続する導線の配置	一般財団法人ソフトウェア情報センター（SOFTIC）	登録の日から10年
育成者権（種苗法）	植物の新品種	重要な形質に係る特性の全部又は一部によって他の植物体の集合と区別することができ、かつ、その特性の全部を保持しつつ繁殖させることができる一の植物体の集合	農林水産省	品種登録の日から25年（樹木30年）
営業秘密等の保護権（不正競争防止法）	営業秘密	秘密として管理されている生産方法、販売方法その他の事業活動に有用な技術上又は営業上の情報であって、公然と知られていないもの	登録は必要ない。秘密に管理している限り保護され、期間の定めがない。	他社が偶然同一の発明をした場合は権利主張できない。他社の特許化等によって自社の実施に一定の制限を受けることがある。
商標権（商標法）	商標	文字、図形、記号、立体的形状、若しくは色彩又はこれらの結合、音その他政令で定めるものであって、次に掲げるもの①業として商品を生産し、証明し、又は譲渡する者がその商品について使用をするもの ②業として役務を提供し、又は証明する者がその役務について使用をするもの	特許庁	登録から10年（更新可能）

130 会社の整理

●類型

（1）事実上の整理……夜逃げ、任意整理など

（2）法的な整理

　①清算型手続……通常清算、特別清算、破産

　②再建型手続……民事再生手続、会社更生手続

（3）私的整理（準則型私的整理）

　中小企業再生支援協議会による手続、事業再生 ADR、特定調停、私的整理ガイドラインによる手続等

●法的な整理手続の利用場面

（1）通常清算手続

　　会社を整理する場合であって、各債権者に原則として全額弁済ができる場合に利用されることが多くみられる。

（2）特別清算手続

　　会社を整理する場合であって、各債権者に対して原則として全額弁済ができない場合に利用される。債権者は弁済計画案を定めた協定案への議決権を有するため、大口債権者の協力が得られる場合や債権者の数が少ない場合などに利用される。また、経営不振の子会社を整理するにあたって、親会社の税務対策上利用される場合もある。

（3）破産手続

　　会社を整理するに当って、各債権者に対して原則として債権の全額弁済ができない場合に利用される。

（4）民事再生手続

　　会社を継続しながら事業の再生を図る法的手続です。従来の経営陣が主体となって事業の再生に取り組むことが可能です。

（5）会社更生手続

　　株式会社を継続しながら事業の再生を図る法的手続です。裁判所から選任された管財人が事業の再生に取り組むことができるほか、担保権者が担保の任意実行をできない点が民事再生手続と大きく異なる。原則として、管財人には弁護士が選任されますが、平成21年1月から、東京地方裁判所において、一定の要件を充足する場合には従来の経営陣から管財人を選任する運営が行われている（DIP型会社更生手続）。

第4章　経理・人事便利帳　不動産及び会社法人等に関する証明書

証明書の種類			記載事項	手数料
不動産	登記事項証明書	全部事項証明書	登記記録（閉鎖登記記録を除く）に記録されている事項の全部	書面請求　　　　600円 オンライン請求 　送付　　　　　500円 　窓口交付　　　480円 （50枚超50枚までごとに100円加算）
		現在事項証明書	登記記録に記録されている事項のうち現に効力を有する部分	
		共有者事項証明書	特定の共有者に関する登記記録（他の共有者の権利関係は記載されない）	
		閉鎖事項証明書	閉鎖された登記簿に記録されている事項の全部	
	地図（公図）		各筆の土地の区画及び地番が明確にされ、それが現地においてどこにどのように存在するかを明確にされたもの	450円
	地積測量図		土地の面積やその計算方法、土地の形状や隣接地との位置関係、設置されている境界標とその種類など	
	建物図面・各階平面図		建物の敷地と建物の位置関係、各階ごとの形状、寸法、床面積の計算方法とその結果など	
会社法人等	登記事項証明書	現在事項証明書	現在効力を有する登記事項（ただし、会社の商号及び本店は、現に効力を有するものの直前のものも記載される）	書面請求　　　　600円 オンライン請求 　送付　　　　　500円 　窓口交付　　　480円 （50枚超50枚までごとに100円加算）
		履歴事項証明書	現在効力を有する登記事項及びおおむね3年前（請求日の3年前の日の属する年の1月1日以降）から請求日までの現在効力を有しない事項	
		閉鎖事項証明書	閉鎖した登記記録に記録されている事項	
	代表者事項証明書		本店、商号、代表者の資格、氏名及び住所	
	印鑑証明書		本店、商号、代表者の資格、氏名及び生年月日並びに法務局届出印の印影	書面請求　　　　450円 オンライン請求 　送付　　　　　410円 　窓口交付　　　390円

※不動産に関する証明書を取得するには、地番・家屋番号を知る必要があります（地番・家屋番号は、住居表示とは違います）。権利証、ブルーマップ等で確認することができ、管轄の法務局に問い合わせて確認することもできます。
※印鑑証明書以外の証明書は、他人のものであっても、誰でも取得できます。
※書面請求の場合、手数料は収入印紙で収めることとされています（登記印紙は廃止されました）。

●登記情報提供サービス

　不動産及び会社法人等に関する証明書のうち、登記事項証明書、地図(公図)、その他図面類については、一般財団法人民事法務協会の「登記情報提供サービス」のウェブページからPDFファイルのダウンロードが可能です。このPDFファイルを印刷したものは、証明書としては利用できませんが、提出先官公署によっては、「照会番号」を付けることによって、証明書と同様のものとして提出できる場合があります。照会番号は、1通であれば、付けても付けなくても同額です。

情報名称	内容	料金(1件)
不動産登記情報	全部事項	332 円
	公図(地図)、地積測量図、建物図面・各階平面図	362 円
商業法人登記情報	全部事項	332 円

＊　登記情報提供サービス

```
http://www1.touki.or.jp/gateway.html
```

●不動産及び会社法人等に関する証明書の取得方法

　不動産及び会社法人等に関する証明書の取得方法は、法務局窓口で請求する方法とウェブページ又は専用ソフトウエアにより、オンラインで請求する方法とがあります。法務局窓口で請求した場合は、即日交付されますが、オンライン請求した場合は、郵送又は法務局窓口で受領します。

　なお、印鑑証明書のオンライン請求については、電子署名を施す必要があり、電子証明書を取得するのに別途費用がかかります。

請求方法			支払い方法	受領方法	登記事項証明書の料金
証明書の取得方法	① 法務局窓口(※)で請求	交付申請書を窓口に提出	収入印紙で納付	法務局窓口(※)で受領	600 円
		登記事項証明書等発行請求機で請求			
	② オンライン請求	ウェブページ又は専用ソフトウェアで請求	インターネットバンキングにより電子納付	法務局窓口(※)で受領	480 円
				郵送受領	500 円

※管轄外の法務局においても、登記事項証明書等の請求を行うことができます。

＊　登記ねっと　供託ねっと

```
http://www.touki-kyoutaku-online.moj.go.jp/
```

●税務署で発行する納税証明書

納税証明書の種類	証明内容
その1	納付すべき税額、納付した税額及び未納税額等
その2	「申告所得税」又は「法人税」の所得金額
その3	未納税額がないこと　　（2,3は指定した税目ごとに未納税額なし）
その3の2	個人用：申告所得税、復興特別所得税、消費税及び地方消費税
その3の3	法人用：法人税、消費税及び地方消費税
その4	証明を受けようとする期間に、滞納処分を受けたことがないこと

(注)これらの証明書は書面による証明書と電子納税証明書の2種類があります。

[交付請求]　所轄税務署へ[必要なもの]持参か、郵送、オンライン請求も可能

[必要なもの]
- 納税証明書交付請求書（税務署にて交付）
- 手数料
- 代理人による場合、委任状、代理人の本人確認書類と印鑑
- 本人確認書類（税務署の窓口で受け取る場合。下記一覧参照）

1枚の提示で足りるもの	2枚の提示が必要なもの
・個人番号カード ・運転免許証 ・写真付き住民基本台帳カード ・旅券（パスポート） ・海技免状 ・小型船舶操縦免許証 ・電気工事士免状 ・宅地建物取引主任者証 ・教習資格認定証 ・船員手帳 ・戦傷病者手帳 ・身体障害者手帳 ・療育手帳 ・在留カード又は特別永住者証明書 ・国又は地方公共団体の機関が発行した身分、資格証明書（顔写真付き）	・写真貼付のない住民基本台帳カード ・国民健康保険、健康保険、船員保険、又は介護保険の被保険者証 ・共済組合員証 ・国民年金手帳 ・国民年金、厚生年金保険又は船員保険の年金証書 ・共済年金又は恩給の証書 ・上記に掲げる書類を除く、国又は地方公共団体の機関が発行した身分 ・資格証明書（顔写真なし）※ ・学生証、法人が発行した身分証明書（顔写真付き）※ (注)※印の書類ばかり2枚以上であっても不可。※印がないものと組み合わせることが必要。

＊　郵送、オンライン（e-Tax）での交付請求

```
https://www.nta.go.jp/taxes/nozei/
nozei-shomei/01.htm#shomen
```

＊　PDFファイルによる電子納税証明書の発行等について（R03年07月より）

```
https://www.nta.go.jp/taxes/nozei/denshi_nouzei/
index.htm
```

[手数料]　次の算式による手数料(収入印紙又は現金)が必要です。

	書面による証明書	電子納税証明書
その1、その2	税目数×年度数×枚数×400円	税目数×年度数×370円
その3、その4	枚数×400円	370円

※手数料がかからない場合：災害復旧のための借入れにより納税証明書が必要となる場合など

●都(県)税事務所で発行するもの

納税証明書の種類		証明内容
納税証明 (一般用)	法人県民税・法人事業税等	課税額・納付済額・未納額
	自動車税	課税額・納付済額・未納額・滞納のないこと
滞納処分を受けたことのないことの証明		過去一定年以内に都(県)税の滞納処分を受けていないなど、入札参加者、酒類製造販売者としての税金面での資格条件
酒税製造販売の免許申請のための証明		
自動車税納税証明(継続検査等用)		(納付からおおよそ10日以内に検査が必要な場合用)　納税額など

[交付請求]　所轄する都(県)税事務所へ[必要なもの]持参か、郵送での請求

[必要なもの]　「税務署で発行する納税証明書」とほぼ同様

[手数料]　納税証明(一般用)……1枚1税目につき　400円
　　　　　同一税目についての数年度分の証明は1件となります。固定資産税・都市計画税は、あわせて1税目と数えます。また、法人事業税・地方法人特別税、法人都民税は2税目と数えますので手数料は800円となります。
　　　　　※地方法人特別税は、法人事業税とあわせて1税目と数えます。

＊ 東京都の場合・都税証明郵送受付センター

```
https://www.tax.metro.tokyo.lg.jp/shomei/
yuusou.html
```

●区・市役所で発行するもの

種類	証明内容
課税証明書 (非課税証明書)	所得額(内訳と合計所得金額)、所得控除額、税額非課税証明書は、税額0円の課税証明書として発行されます。
所得証明書	所得額(内訳と合計所得金額)
納税証明書	税額、納付済額、未納額

[交付請求]　所轄する区・市役所へ[必要なもの]持参か、郵送で請求

[手数料]　個人・年度・種類ごと1枚300円
　　　　　※手数料がかからない場合……公的年金受給申請、児童手当申請など
　　　　　※手数料は自治体により異なります(例：佐賀県350円、防府市200円)。

[必要なもの]　「税務署で発行する納税証明書」とほぼ同様

●手紙・はがき（郵便物）早見表

種類	内容		重量	料金（単位：円）			
				通常	速達	簡易書留[※4]	一般書留[※5]
第一種郵便物（封筒）	定型郵便物		25g以内	84	374	404	519
			50g以内	94	384	414	529
	定型外郵便物	規格内[※1]	50g以内	120	410	440	555
			100g以内	140	430	460	575
			150g以内	210	500	530	645
			250g以内	250	540	570	685
			500g以内	390	780	710	825
			1kg以内	580	970	900	1,015
		規格外	50g以内	200	490	520	635
			100g以内	220	510	540	655
			150g以内	300	590	620	735
			250g以内	350	640	670	785
			500g以内	510	900	830	945
			1kg以内	710	1,100	1,030	1,145
			2kg以内	1,040	1,700	1,360	1,475
			4kg以内	1,350	2,010	1,670	1,785
	ミニレター（郵便書簡）		25g以内	63	353	383	498
	スマートレター（封筒郵便物）[※2]		1kg以内	180			
	レターパックライト[※3]（交付記録郵便としない特定封筒郵便物）		4kg以内	370			
	レターパックプラス[※3]（交付記録郵便とする特定封筒郵便物）		4kg以内	520			
第二種郵便物（はがき）	通常はがき			63	353	383	498
	往復はがき			126	416	446	561
ゆうメール	荷物	規格内[※1]	150g以内	180	470	500	560
			250g以内	215	505	535	595
			500g以内	310	700	630	690
			1kg以内	360	750	680	740

（※1） 規格内は、長辺34cm以内、短辺25cm以内、厚さ3cm以内及び重量1kg以内。
（※2） スマートレターは、厚さは2cm以内。
（※3） レターパックライトは、厚さは3cm以内。
（※4） 損害要償額5万円まで。
（※5） 損害要償額10万円まで、さらに5万円ごとに＋21円（上限500万円）。

* 内容証明、配達証明などのオプションサービス料金

```
https://www.post.japanpost.jp/fee/simulator/
kokunai/option.html
```

* レタックス、コンピューター郵便、e内容証明などの料金

```
https://www.post.japanpost.jp/fee/simulator/
kokunai/other.html
```

MEMO

134 借入返済のめやす

概算

●元利均等償還方式〜100万円当たりの月返済額

(単位・千円)

年利率 返済期間	1%		3%		5%		8%		10%	
	月返済額	総返済額 元利合計	月返済額	総返済額 元利合計	月返済額	総返済額 元利合計	月返済額	総返済額 元利合計	月返済額	総返済額 元利合計
1 年	83.8	1,005.4	84.7	1,016.3	85.6	1,027.3	87.0	1,043.9	87.9	1,055.0
2 年	42.1	1,010.5	43.0	1,031.6	43.9	1,052.9	45.2	1,085.5	46.1	1,107.5
3 年	28.2	1,015.5	29.1	1,046.9	30.0	1,079.0	31.3	1,128.1	32.3	1,161.6
4 年	21.3	1,020.6	22.1	1,062.4	23.0	1,105.4	24.4	1,171.8	25.4	1,217.4
5 年	17.1	1,025.8	18.0	1,078.1	18.9	1,132.3	20.3	1,216.6	21.2	1,274.8
6 年	14.3	1,030.7	15.2	1,093.9	16.1	1,159.6	17.5	1,262.4	18.5	1,333.9
7 年	12.3	1,035.8	13.2	1,109.9	14.1	1,187.2	15.6	1,309.2	16.6	1,394.5
8 年	10.8	1,041.0	11.7	1,126.0	12.7	1,215.4	14.1	1,357.1	15.2	1,456.7
9 年	9.7	1,046.1	10.6	1,142.3	11.5	1,243.9	13.0	1,406.0	14.1	1,520.5
10 年	8.8	1,051.3	9.7	1,158.7	10.6	1,272.8	12.1	1,455.9	13.2	1,585.8
15 年	6.0	1,077.3	6.9	1,243.1	7.9	1,423.4				
20 年	4.6	1,103.7	5.5	1,331.0	6.6	1,583.9				
25 年	3.8	1,130.6	4.7	1,422.6	5.8	1,753.8				
30 年	3.2	1,157.9	4.2	1,517.8	5.4	1,932.6				
35 年	2.8	1,185.6	3.8	1,616.4	5.1	2,119.7				

●この表の使い方

この表は借入元金100万円ごとの返済額等を表示しています。実際の借入額・年利率・返済期間に調整してお使いください。

例1・元金　500万円、年利率　3%、返済期間　5年の場合(3%の場合を5倍する)
　　　　　月返済額・18.0千円×5＝90.0千円
　　　　　総返済額・1,078.1千円×5＝5,390.5千円
例2・元金　100万円、年利率　4%、返済期間　1年の場合(3%と5%の場合の平均を使用)
　　　　　月返済額・(84.7千円＋85.6千円)÷2＝85.2千円
　　　　　総返済額・(1,016.3千円＋1,027.3千円)÷2＝1,021.8千円

元利金等返済とは元本返済額と利息返済額の合計額を一定にする計算方法です。住宅ローンなどでは、ほとんどこの方法がとられています。毎月の返済額が一定なので分かりやすく、サラリーマンなどの人生設計はしやすい反面、総返済額は元金均等方式よりも大きくなります。

●元金均等償還方式～100万円当たりの月返済額

（単位・千円）

年利率 返済期間	月々 元金 返済額	1% 初回 元利金 返済額	1% 総返済 額元利 合計	3% 初回 元利金 返済額	3% 総返済 額元利 合計	5% 初回 元利金 返済額	5% 総返済 額元利 合計	8% 初回 元利金 返済額	8% 総返済 額元利 合計	10% 初回 元利金 返済額	10% 総返済 額元利 合計
1 年	83.3	84.2	1,005.4	85.8	1,016.3	87.5	1,027.1	90.0	1,043.3	91.7	1,054.2
2 年	41.7	42.5	1,010.4	44.2	1,031.2	45.8	1,052.1	48.3	1,083.3	50.0	1,104.2
3 年	27.8	28.6	1,015.4	30.3	1,046.2	32.0	1,077.1	34.5	1,123.3	36.1	1,154.2
4 年	20.8	21.7	1,020.4	23.4	1,061.2	25.0	1,102.1	27.5	1,163.3	29.2	1,204.2
5 年	16.7	17.5	1,025.4	19.2	1,076.3	20.9	1,127.1	23.4	1,203.3	25.0	1,254.2
6 年	13.9	14.8	1,030.4	16.5	1,091.2	18.1	1,152.1	20.6	1,243.3	22.3	1,304.1
7 年	11.9	12.8	1,035.4	14.5	1,106.2	16.1	1,177.1	18.6	1,283.3	20.3	1,354.1
8 年	10.4	11.3	1,040.4	13.0	1,121.2	14.6	1,202.1	17.1	1,323.3	18.8	1,404.1
9 年	9.3	10.1	1,045.4	11.8	1,136.2	13.5	1,227.1	16.0	1,363.3	17.6	1,454.2
10 年	8.3	9.2	1,050.4	10.9	1,151.2	12.5	1,252.1	15.0	1,403.3	16.7	1,504.1
15 年	5.6	6.5	1,075.4	8.2	1,226.2	9.8	1,377.1				
20 年	4.2	5.2	1,100.4	6.8	1,301.2	8.5	1,502.0				
25 年	3.3		1,125.4	5.9	1,376.2	7.6	1,627.0				
30 年	2.8	3.9	1,150.4	5.6	1,451.1	7.2	1,751.9				
35 年	2.4	3.6	1,175.4	5.3	1,526.1	6.9	1,876.8				

●この表の使い方

この表は借入元金100万円ごとの返済額等を表示しています。実際の借入額・年利率・返済期間に調整してお使いください。

例1・元金　500万円、年利率　3%、返済期間　5年の場合（3%の場合を5倍する）
　　　　初回返済額・19.2千円×5 ＝ 96.0千円
　　　　総返済額・1,076.3千円×5 ＝ 5,381.5千円
例2・元金　100万円、年利率　4%、返済期間　1年の場合（3%と5%の場合の平均を使用）
　　　　初回返済額・(85.8千円 ＋ 87.5千円) ÷ 2 ＝ 86.7千円
　　　　総返済額・(1,016.3千円 ＋ 1,027.1千円) ÷ 2 ＝ 1,021.7千円

元金均等返済とは、元本返済額を一定にする計算方法です。利息返済額は残高により毎回変化するので、元本返済額と利息返済額を合計した毎月の「返済額」は一定になりません。総返済額は元利均等方式に比べて小さくなります。返済額は初回返済額が最大で、返済が進むにつれて逓減します。

＊　新型コロナウイルス感染症関連　経済産業省 資金繰り支援一覧　実質無利子などの支援制度

`https://www.meti.go.jp/covid-19/index.html#01`

135 給料月額から導く会社の年間負担額 [概算]

　給与月額と賞与月数から、会社の年間負担額（給与・賞与の支給額に社会保険の事業主負担分を加算した金額）を概算で算出しています。

試算条件

＊通勤手当等は考慮せず、給与・賞与額のみを対象
＊健康保険料率（東京都）9.84%（介護保険有11.64%）・厚生年金料率18.3%
＊労働保険料率（一般事業・事業主負担）雇用保険6.0/1000、労災保険3.0/1000
＊子ども・子育て拠出金（3.6/1000）

介護保険無し（下表以外の年齢）

単位：千円

給料月額	賞与0ヶ月 年間負担額	賞与1ヶ月 賞与金額	年間負担額	賞与2ヶ月 賞与金額	年間負担額	賞与3ヶ月 賞与金額	年間負担額	賞与4ヶ月 賞与金額	年間負担額
200	2,768	200	2,999	400	3,229	600	3,460	800	3,691
250	3,460	250	3,748	500	4,037	750	4,325	1,000	4,613
300	4,152	300	4,498	600	4,844	900	5,190	1,200	5,536
350	4,844	350	5,248	700	5,651	1,050	6,055	1,400	6,458
400	5,536	400	5,997	800	6,458	1,200	6,920	1,600	7,381
450	6,228	450	6,747	900	7,266	1,350	7,785	1,800	8,304
500	6,920	500	7,496	1,000	8,073	1,500	8,650	2,000	9,226
600	8,304	600	8,996	1,200	9,688	1,800	10,380	2,400	11,072
700	9,688	700	10,495	1,400	11,302	2,100	12,110	2,800	12,917
800	11,072	800	11,994	1,600	12,917	2,400	13,840	3,200	14,762
900	12,456	900	13,494	1,800	14,532	2,700	15,570	3,600	16,608
1,000	13,840	1,000	14,993	2,000	16,146	3,000	17,300	4,000	18,453

介護保険有り（40歳以上65歳未満）

単位：千円

給料月額	賞与0ヶ月 年間負担額	賞与1ヶ月 賞与金額	年間負担額	賞与2ヶ月 賞与金額	年間負担額	賞与3ヶ月 賞与金額	年間負担額	賞与4ヶ月 賞与金額	年間負担額
200	2,790	200	3,022	400	3,254	600	3,487	800	3,719
250	3,487	250	3,777	500	4,068	750	4,359	1,000	4,649
300	4,184	300	4,533	600	4,882	900	5,230	1,200	5,579
350	4,882	350	5,288	700	5,695	1,050	6,102	1,400	6,509
400	5,579	400	6,044	800	6,509	1,200	6,974	1,600	7,439
450	6,276	450	6,799	900	7,322	1,350	7,846	1,800	8,369
500	6,974	500	7,555	1,000	8,136	1,500	8,717	2,000	9,298
600	8,369	600	9,066	1,200	9,763	1,800	10,461	2,400	11,158
700	9,763	700	10,577	1,400	11,391	2,100	12,204	2,800	13,018
800	11,158	800	12,088	1,600	13,018	2,400	13,948	3,200	14,877
900	12,553	900	13,599	1,800	14,645	2,700	15,691	3,600	16,737
1,000	13,948	1,000	15,110	2,000	16,272	3,000	17,435	4,000	18,597

配偶者の給与収入	配偶者の税金		本人の税金計算上		配偶者の健康保険、社会保険
	所得税	住民税	配偶者控除 所得税住民税	配偶者特別控除 所得税住民税	被保険者数 500人以下(注1)事業所
201.6万円以上	発生する	発生する		適用額 Sec.7参照	配偶者自身が、国民健康保険、国民年金、社会保険に加入（要件は、Sec.60）
201.6万円未満 150万円超					
150万円以下 130万円以上					
130万円未満(注2) 103万円超					
103万円以下 100万円超			適用額 Sec.7参照		配偶者は健康保険の被扶養者、国民年金第3号被保険者（要件は、Sec.61）
100万円以下					

（注1）被保険者501人以上事業所で要件に該当する場合は、年収106万円で加入義が生じる（要件は、Sec.60）

（注2）社会保険加入者の配偶者の今後1年間の予想収入が130万円未満であれば、その配偶者は社会保険加入者の被扶養者になることができます。

配偶者が60歳以上又は障害厚生年金を受けられる程度の障碍者の場合は収入の基準が180万円未満となります。

137 親族関係と法定相続分の一覧

●相続人の範囲

(1) 死亡した人(被相続人)の配偶者は常に相続人となります。

(2) 相続を放棄した人や相続権を失った人は初めから相続人でなかったものとされます。

(3) 内縁関係の人は、相続人に含まれません。

(4) 平成25年9月5日以後に開始した相続については嫡出子と非嫡出子の相続分は同等になりました。

(5) 胎児は生まれたものとみなして相続権があります。申告期限までに出生していない時はいないものとして相続税の計算をし、生まれた時に更正の請求をします。

(6) 配偶者以外の人は、右ページの「法定相続分と遺留分一覧」にある順位により相続人となります。

親族図

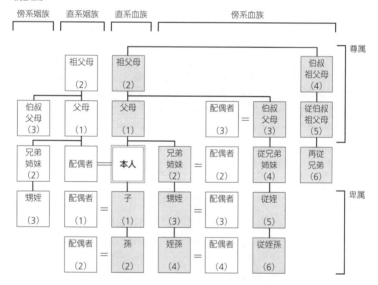

※□□は血族、□□は姻族の親族
※上記の親族図は民法上の「親族」を表す
※( )内の数字は等親

●親族とは

配偶者、6親等以内の血族および3親等以内の姻族をいいます。

●法定相続分

(1) 同順位の人が2人以上いるときは、原則として均等に分けます。

(2) 民法に定める法定相続分は、相続人の間で遺産分割の合意ができなかったときの遺産の取り分であり、必ずこの相続分で遺産の分割をしなければならないわけではありません。

●遺留分

遺留分とは、相続財産のうち民法により相続人に保障されている最低限の相続分をいいます。

法定相続分と遺留分一覧

順 位	対象者	配偶者がいる場合	配偶者がいない場合
第1順位	被相続人の子供 子供が相続の開始前に死亡等したときはその者の子供（被相続人の直系卑属に限る）	配偶者 1/2　子 1/2 遺留分 配偶者 1/4 子　　 1/4	子 遺留分　1/2
第2順位	被相続人の直系尊属（父母や祖父母など） 第1順位がいないとき相続人となる。父母も祖父母もいるときは近い世代である父母を優先	配偶者 2/3　親 1/3 遺留分 配偶者 1/3 親　　 1/6	親 遺留分　1/3
第3順位	被相続人の兄弟姉妹 第1順位、第2順位もいないとき相続人となる。その兄弟姉妹が死亡しているときは、その子（被相続人の甥姪）まで	配偶者 3/4　兄弟姉妹 1/4 遺留分 配偶者 1/2 兄弟姉妹 0	兄弟姉妹 遺留分　0
	配偶者以外に相続人がいない場合	配偶者 遺留分 1/2	——

（民法887、889、890、900、1028）

成年後見制度

　成年後見制度とは、認知症、知的障害、精神障害などによる判断能力が十分でない方（本人）について、本人の権利を守る支援者を選び、本人を法律的に支援する制度で、①ノーマライゼーション ②自己決定権の尊重 ③身上の保護の重視、との理念を尊重するものとされています。

　任意後見制度（契約による後見制度）は、本人に判断能力があるうちに、将来判断能力が不十分な状態になることに備え、公正証書を作成して任意後見契約を結び、任意後見受任者を選んでおくものです。本人の判断能力が不十分になったときに、家庭裁判所が任意後見監督人を選任したときから、その契約の効力が生じます。

●成年後見制度一覧表

	法定後見制度			任意後見制度
	後見	保佐	補助	任意後見
対象者	判断能力が全く無い人	判断能力が著しく不十分な人	判断能力が不十分な人	判断能力が不十分な人（正常なうちに契約が必要）
本人	成年被後見人	被保佐人	被補助人	本人
支援者	成年後見人	保佐人	補助人	任意後見人
後見人等に与えられる権限（日常生活に関する行為を除く。）	財産管理についての全般的な代理権、取消権	下記特定の事項についての同意権、取消権 申立てにより、下記特定の事項以外の事項についての同意権、取消権、又は特定の法律行為（下記特定の事項に限らない）についての代理権	申立てにより、下記特定の事項の一部についての同意権、取消権 特定の法律行為（下記特定の事項に限らない）についての代理権	代理権目録に記載されている事項の代理権、取消権
制度を利用した場合の資格などの制限	医師、税理士などの資格は、個々に「職務に必要な能力の有無を個別に判断」して制限される場合がある。(※)			

※ 令和元年6月7日成立の成年後見制度適正化法によって、これまで被成年後見人になることで医師、税理士などの資格を失うこととされた「欠格条項」が、187の法律で一括して削除され、個々の法律ごとに「職務に必要な能力の有無を個別に判断」することとする規定が設けられました。

●取引の相手方が成年後見制度を利用している場合の注意点

	法定後見制度			任意後見制度
	後見	保佐	補助	任意後見
契約の相手方が成年後見制度を利用している場合の注意点 （相手方の類型については、登記事項証明書で確認できる）	本人に契約をする能力がありませんので、法定代理人である成年後見人と契約をする必要があります。	保佐人の同意を得て契約をする必要があります。また、代理権目録に記載されている事項であれば、保佐人が法定代理人として契約をすることが可能です。	同意権目録に記載されている事項については、補助人の同意が必要です。また、代理権目録に記載されている事項であれば、補助人が法定代理人として契約をすることが可能です。	代理権目録に記載されている事項につき、法定代理人である任意後見人と契約をする必要があります。

※特定の事項
①元本を領収し、又は利用すること。②借財又は保証をすること。③不動産その他重要な財産に関する権利の得喪を目的とする行為をすること。④訴訟行為をすること。⑤贈与、和解又は仲裁合意をすること。⑥相続の承認若しくは放棄又は遺産の分割をすること。⑦贈与の申込みを拒絶し、遺贈を放棄し、負担付贈与の申込みを承諾し、又は負担付遺贈を承認すること。⑧新築、改築、増築又は大修繕をすること。⑨民法第602条に定める期間を超える賃貸借をすること。

●成年被後見人の特別障害者控除の適用について

　所得税法上、障害者控除は、27万円とされていますが、「精神上の障害により事理を弁識する能力を欠く常況にある者」は特別障害者とされ、特別障害者である場合には、40万円の障害者控除が認められています。

　成年後見制度を利用している者のうち、後見類型である成年被後見人については、「精神上の障害により事理を弁識する能力を欠く常況にある者」に該当しますので、特別障害者と認定されます。

　したがって、成年被後見人については、所得税法上、40万円の障害者控除が適用されます。

　※障害者控除についての詳細はSec.7参照

139 遺言の種類と効力

●遺言能力

(1) 遺言は、満15歳に達すれば誰でもすることができます。

(2) 被保佐人や被補助人にも遺言能力があります。

(3) 成年被後見人については、医師2人以上の立ち会いのもとで、正常な判断力が回復した時に遺言能力が認められます。

●普通方式遺言

普通遺言の方式には下記の3つの方式があります。遺言書は作成後に撤回や再作成もできます。その場合は日付の最も新しいものが効力を持ちます。

普通方式遺言比較表

(※2020年7月以降、自筆証書遺言保管制度がはじまります。この制度によって保管された遺言に家裁での検認が不要になります。)

	自筆証書遺言	公正証書遺言
作成者	本人・全て自署（ただし、財産目録については各頁への署名押印で可）	公証人
署名押印	本人	本人・公証人・証人
印鑑	実印、認印も可	本人：実印 証人：実印、認印も可
作成場所	自由	公証人役場
証人	不要	証人2名以上
保管場所	本人	原本：公証役場 正本：本人
裁判所検認	必要	不要
費用	家裁の検認費用	公証人の手数料
長所	一人で作成可。内容も存在も他人に知られない。費用が少ない。	書類不備が発生しにくい。家裁検認不要。公証役場で安全に保管。
短所	家裁検認を要す。形式不備が発生し易い。紛失、改ざん等のおそれ。死後、遺言が発見されないことも。	遺言の存在と内容を証人に知られる。作成が煩雑で要費用。

●遺言によりすることができる事項（例）

(1) 相続分の指定またはその指定の委託（遺留分に注意）

(2) 遺産分割方法の指定、指定の委託、遺産分割禁止

(3) 遺贈、寄与分の指定

(4) 祭祀主宰者、葬儀方法の指定

(5) 遺言執行者の指定または指定の委託

(6) 認知未成年者後見人の指定

(7) 生命保険の保険金受取人の変更

相続発生時(死亡の場合)の主な諸手続

手続	期限	行政等
死亡届	届出義務者が死亡を知った日から7日以内	死亡地・住所地・本籍地
年金受給停止	死亡から10日以内(国民年金は14日以内)	年金事務所・市町村(特別区の場合は区)
保管遺言書の確認	(2020年7月10日施行) 死亡者の死亡後	法務局出張所(Sec.151改正相続法参照)
相続の放棄	死亡を知った日等から3ヶ月以内(注)	死亡者住所地の家庭裁判所
所得税準確定申告	死亡を知った日の翌日から4か月以内	死亡地の税務署
相続税申告	死亡を知った日の翌日から10か月以内	死亡地の税務署
生命保険金請求	死亡から2年以内	保険会社
国保加入者の葬祭費請求	葬儀から2年以内	市町村(特別区の場合は区)
預貯金名義変更	相続確定後速やかに	金融機関等
株式名義変更	相続確定後速やかに	証券会社等
電話加入権名義変更	相続確定後速やかに	電話会社等
公共料金名義変更	相続確定後速やかに	電力会社他
運転免許証	死後速やかに	警察署
パスポート	死後速やかに	都道府県旅券課
不動産名義変更	相続確定後速やかに	法務局
農地相続による名義変更	名義変更後速やかに	農業委員会
クレジットカード	死後速やかに	各信販会社
インターネットプロバイダー	死後速やかに	プロバイダー各社
携帯電話	死後速やかに	キャリア各社
遺言検認(公正証書以外)	相続の開始を知った後遅滞なく	死亡者住所地の家庭裁判所

(注) 先の順位の相続人が相続放棄をした場合の相続放棄の期限
　　　例えば、子がない被相続人の相続で妻と被相続人の父母が揃って相続を放棄した場合には、被相続人の兄弟姉妹が相続人となる。(Sec.137参照)
　　　この場合の兄弟姉妹の相続放棄の期限は、先の順位である妻と父母が相続を放棄し、自らが相続人となったことを知った日から3ヶ月以内、となる。ただし、先の順位の放棄があったことについて、家庭裁判所から通知があるわけではないので、財産・債務の状態を含めて、かかる先の順位の相続人には、最低限の動向を確認しておく必要がある。

　公正証書は、法律の専門家である公証人が公証人法・民法などの法律に基づいて作成する公文書です。高い証明力があり、また金銭の貸借や養育費のなどの契約書公正証書で作成しておくことにより、その金銭債務の支払いを怠ると、裁判所の判決を要しないで直ちに強制執行手続きに移行できるなど、一定の強制力もあります。

●公正証書の種類

1. 契約に関する公正証書（売買契約書、賃貸借契約書、金銭消費貸借契約書等）
2. 単独行為に関する公正証書（遺言、保証意思宣明等）
3. 事実実験公正証書（尊厳死宣言等）
   （公正証書にしなければ法的効力の認められない契約）

　事業用定期借地権の契約書や任意後見契約の契約書は法律で公正証書の作成が求められています。

●公正証書以外の主な公証役場で提供される法的サービス

1. 署名又は記名押印の認証
2. 宣誓認証
3. 外国文認証
4. 定款の認証
5. 確定日付の付与

●公正証書の作成方法

　原則、嘱託人が公証役場に赴いて公正証書を作成する場合は、全国どこの公証役場でも作成できます。

　但し、公証人の出張を伴う公正証書の作成や会社等法人設立ための定款認証については、嘱託人の住所地（本店所在地）を管轄する法務局・地方法務局の公証人でなければ取り扱うことができません。

　全国に約300の公証役場があり、約500人の公証人がいます。

　最寄りの公証役場については下記リンク先にてご確認ください。

* 公証役場一覧

```
http://www.koshonin.gr.jp/list/
```

●主な公正証書作成等に要する費用・必要書類など

法律行為に係る証書作成の手数料（抜粋）

目的の価額	手数料
100万円以下	5000円
100万円を超え200万円以下	7000円
200万円を超え500万円以下	11000円
500万円を超え1000万円以下	17000円

* 必要書類
```
https://www.koshonin.
gr.jp/business/b09
```

* 日本公証人連合会　公証事務手数料
```
https://www.koshonin.
gr.jp/business/b10
```

時候の挨拶

	時候の挨拶例	二十四節季	目安日
1月	新春の候・厳冬の候／早いもので松の内も過ぎてしまいました	小寒	1/5
		大寒	1/20
2月	春寒の候・梅花の候／暦の上では春とはいえ真冬の寒さが続いております	立春	2/4
		雨水	2/19
3月	早春の候・春分の季節／一雨ごとに春めいてきました／桜の開花が待たれる頃となりました	啓蟄	3/6
		春分	3/21
4月	陽春の候・春暖の候／春もたけなわの今日この頃／葉桜の季節となりました	清明	4/5
		穀雨	4/20
5月	新緑の候・晩春の候／鯉のぼりが泳ぐ季節となりました／初夏を感じる今日この頃	立夏	5/6
		小満	5/21
6月	梅雨の候・向暑の候／あじさいの色が美しく映える季節となりました／夏至を過ぎ一日が長く感じられる頃になりました	芒種	6/6
		夏至	6/21
7月	盛夏の候・炎暑の候／暑中お見舞い申し上げます／蝉時雨の季節となりました	小暑	7/7
		大暑	7/23
8月	残暑の候・処暑の候／連日厳しい残暑が続いております／吹く風に、去り行く夏を感じております	立秋	8/7
		処暑	8/23
9月	初秋の候・白露の候／読書の秋・食欲の秋・スポーツの秋／稲穂が実る頃となりました	白露	9/8
		秋分	9/23
10月	秋冷の候・灯火親しむ候／菊の花が香る季節となりました／さわやかな秋晴れの日が続いております	寒露	10/8
		霜降	10/23
11月	晩秋の候・初霜の候／朝晩、冷え込む季節となりました／吐く息の白さに秋の終わりを感じる頃となりました	立冬	11/7
		小雪	11/22
12月	初冬の候・師走の候／師走に入り何かと気ぜわしい日々となりました／年の瀬の、寒気厳しい季節となりました	大雪	12/7
		冬至	12/22

結びの言葉例（通年使用）

お体を大切に／より一層ご自愛下さい／ご無理なくお過ごし下さい

年齢ごとのお祝い

歳	名称	祝色	由来など
60	還暦	赤	60年で十干十二支の組合せが一回りする事から「還」はかえる、「暦」は干支を意味
70	古稀	紫	杜甫の詩「人生七十年古来稀なり」による
77	喜寿	紫	喜の草書体が「十七」の上に「七」が付いたようで「七十七」に見えることから
80	傘寿	紫	傘の略字が縦書きの「八十」に見えることから
88	米寿	金	米の字が「八」「十」「八」に分解できることから
90	卒寿	紫	卒の通用異体字が「九十」と読まれることから
99	白寿	白	「百」の字から一を引くと白になることから

●社員への慶弔見舞金の相場

結婚	本人		子供の結婚
	30,000 円		10,000 円〜15,000 円
出産	10,000 円〜15,000 円		
流産・死産	10,000 円〜15,000 円		
入園入学	小・中・高ともに 10,000 円		

死亡	本人(生保等加入)	本人(生保等未加入)	配偶者	子供
	100 万円〜200 万円	10 万円〜20 万円	50,000 円	20,000 円〜30,000 円
	本人の父母	本人の兄弟姉妹・本人の祖父母・配偶者の父母等		
	20,000 円〜30,000 円	10,000 円		

供花供物	本人・配偶者・子供・本人の父母の死亡	兄弟姉妹・祖父母、配偶者の父母の死亡
	10,000 円〜20,000 円	10,000 円
傷病見舞金	本人(業務外・休業 1 ヶ月の場合) 10,000 円	

●役員に対する慶弔見舞金の相場

死亡	本人(会社からの支給)
	10 万円〜30 万円
傷病見舞金	本人(休業 1 ヶ月の場合)
	50,000 円

●参考:生命保険等から支給される平均弔慰金額

社長	常務	取締役
約3,000 万円	約3,000 万円	約2,200 万円

※いずれも死亡弔慰金

●慶弔休暇の平均的付与日数

結婚	本人(初婚)	本人(再婚)	子供の結婚
	5 日	2 日	1 日
忌引	配偶者・子供・本人の父母	本人の兄弟姉妹・祖父母、配偶者の父母	
	5 日〜7 日	3 日	

●取引先への香典・供花等の相場

	得意先社長	得意先社長の家族	得意先担当者	仕入先社長	仕入先社長の家族	仕入先担当者	銀行支店長・担当	同業他社社長
香典	1〜3万円	1万円	1万円	1〜3万円	1万円	1万円	1〜2万円	1〜2万円
供花	1.5〜2万円	1.5万円	1.5万円	1.5万円	1.5万円	1.5万円	1.5万円	1〜2万円

144 離婚関連

●財産分与の課税関係（財産を受け取る人）

形態		課税関係	
財産分与	金銭による場合	原則として課税無し	
	不動産による場合	所得税・贈与税・住民税	課税無し(注1)
		不動産取得税	課税　＊特例適用あり
		登録免許税	課税

(注1) 居住用財産を譲渡した人は所得税・住民税（譲渡所得）の課税対象となりますが、3000万円の特別控除の適用があります。

●離婚後の所得税の人的控除・特別控除の適用

人的控除の種類 （詳細はSec.7参照）	適用の有無（その年の12月31日時点において）	
	独身	再婚
配偶者控除	×	再婚相手の合計所得金額の状況による
配偶者特別控除	×	再婚相手の合計所得金額の状況による
寡婦控除・寡夫控除	○	×
扶養控除	どちらか一方しか受けられない	

住宅借入金特別控除の適用の有無 （詳細はSec.104参照）		元配偶者共有持分 →追加取得	元配偶者単独持分 →新規取得
借入金	新規借入（名義変更含む）あり	○	○
	変更なし	×	×

●厚生・共済年金分割制度

	分割期間	分割割合	決め方	時効	支給開始
離婚分割 （合意分割）	平成20年3月以前の全婚姻期間と平成20年4月以降の第3号期間以外の婚姻期間	婚姻期間中の夫婦の厚生・共済年金納付記録の合計のうち、最大2分の1	夫婦の合意または裁判所の決定による	離婚後2年※	自分の年金支給時より
強制分割 （3号分割）	平成20年4月以降の第3号期間	2号被保険者の厚生・共済年金納付記録の2分の1	請求により自動的に	離婚後2年※	

※ 離婚時の年金分割（日本年金機構）

```
https://www.nenkin.go.jp/service/jukyu/kyotsu/jukyu-
yoken/20140421-04.html
```

●離婚後の社会保険手続

区分	手続き順位	手続き内容	手続きを行う者	手続き対象
サラリーマン	1	健康保険被扶養者の異動	配偶者を扶養していた者	勤務する会社
	2	健康保険の加入	配偶者に扶養されていた者	就職する会社または市町村役場
	3	国民年金加入	配偶者に扶養されていた者	市町村役場（就職する場合はなし）
共働き	1	氏名・住所変更	氏名・住所が変わった者	勤務する会社
自営業	1	国民健康保険被扶養者の異動	配偶者を扶養していた者	市町村役場
	2	健康保険の加入	配偶者に扶養されていた者	就職する会社または市町村役場

その他、未成年を養育する者は市町村役場で一人親家庭支援の各種手続きあり

●長さ

	メートル	マイル
1尺	0.30303	0.000188
1間	1.81818	0.001129
1里	3927.27	2.44033
1メートル	1	0.000621
1キロメートル	1000	0.621
1インチ	0.0254	0.000015
1フィート	0.3048	0.000189
1ヤード	0.9144	0.000568
1マイル	1609.344	1

●重量

	グラム	オンス
1貫	3750	132.277
1斤	600	21.1641
1グラム	1	0.035274
1キログラム	1000	35.274
1オンス	28.3495	1
1ポンド	453.592	16
1トン(メトリックトン)	1000000	35274
1トン(英)	1016047	35840
1トン(米)	907185	32000

●面積

	平方メートル	坪
1坪	3.30578	1
1段(反)	991.736	300
1町	9917.36	3000
1平方メートル	1	0.3025
1アール	100	30.25
1平方キロメートル	1000000	302500
1エーカー	4046.86	1224.17
1平方マイル	2589988	783443

●速度

	キロメートル／時	ノット
1センチメートル／秒	0.036	0.01943
1メートル／秒	3.6	1.943
1メートル／分	0.06	0.03238
1キロメートル／時	1	0.53959
1フィート／秒	1.097	0.59209
1フィート／分	0.01829	0.00987
1マイル／時	1.609	0.86839
1ノット	1.8532	1

●容積

	合	リットル
1合	1	0.18039
1升	10	1.8039
1斗	100	18.039
1立方センチメートル	0.00554	0.001
1リットル	5.5435	1
1立方インチ	0.0908	0.01639
1立方フィート	156.97	28.3168
1バレル(石油)	881.35	158.987
1ガロン(英)	25.2	4.5461
1ガロン(米)	20.985	3.78541

●SI接頭辞(記号)

10^n	接頭辞	記号	十進数表記
10^{12}	テラ	T	1,000,000,000,000
10^9	ギガ	G	1,000,000,000
10^6	メガ	M	1,000,000
10^3	キロ	k	1,000
10^2	ヘクト	h	100
10^1	デカ	d a	10
10^{-1}	デシ	d	0.1
10^{-2}	センチ	c	0.01
10^{-3}	ミリ	m	0.001
10^{-6}	マイクロ	μ	0.000001
10^{-9}	ナノ	n	0.000000001
10^{-12}	ピコ	p	0.000000000001

MEMO

助成金の種類・名称		支給額(単位:円)		窓口
景気の変動、産業構造の変化などの経済的理由により労働者を一時帰休させたり、教育訓練したり、出向させたりした場合に支給 (右内容は特例以外の場合) **雇用調整助成金**	支給事由	中小企業	大企業	労働局または公共職業安定所
	一時帰休(休業手当)	最大2/3	最大1/2	
	教育訓練	賃金相当額の2/3 (大企業1/2) 加算額一律1,200円		
	出向(出向元の負担)	最大2/3	最大1/2	
有期契約労働者、短時間労働者、派遣労働者(正社員待遇を受けていない無期雇用労働者を含む)のキャリアアップ等を促進するために支給 **キャリアアップ助成金**	支給事由	中小企業	大企業	
	正社員化コース	各コースにより 支給額が異なる		
	障害者正社員コース			
	賃金規定等改定コース			
	健康診断制度コース			
	賃金規定等共通化コース			
	諸手当制度共通化コース			
	選択的適用拡大導入時処遇改善コース			
	短時間労働者の週所定労働時間延長コース			
離職後3か月以内に、期間の定めのない労働者(一般被保険者・高年齢被保険者)として雇い入れた場合	早期雇入支援コース	通常(30万)/1人		
中途採用者の雇用管理制度を整備し、中途採用を拡大した場合	中途採用拡大コース	中途採用率増(50万〜70万)		
		45歳以上初採用(60万〜70万)		
母子家庭の母等の特定の求職者をハローワーク等の紹介で一定期間トライアル雇用する場合に支給 **トライアル雇用奨励金(一般トライアルコース)**		1人月額4万〜5万 (最長3ヶ月)		
就職困難な障害者を、ハローワーク等の紹介で一定期間試行雇用する場合に支給 **トライアル雇用助成金(障害者トライアルコース)**		精神障害者以外1人 上限4万×最長3ヶ月		
		精神障害者 上限8万×最長3ヶ月 その後、上限4万×最長3ヶ月		
直ちに20時間以上勤務することが難しい精神障害者および発達障害者の雇用について、3ヶ月から12ヶ月の期間をかけながら20時間以上の就業を目指して試行雇用を行う事業主に支給 **トライアル雇用助成金(障害者短時間トライアルコース)**		1人月額上限4万 (最長12ヶ月)		
新型コロナウイルス感染症の影響で離職を余儀なくされた者で、離職期間が3か月を超え、かつ、就労経験のない職業に就くことを希望する求職者に対して、試行雇用を行う事業主に支給 **トライアル雇用助成金 (新型コロナウイルス感染症対応トライアルコース) (新型コロナウイルス感染症対応短時間トライアルコース)**		最大4万(短時間は最大2.5万)×最長3ヶ月		

※左端の縦の区分: 雇用維持・訓練 / 新規雇用

中小企業の範囲

産業分類	資本または出資額	常時雇用する労働者数
小売業	5,000万円以下	50人以下
サービス業	5,000万円以下	100人以下
卸売業	1億円以下	100人以下
その他の業種	3億円以下	300人以下

助成金の種類・名称		支給額（単位：円）		窓口

	助成金の種類・名称	支給事由	中小企業	大企業	窓口
新規雇用	高年齢者（60歳以上65歳未満）、障害者等の就職困難者をハローワーク等の紹介により雇い入れた場合に支給（特定就職困難者コース） **特定求職者雇用開発助成金**	週30時間以上の者	60～240万	50～100万	労働局または公共職業安定所
		週20時間以上30時間未満の者	40～80万	30万	
	65歳以上の離職者をハローワーク等の紹介により週20時間以上、1年以上雇用する労働者として雇い入れた場合に支給（生涯現役コース） **特定求職者雇用開発助成金**	週30時間以上の者	70万	60万	
		週20時間以上30時間未満の者	50万	40万	
	35～55歳で、正規雇用が通算1年以内、最近1年間に正規雇用されてない者を雇用した場合（就職氷河期世代安定雇用実現コース） **特定求職者雇用開発助成金**	1人あたり	60万	50万	
	50歳以上かつ定年年齢未満の有期契約労働者を無期雇用労働者に転換し、6か月以上継続雇用している場合（高年齢者無期雇用転換コース） **65歳超雇用推進助成金**	1人あたり	48万	38万	
両立支援	一般事業主行動計画を策定し、男性の育児休業等の取得推進に取り組み、育児休業等を利用させた場合 **出生時両立支援コース**		中小企業	大企業	
			1人目57万	1人目28.5万	
			2人目以降14.25万～33.25万	2人目以降14.25万～33.25万	
	仕事と介護の両立支援のための職場環境整備に取り組んだ場合 **介護離職防止支援コース**	支給事由	中小企業		
		介護休業取得時	28.5万		
		介護休業復帰時	28.5万		
		介護両立支援制度	28.5万		
	不妊治療と仕事の両立のために職場環境整備を行い、対象者が利用した場合に事業主に支給 **不妊治療両立支援コース**		中小企業		
			28.5万（1回限り）		
	一般事業主行動計画を策定・公表し、育児休業の取得、職場復帰、育児休業取得者の代替要員の確保に取り組んだ場合 **育児休業等支援コース**	支給事由	中小企業		
		育児休業取得時	28.5万		
		職場復帰時	28.5万		
		代替要員確保時	47.5万		
		職場復帰支援 制度導入時	28.5万		
		職場復帰支援 制度利用時	子の看護休暇制度休暇取得1時間あたり1,000円		
	女性活躍推進法に基づき、行動計画を策定し、「取組目標」及び「数値目標」を達成し職場環境の整備等に取り組んだ場合 **女性活躍加速化コース**		常時雇用する労働者300人以下の企業が対象		
			47.5万		

●時効期間と起算点に関する見直し

【改正前】	起算点	時効期間	具体例
原則	権利を行使することができる時から	10年	個人間の貸金債権等
職業別	同上	1年	飲食料や宿泊料等
		2年	弁護士や税理士等の士業の報酬等
		3年	医師や助産師の診療報酬等
商事	同上	5年	商行為によって生じた債権

　【改正後】知った時から5年または権利行使することができる時から10年へ統一（※ 上記職業別の短期消滅時効および商事時効はいずれも廃止）。

●生命・身体の侵害による損害賠償請求権の時効期間の特則

	不法行為	債務不履行
改正前	損害および加害者を知った時から3年以内であり、かつ、不法行為の時から20年以内	権利を行使することができる時から10年以内
改正後 ① 損害賠償請求権一般（②を除く） 例）事件・事故で物が壊されてしまった場合	改正前と同じ	権利を行使することができることを知った時から5年以内であり、かつ、権利を行使することができる時から10年以内
② 人の生命または身体の侵害による損害賠償請求権 例）事件・事故により怪我をしてしまった場合	損害および加害者を知った時から5年以内であり、かつ、不法行為の時から20年	権利を行使することができることを知った時から5年以内であり、かつ、権利を行使することができる時から20年以内

●法定利率に関する見直し

　改正法により、法定利率（利息が生ずる債権について当事者が利率を定めなかった場合に適用される利率）が年5％から年**3％**に引き下げられ、さらに市中金利の動向に合わせて**3年ごとに法定利率が自動的に変動する**仕組みが導入（中間利息控除や遅延損害金にも適用）。

債権法改正②（保証に関するルールの見直し）

●個人が保証人となる根保証契約に関する改正法のポイント

根保証契約の例	子どもがマンションを賃借する際、賃料等を親がまとめて保証する場合
	社長が会社の取引先との間で、会社が取引先に対して負担する全ての債務をまとめて保証する場合
	親を介護施設に入居させる際、入居費用や施設内での事故による賠償金などを介護施設との間で子どもがまとめて保証する場合

⇒①個人が保証人となる根保証契約（一定の範囲に属する不特定の債務につき保証する契約）については、**極度額（上限額）の定めのない個人の根保証契約は無効**とされました。

②また、保証人が破産したときや、主債務者または保証人が亡くなったときなどは、**その後に発生する主債務は保証の対象外**とされています。

●個人の第三者保証における「保証意思宣明公正証書」作成の必要性

経営者以外等の第三者である個人が事業のために負担した貸金等債務を主たる債務とする保証契約等を締結する場合、公証人による保証意思の確認を経なければならず、意思確認手続を経ず保証契約を締結しても、**保証契約は無効**（例外は以下の2つ）となります。

不要の場合	① 主債務者が法人である場合	その法人の理事、取締役、執行役や議決権の過半数を有する株主等
	② 主債務者が個人である場合	主債務者と共同して事業を行っている共同事業者や主債務者の事業に現に従事している主債務者の配偶者

●保証人に対する情報提供義務の新設

	保証契約締結時	主債務履行段階	期失段階
主債務	事業のために負担する債務	限定なし	限定なし
保証人	保証委託を受けた個人	保証委託を受けた保証人（法人保証人を含む）	個人（保証委託は不要）
主体	主債務者から	債権者から	債権者から
時期	保証委託時	保証人の請求から遅滞なく	期失を知ってから2カ月以内
内容	財産及び収支状況、主債務以外の債務額、履行状況等	主債務の元本・利息・違約金等の金額、不履行の有無、弁済期が到来した債務額等	主債務が期限の利益を喪失したこと
違反の効果	保証人による保証契約の取消	債務不履行一般の効果	期失時から通知までに生じた遅延損害金につき履行請求不可

債権法改正②（保証に関するルールの見直し）

債権法改正③
（売主の瑕疵担保責任に関するルールの見直し）

●瑕疵担保責任から契約不適合責任へ

(1)「隠れたる瑕疵」という要件の廃止

「隠れたる瑕疵」があるという要件が、目的物の種類、品質等に関して「契約の内容に適合しない」ものに改められました。

(2) 契約不適合責任における買主の救済手段の多様化（新562条から564条）

買主は、売主に対し、①損害賠償請求、②契約の解除、③修補や代替物引渡しなどの履行の追完請求、④代金減額請求をできることが明記されました。

買主の救済方法	買主に帰責事由	双方帰責事由なし	売主に帰責事由
損害賠償	×	×	○
解除	×	○	○
追完請求	×	○	○
代金減額	×	○	○

●買主による権利行使のための期間制限

(1) 種類・品質に関する契約内容不適合の場合

ア 買主の権利を保存するために必要な通知

改正法は、買主が目的物の**種類・品質**に関する契約内容不適合を知ってから1年以内に売主にその旨を通知しない場合、契約内容不適合を理由として、履行の追完請求、代金減額請求、損害賠償請求および契約の解除を追及することができない（失権する）と規定（566条本文）。ただし、売主が契約内容不適合について悪意・重過失の場合には、この期間制限は適用されません（同条ただし書）。

「通知」としては、不適合の種類やおおよその範囲を通知することが想定されています。

イ 消滅時効一般の規定の適用

なお、改正法においても上記アの期間制限とは別に、消滅時効一般の規定が適用されることから、目的物の種類・品質に関して契約内容不適合があった場合に、買主が契約内容不適合を知らなかったときでも、買主の売主に対する損害賠償請求権その他の請求権は消滅時効の一般原則に従い消滅することになります。

(2) 数量等の種類や品質以外の契約内容不適合の場合

改正法566条（上記(1)ア）の規定は、あくまで種類・品質に関する契約内容の不適合の場合に限られることから、**数量等の種類・品質以外の契約内容の不適合**については、同条は適用されず、上記(1)イ記載の消滅時効一般の規定のみが適用されます。

150 民法（相続法他）改正について

1. 改正内容と施行時期

平成30年7月に公布された改正民法は昭和55年以来約40年ぶりの大改正となりました。主な改正内容と施行時期は次のとおりです。なお、改正後の規定は施行日以後に発生した相続について適用されます。

平成31年1月13日	・ 自筆証書遺言の方式緩和
令和元年7月1日	・ 持戻し免除の意思表示の推定規定 ・ 預貯金の遺産分割前払戻し制度 ・ 遺産分割前に財産が処分された場合の規定 ・ 遺留分侵害請求権の効力及び法的効果の見直し ・ 相続の効力等（権利及び義務の承継）の見直し ・ 相続人以外の者の貢献を考慮するための方策（特別の寄与）
令和2年4月1日	・ 配偶者短期居住権、配偶者居住権の創設
令和2年7月10日	・ 自筆証書遺言の保管制度開始
令和4年4月1日	・ 成人年齢の引下げ

法務省　相続に関するルールが大きく変わります

`http://www.moj.go.jp/content/001285654.pdf`

2. 平成31年1月13日施行分

項目	内容	
	改正前	改正後
自筆証書遺言の方式緩和	・ 全文を遺言者が自筆で記載すること。	・ 本文部分のみ遺言者が自筆で記載 ・ 財産目録部分をパソコン等、登記事項証明書や預金通帳の写しを利用することも可能。ただし、目録は各ページに署名押印が必要 ・ 加除その他の変更は、その場所を指示し、変更した旨を付記するとともに署名押印

3. 令和元年7月1日施行分

項目	内容	
	改正前	改正後
持戻し免除の意思表示の推定規定	新設	・ 婚姻期間が20年以上である夫婦間で居住用不動産の遺贈又は贈与がされた場合、特別受益の持戻し免除の意思表示があったものと推定。

項目	内容	
	改正前	改正後
預貯金の遺産分割前払戻し制度	・ 平成28年12月19日の最高裁大法廷決定により、預貯金は遺産分割の対象に含まれ、共同相続人単独での払戻し不可	・ 家庭裁判所の許可なしに一定額は単独で払戻し可 各口座の相続開始時の預金残高×1/3×法定相続分 ただし、1金融機関150万円を限度 ・ 保全処分の要件緩和
遺産分割前に財産が処分された場合の規定	新設	・ 遺産分割前に財産が処分された場合であっても、共同相続人全員の合意により、遺産分割時に存在するものとみなすことができる ・ 共同相続人の一人又は複数により処分された場合、これらの者の同意は不要
遺留分侵害請求権の効力及び法的効果の見直し	・ 遺留分減殺請求権の行使によって遺産は共有状態となる ・ 相続人に対する贈与は、全て遺留分算定の基礎に算入	・ 遺留分減殺請求権（物権）を遺留分侵害額請求権（金銭債権）に変更され、遺産は共有状態とはならない ・ 金銭を直ちに準備できない場合、支払期限の猶予を求めることが可能 ・ 相続人に対する贈与は、相続開始前10年以内にされたものを遺留分算定の基礎に算入
相続の効力等（権利及び義務の承継）の見直し	・ いわゆる「相続させる」遺言により不動産を取得した場合、登記がなくてもその権利を第三者に対抗できる ・ 債権について法定相続分を超える承継する場合、共同相続人全員による債権者への通知及び債務者による承認が必要 ・ 相続人間での遺産分割協議で特定の相続人に債務を承継することとした場合でも、原則として債権者にその効果は及ばない	・ 法定相続分を超える部分について、登記を必要とする対抗要件主義を適用 ・ 承継した相続人が単独で遺言や遺産分割協議の内容を通知することで足りる ・ 債権者が認めれば、他の相続人を含めた免責的債務引受契約がなくても債務を承継する相続人と債権者で手続可能
相続人以外の者の貢献を考慮するための方策（特別の寄与）	・ 相続人以外の者は、被相続人の療養看護等に尽くしても相続財産の取得は不可	・ 相続人以外の被相続人の親族が療養看護等を行った者は相続人に対して金銭の請求が可能

4. 令和2年4月1日施行分

項目	内容	
	改正前	改正後
配偶者短期居住権、配偶者居住権の創設	新設	・ 配偶者が相続開始時に被相続人所有の建物に居住していた場合、終身又は一定期間その建物に無償で居住することができる権利を創設

5. 令和2年7月10日施行分

項目	内容	
	改正前	改正後
自筆証書遺言の保管制度開始	新設	・ 法務局において自筆証書遺言の保管制度を創設 ・ 申請時に法務局で形式的な適合審査を実施(検認は不要) ・ 保管の申請、閲覧請求等の手数料は未定

6. 令和4年4月1日施行分

項目	内容	
	改正前	改正後
成人年齢の引下げ	・ 20歳をもって成年 ・ 未成年の婚姻には父母の同意が必要、婚姻すると成年扱い	・ 18歳をもって成年 ・ 未成年の婚姻についての父母の同意、婚姻による成年擬制の規定削除 ・ 養親となる年齢の引下げ

●災害の種類

災害には、地震、津波、噴火、大雨・台風、竜巻、雪害などがあります。

●避難勧告等の発令

情報の伝達については、災害の種類や自治体により異なりますが、主な手段は次のようなものがあります。

SNS	テレビ	自治体のスピーカーからの広報		
メール	自主防災組織・近隣住民声掛け			広報車
FAX	電話	消防団広報	消防署広報	警察署広報

●警戒レベルと避難行動を促す情報

「警戒レベル」は、自治体(市町村)が発令する避難情報等を指します。
「警戒レベル相当」は、主に気象庁などが発表する防災気象情報を指します。

警戒レベル	避難情報等	警戒レベル相当	住民がとるべき行動	防災気象情報など参考となる情報
レベル5	緊急安全確保	大雨特別警報氾濫発生情報高潮氾濫発生情報	発令される状況:災害発生又は切迫(必ず発令される情報ではない)<hr>居住者等がとるべき行動:命の危険直ちに安全確保!	氾濫発生情報、大雨特別警報(浸水害、土砂災害)
レベル4	避難指示	土砂災害警戒情報氾濫危険情報高潮(特別)警報	発令される状況:災害のおそれ高い<hr>居住者等がとるべき行動:危険な場所から全員避難	氾濫危険情報、洪水警報の危険度分布(非常に危険)、土砂災害警戒情報、メッシュ情報(非常に危険)
レベル3	高齢者等避難	大雨警報、洪水警報氾濫警戒情報赤潮注意報	発令される状況:災害のおそれあり<hr>居住者等がとるべき行動:危険な場所から高齢者等は避難	氾濫警戒情報、洪水警報、洪水警報の危険度分布(警戒)、大雨警報(土砂災害)、メッシュ情報(警戒)
レベル2	―	大雨注意報、洪水注意報氾濫注意報高潮注意報	発表される状況:気象状況悪化<hr>居住者等がとるべき行動:自らの避難行動を確認	氾濫注意情報、洪水警報の危険度分布・メッシュ情報(注意)
レベル1	―	早期注意情報	発表される状況:今後気象状況悪化のおそれ<hr>居住者等がとるべき行動:災害への心構えを高める	―

* 「警戒レベル4」で危険な場所から全員避難！5段階の「警戒レベル」を確認しましょう

```
https://www.gov-online.go.jp/useful/article/201906/
2.html
```

●避難場所

指定避難場所
公園・親戚や友人の家など安全な場所
近隣の高い建物等（津波・大雨等）
建物の安全な場所での待機

「避難所」に多くの人が密集すると、新型コロナウイルスの感染が広がるリスクがあるため、「避難所」への避難以外にも、「親戚・知人宅」「ホテル」「在宅避難」「車中泊」などさまざまな避難先へ分散して避難することをあらかじめ検討をしておいてください。

●家庭での災害への準備

家具・家電製品等の置き方の工夫や、転倒防止の固定をする。
食料・飲料・生活必需品等の備蓄（人数分用意しましょう）。

> 飲料水3日分以上（1人1日3リットル程度）
> 常食（3日分以上・ご飯・ビスケット・チョコ等）
> トイレットペーパー・ティッシュペーパー・マッチ・ろうそく・カセットコンロ・乳児用ミルク・おむつ・ペットの餌・電池・生活用水（トイレ等に使用）

非常用持ち出しバッグの準備

> 飲料水・食料品・貴重品（預金通帳・印鑑・現金・健康保険証等）
> 救急用品（ばんそうこう・包帯・消毒液・常備薬等
> ヘルメット・防災頭巾・マスク・軍手・懐中電灯・衣類・下着・毛布・タオル・携帯ラジオ・携帯電話・充電器・使い捨てカイロ・ウエットティッシュ・洗面用具・携帯トイレ・電池・乳児用ミルク・紙おむつ・哺乳瓶・ペットの餌

●企業での災害への取り組み

- 一般的な防災へのアプローチ

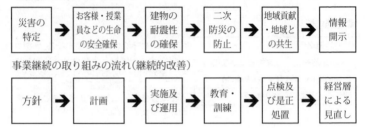

| 災害の特定 | → | お客様・授業員などの生命の安全確保 | → | 建物の耐震性の確保 | → | 二次防災の防止 | → | 地域貢献・地域との共生 | → | 情報開示 |

事業継続の取り組みの流れ（継続的改善）

| 方針 | → | 計画 | → | 実施及び運用 | → | 教育・訓練 | → | 点検及び是正処置 | → | 経営層による見直し |

- 災害用伝言ダイヤル

  局番なしの「171」に電話をかけると伝言が録音でき、自分の電話番号を知っている家族などが、伝言を再生できます。

- 災害用伝言版

  携帯電話等からインターネットサービスを使用して文字情報を登録し、自分の電話番号を知っている家族などが、情報を閲覧できます。

- 防災マップ・ハザードマップ

  各自治体のホームページなどから入手し、避難場所・避難経路を事前に確認しましょう。

MEMO

DHB制作委員会 （50音順）

赤崎　章吉
税理士・行政書士・社会保険労務士
神奈川県横浜市中区住吉町 2-22　松栄関内ビル 2F
enquiry@akia-tax.com

上野　朝代
弁護士
神奈川県横浜市港南区上大岡西 2-6-27　GranzKuraki203
t-ueno@konan-r-law.jp

潮田　祥子
特定社会保険労務士
東京都中央区日本橋浜町 2-29-1　NSK日本橋浜町ビル 7F
03-6231-0986

江崎　佑磨
社会保険労務士
東京都江東区有明 1-4-11-2317
ezakiyuma0605@gmail.com

大場　智子
税理士・行政書士
神奈川県横浜市泉区下飯田町 1574-3
tomoko_oba@ybb.ne.jp

柏原　真里
税理士
東京都品川区西品川 2-4-5-101
mary@kasiwabara.com

川崎　理
税理士
神奈川県藤沢市鵠沼藤が谷 1-11-21
ree.k@cityfujisawa.ne.jp

川﨑　外茂行
社会保険労務士
東京都品川区西大井 4-13-24
t.kawasaki@office-tommy.com

川端　薫
社会保険労務士
東京都荒川区荒川 4-25-8-303
srfp-kawabata@amail.plala.or.jp

澤邑　重夫
社会保険労務士
神奈川県茅ヶ崎市東海岸北 2-14-64
sawamura@sr-sawa.jp

末廣　日出則
税理士
東京都新宿区西新宿 7-18-19　新宿税理士ビル第 2 別館 323
info@suetax.com

杉本　剛昭
行政書士
神奈川県茅ヶ崎市幸町 22-6-201 ジョイ茅ヶ崎パート 2
0467-86-5629

温井　徳子　　税理士
東京都中央区日本橋 3-7-7 小村ビル 5 階
nukui-noriko@tkcnf.or.jp

野澤　澄也　　税理士
東京都品川区南品川 6-15-25 Z-BOX3F
next-one@yesnozawa.com

馬場　佳子　　不動産鑑定士
神奈川県横浜市西区北幸 1-11-5　相鉄 KS ビル 9 階
keiko.baba@y-mirai.com

原　　朋孝　　特定社会保険労務士
神奈川県川崎市川崎区鋼管通 4-8-13-1
srjhara@ybb.ne.jp

平沼　香菜子　社会保険労務士
神奈川県鎌倉市西鎌倉 1-3-10
hiranuma@hr-supporting.com

福井　圭介　　司法書士
神奈川県横浜市戸塚区戸塚町 157 番地フタバビル 203
ai-oi@ai-oi.com

藤田　博司　　公認会計士・税理士
神奈川県藤沢市南藤沢 6-11-5F
fujita@fujitacpa.net

三井　佳子　　税理士
神奈川県藤沢市鵠沼藤が谷 3-2-6
k3-spsuauwi-sp@sun.gmobb.jp

向井　了一　　特定社会保険労務士
東京都足立区東伊興 3-3-20-102
info@rmukai.biz　03-6754-5810

持田　大輔　　弁護士
東京都港区新橋 3-3-14 田村町ビル 4 階
mochida@mmlat.com

吉原　和弘　　税理士
神奈川県横浜市緑区西八朔町 775-1-303
kyoshihara0530@gmail.com

1月　睦月　January

日	曜	六曜	事項	月相
1	土	先負	元日	
2	日	仏滅		
3	月	赤口		●
4	火	先勝		
5	水	友引	小寒	
6	木	先負		
7	金	仏滅	七草	
8	土	大安		
9	日	赤口		
10	月	先勝	成人の日	◐
11	火	友引	★■	
12	水	先負		
13	木	仏滅		
14	金	大安		
15	土	赤口		
16	日	先勝		
17	月	友引	土用入り	
18	火	先負		○
19	水	仏滅		
20	木	大安	大寒 ★（特例適用・特例納付の場合）	
21	金	赤口		
22	土	先勝		
23	日	友引		
24	月	先負		
25	火	仏滅		◑
26	水	大安		
27	木	赤口		
28	金	先勝		
29	土	友引		
30	日	先負		
31	月	仏滅	支払調書・源泉徴収票交付、給与支払報告書提出	

年賀（1月7日小正月まで）
寒中見舞（立春の前日まで）

2月　如月　February

日	曜	六曜	事項	月相
1	火	先勝		●
2	水	友引		
3	木	先勝	節分	
4	金	仏滅	立春	
5	土	大安		
6	日	赤口		
7	月	先勝		
8	火	友引		◐
9	水	先負		
10	木	仏滅	★■	
11	金	大安	建国記念の日	
12	土	赤口		
13	日	先勝		
14	月	友引	バレンタインデー	
15	火	先負		
16	水	仏滅	所得税確定申告（3月15日まで）	
17	木	大安		○
18	金	赤口		
19	土	先勝	雨水	
20	日	友引		
21	月	先負		
22	火	仏滅		
23	水	大安	天皇誕生日	
24	木	赤口		
25	金	先勝		◑
26	土	友引		
27	日	先負		
28	月	仏滅		

寒中見舞
所得税確定申告（3月15日まで）

凡例　★：源泉所得税納付期限　■：住民税特別徴収納付期限　○：満月　◐：上弦　◑：下弦　●：新月

3月 　弥生　March

1	火	大安			
2	水	赤口			
3	木	友引	桃の節句(ひなまつり)		●
4	金	先負			
5	土	仏滅	啓蟄		
6	日	大安			
7	月	赤口			
8	火	先勝			
9	水	友引			
10	木	先負	★■		◑
11	金	仏滅			
12	土	大安			
13	日	赤口			
14	月	先勝	ホワイトデー		
15	火	友引			
16	水	先負			
17	木	仏滅			
18	金	大安			○
19	土	赤口			
20	日	先勝			
21	月	友引	春分の日　春分		
22	火	先負			
23	水	仏滅			
24	木	大安	彼岸明け		
25	金	赤口			◑
26	土	先勝			
27	日	友引			
28	月	先負			
29	火	仏滅			
30	水	大安			
31	木	赤口	個人事業消費税等確定申告期限　イースター		

所得税確定申告（3月15日まで）　●

4月 　卯月　April

1	金	先負	エイプリルフール		●
2	土	仏滅			
3	日	大安			
4	月	赤口			
5	火	先勝	清明		
6	水	友引			
7	木	先負			
8	金	仏滅			
9	土	大安			◐
10	日	赤口			
11	月	先勝	★■		
12	火	友引			
13	水	先負			
14	木	仏滅			
15	金	大安			
16	土	赤口			
17	日	先勝	土用入り		○
18	月	友引			
19	火	先負			
20	水	仏滅	穀雨		
21	木	大安			
22	金	赤口			
23	土	先勝			◑
24	日	友引			
25	月	先負			
26	火	仏滅			
27	水	大安			
28	木	赤口			
29	金	先勝	昭和の日		
30	土	友引			

5月　皐月　May

1	日	仏滅	メーデー	●
2	月	大安		
3	火	赤口	憲法記念日	
4	水	先勝	みどりの日	
5	木	友引	こどもの日　立夏　端午の節句	
6	金	先負		
7	土	仏滅		
8	日	大安	母の日	
9	月	赤口		◐
10	火	先勝	★■	
11	水	友引		
12	木	先負		
13	金	仏滅		
14	土	大安		
15	日	赤口		
16	月	先勝		○
17	火	友引		
18	水	先負		
19	木	仏滅		
20	金	大安		
21	土	赤口	小満	
22	日	先勝		
23	月	友引		◑
24	火	先負		
25	水	仏滅		
26	木	大安		
27	金	赤口		
28	土	先勝		
29	日	友引		
30	月	大安		●
31	火	赤口		

6月　水無月　June

1	水	先勝	労働保険年度更新（7月10日まで）		
2	木	友引			
3	金	先負			
4	土	仏滅			
5	日	大安			
6	月	赤口	芒種		
7	火	先勝			◐
8	水	友引		労働保険年度更新（7月10日まで）	
9	木	先勝			
10	金	仏滅	★■		
11	土	大安			
12	日	赤口			
13	月	先勝			
14	火	友引			○
15	水	先負			
16	木	仏滅			
17	金	大安			
18	土	赤口			
19	日	先勝	父の日		
20	月	友引			
21	火	先負	夏至		◑
22	水	仏滅			
23	木	大安			
24	金	赤口			
25	土	先勝			
26	日	友引			
27	月	先負			
28	火	仏滅			
29	水	大安			●
30	木	赤口			

凡例　★：源泉所得税納付期限　■：住民税特別徴収納付期限　○：満月　◐：上弦　◑：下弦　●：新月

7月　文月　July

日	曜	六曜	記事	月相
1	金	友引		
2	土	先負	半夏生	
3	日	仏滅		
4	月	大安		
5	火	赤口		
6	水	先勝		
7	木	友引	小暑　七夕	◐
8	金	先負		
9	土	仏滅		
10	日	大安		
11	月	赤口		
12	火	先勝	★（特例適用含む）■	
13	水	友引		
14	木	先負		○
15	金	仏滅		
16	土	大安		
17	日	赤口		
18	月	先勝	海の日	
19	火	友引	土用入り	
20	水	先勝		◑
21	木	仏滅		
22	金	大安		
23	土	赤口	大暑	
24	日	先勝		
25	月	友引		
26	火	先負		
27	水	仏滅		
28	木	大安		
29	金	先勝		●
30	土	友引		
31	日	先負		

7月 欄外縦書き：
- お中元（7月15日頃まで※）
- 社会保険算定基礎届（7月10日まで）
- 労働保険年度更新（7月10日まで）
- 暑中見舞（梅雨明けから8月7日立秋まで）

8月　葉月　August

日	曜	六曜	記事	月相
1	月	仏滅		
2	火	大安		
3	水	赤口		
4	木	先勝		
5	金	友引		◐
6	土	先負		
7	日	仏滅	立秋	
8	月	大安		
9	火	赤口		
10	水	先勝	★■	
11	木	友引	山の日	
12	金	先負		○
13	土	仏滅		
14	日	大安		
15	月	赤口		
16	火	先勝		
17	水	友引		
18	木	先負		
19	金	仏滅		◑
20	土	大安		
21	日	赤口		
22	月	先勝		
23	火	友引	処暑	
24	水	先負		
25	木	仏滅		
26	金	大安		
27	土	友引		●
28	日	先負		
29	月	仏滅		
30	火	大安		
31	水	赤口	二百十日	

8月 欄外縦書き：
- 暑中見舞（8月7日立秋まで）
- 残暑見舞（8月末くらいまで）

※関東は 7 月 15 日頃まで、関東以外の地域は 8 月 15 日頃まで。

2022年カレンダー

9月　長月　September

1	木	先勝	防災の日	
2	金	友引		
3	土	先負		
4	日	仏滅		◐
5	月	大安		
6	火	赤口		
7	水	先勝		
8	木	友引	白露	
9	金	先負		
10	土	仏滅		○
11	日	大安		
12	月	赤口	★■	
13	火	先勝		
14	水	友引		
15	木	先負		
16	金	仏滅		
17	土	大安		
18	日	赤口		◑
19	月	先勝	敬老の日	
20	火	友引	彼岸入り	
21	水	先負	中秋の名月（十五夜）	
22	木	仏滅		
23	金	大安	秋分の日　秋分	
24	土	赤口		
25	日	先勝		
26	月	先負	彼岸明け	●
27	火	仏滅		
28	水	大安		
29	木	赤口		
30	金	先勝		

10月　神無月　October

1	土	友引		
2	日	先負		
3	月	仏滅		◐
4	火	大安		
5	水	赤口		
6	木	先勝		
7	金	友引		
8	土	先負	寒露　十三夜	
9	日	仏滅		
10	月	大安	スポーツの日	○
11	火	赤口	★■	
12	水	先勝		
13	木	友引		
14	金	先負		
15	土	仏滅		
16	日	大安		
17	月	赤口		
18	火	先勝		◑
19	水	友引		
20	木	先勝	土用入り	
21	金	仏滅		
22	土	大安		
23	日	赤口	霜降	
24	月	先勝		
25	火	仏滅		●
26	水	大安		
27	木	赤口		
28	金	先勝		
29	土	友引		
30	日	先負		
31	月	仏滅	ハロウィン	

凡例　★：源泉所得税納付期限　■：住民税特別徴収納付期限　○：満月　◐：上弦　◑：下弦　●：新月

11月 霜月 November

日	曜	六曜	予定	月相
1	火	大安		◑
2	水	赤口		
3	木	先勝	文化の日	
4	金	友引		
5	土	先負		
6	日	仏滅		
7	月	大安	立冬	
8	火	赤口		○
9	水	先勝		
10	木	友引	★■	
11	金	先負		
12	土	仏滅		
13	日	大安		
14	月	赤口		
15	火	先勝	七五三	
16	水	友引		◑
17	木	先負		
18	金	仏滅		
19	土	大安		
20	日	赤口		
21	月	先勝		
22	火	友引	小雪	
23	水	先負	勤労感謝の日	
24	木	大安		●
25	金	赤口		
26	土	先勝		
27	日	友引		
28	月	先負		
29	火	仏滅		
30	水	大安		◑

12月 師走 December

日	曜	六曜	予定	月相
1	木	赤口		
2	金	先勝		
3	土	友引		
4	日	先負		
5	月	仏滅		
6	火	大安		
7	水	赤口	大雪	
8	木	先勝		○
9	金	友引		
10	土	先負		
11	日	仏滅		
12	月	大安	★■	
13	火	赤口		
14	水	先勝		
15	木	友引		
16	金	先負		◑
17	土	仏滅		
18	日	大安		
19	月	赤口		
20	火	先勝		
21	水	友引		
22	木	先負	冬至	
23	金	赤口		●
24	土	先勝		
25	日	友引	クリスマス	
26	月	先負		
27	火	仏滅		
28	水	大安		
29	木	赤口		
30	金	先勝		◑
31	土	友引	大晦日	

お歳暮（25日ごろまで：地方により異なる）

編集担当：吉成明久
カバーデザイン：秋田勘助（オフィス・エドモント）

●特典がいっぱいのWeb読者アンケートのお知らせ

C&R研究所ではWeb読者アンケートを実施しています。アンケートにお答えいただいた方の中から、抽選でステキなプレゼントが当たります。詳しくは次のURLのトップページ左下のWeb読者アンケート専用バナーをクリックし、アンケートページをご覧ください。

C&R研究所のホームページ **http://www.c-r.com/**

携帯電話からのご応募は、右のQRコードをご利用ください。

税務・経理・人事ハンドブック 2022年度版

2021年12月25日　　初版発行

著　者	DHB制作委員会
発行者	池田武人
発行所	株式会社 シーアンドアール研究所
	新潟県新潟市北区西名目所4083-6（〒950-3122）
	電話　025-259-4293　　FAX　025-258-2801
印刷所	株式会社　ルナテック

ISBN978-4-86354-366-9 C2034
© DHB制作委員会, 2021　　　　　　　　　　　　　Printed in Japan

満年齢及び西暦早見表

1917 — 2028

年号	西暦	十干	十二支	年齢
大正6	1917	丁	巳	105
7	1918	戊	午	104
8	1919	己	未	103
9	1920	庚	申	102
10	1921	辛	酉	101
11	1922	壬	戌	100
12	1923	癸	亥	99
13	1924	甲	子	98
14	1925	乙	丑	97
大正15/昭和元	1926	丙	寅	96
2	1927	丁	卯	95
3	1928	戊	辰	94
4	1929	己	巳	93
5	1930	庚	午	92
6	1931	辛	未	91
7	1932	壬	申	90
8	1933	癸	酉	89
9	1934	甲	戌	88
10	1935	乙	亥	87
11	1936	丙	子	86
12	1937	丁	丑	85
13	1938	戊	寅	84
14	1939	己	卯	83
15	1940	庚	辰	82
16	1941	辛	巳	81
17	1942	壬	午	80
18	1943	癸	未	79
19	1944	甲	申	78

年号	西暦	十干	十二支	年齢
20	1945	乙	酉	77
21	1946	丙	戌	76
22	1947	丁	亥	75
23	1948	戊	子	74
24	1949	己	丑	73
25	1950	庚	寅	72
26	1951	辛	卯	71
27	1952	壬	辰	70
28	1953	癸	巳	69
29	1954	甲	午	68
30	1955	乙	未	67
31	1956	丙	申	66
32	1957	丁	酉	65
33	1958	戊	戌	64
34	1959	己	亥	63
35	1960	庚	子	62
36	1961	辛	丑	61
37	1962	壬	寅	60
38	1963	癸	卯	59
39	1964	甲	辰	58
40	1965	乙	巳	57
41	1966	丙	午	56
42	1967	丁	未	55
43	1968	戊	申	54
44	1969	己	酉	53
45	1970	庚	戌	52
46	1971	辛	亥	51
47	1972	壬	子	50